ISLÃ

FRANCIROSY CAMPOS BARBOSA

ISLÃ

entre arabescos, luas e tâmaras

ALTA BOOKS
GRUPO EDITORIAL

Islã: entre arabescos, luas e tâmaras

Contra o Vento é uma empresa do Grupo Editorial Alta Books (STARLIN ALTA EDITORA E CONSULTORIA LTDA).

ISBN: 978-65-83604-69-9

Impresso no Brasil — 2ª Edição, 2025 — Edição revisada conforme o Acordo Ortográfico da Língua Portuguesa de 2009.

Dados Internacionais de Catalogação na Publicação (CIP)

B238i

2. ed. Barbosa, Francirosy Campos

Islã: entre arabescos, luas e tâmaras / Francirosy Campos Barbosa. - 2. ed. Rio de Janeiro : Editora Contra o Vento, 2025.

280 p.; 14 x 21 cm

Bibliografia.

ISBN 978-65-83604-69-9

1. Islã - Brasil. 2. Muçulmanos - São Paulo (SP). 3. Antropologia da religião. 4. Enografia 5. Performance religiosa. I. Título.

CDD 297
CDU 297(81)

Produção Editorial: Grupo Editorial Alta Books
Diretor Editorial: Anderson Vieira
Editor da Obra: Eduardo de Proença
Vendas Governamentais: Cristiane Mutüs
Gerência Comercial: Claudio Lima

Gerência Marketing: Andréa Guatiello
Revisão: Consuelo Rodrigues Zeller
Projego gráfico: Alessandra S. O. de Proença
Capa: Victoria Cristina Eduardo

ALTA BOOKS
GRUPO EDITORIAL

Rua Viúva Cláudio, 291 — Bairro Industrial do Jacaré
CEP: 20.970-031 — Rio de Janeiro (RJ)
Tels.: (21) 3278-8069 / 3278-8419
www.altabooks.com.br — altabooks@altabooks.com.br
Ouvidoria: ouvidoria@altabooks.com.br

Editora **afiliada à:**

Para Gabriel, Eduardo e João Pedro,
meninos da minha vida.

Dos meus filhos eu sinto saudade
eu tenho medo que eles achem
que eu não sinto a falta deles
como eu acho que eles sentem de mim.

(*Me diga*, Nando Reis).

David, menino-grande.

Antonio, menino da minha infância.

Jihad Hassan Hammadeh,
irmão que eu escolhi.

Ronda

El Islam, que fue espadas
Que desolaron el poniente y la aurora
Y estrépito de ejércitos en la tierra
Y una revelación y una disciplina
Y la aniquilación de todas las cosas
En un terrible Dios, que está solo,
Y la roa y el vino del sufí
Y la rimada prosa alcoránica
Y ríos que repiten alminares
Y el idioma infinito de la arena
Y ese otro idioma, el álgebra,
Y ese largo jardín, las Mil y Una Noches,
Y hombres que comentaron a Aristóteles
Y dinastías que son ahora nombres del polvo
Y Tamerlán y Omar, que destruyeron,
Es aquí, en Ronda,
En la delicada penumbra de la ceguera,
Un cíncavo silencio de aptios,
Un ocio del jazmín
Y un tenue rumor de agua, que conjuraba
Memorias de desiertos

(Jorge Luis Borges, 1989).

AGRADECIMENTOS

Prepare o seu coração, para as coisas que eu vou contar.
Eu venho lá do sertão, eu venho lá do sertão ...
e posso não lhe agradar...
(...) Mas o mundo foi rodando nas patas do meu cavalo
E já que um dia montei agora sou cavaleiro
Laço firme e braço forte num reino que não tem rei.

(Geraldo Vandré e Theo de Barros)

Este livro é fruto de uma teimosia compartilhada entre mim e Sylvia, que me orientou desde o mestrado em antropologia. Agradeço a Sylvia Caiuby Novaes, que leu e releu este texto várias vezes, principalmente no formato tese. Agradeço e devo a ela minha trajetória, o caminho escolhido, a caminhada. Tê-la como orientadora foi uma *dádiva*. Sylvia foi e é um *porto seguro* para todas as horas, em momentos in(tensos) sua voz surge como uma brisa boa que sopra e as tempestades se dispersam... aprendi a nunca mais discordar dela, quando quase desisti do doutorado, ela se pôs na frente e com determinação me fez repensar o caminho.

Meu agradecimento, sem medidas e sem palavras aos meus pais, Raimunda e João (*in memoriam*). Minha mãe é o símbolo maior de todas as minhas conquistas, sem ela eu não teria chegado a lugar algum. Meu pai é saudade imensa na minha vida, espero que ele me veja de algum lugar... Agradeço ao meu irmão, Antonio, que é saudade permanente das nossas brincadeiras de infância embaixo da máquina de costura da mãe. Agradeço ao David pela infinita paciência de estar ao meu lado durante vinte e três anos de casamento, pois mulher que estuda e viaja não deve ter sido fácil de aguentar, devo a ele as horas infinitas em que foi pai e mãe. Agradeço aos meus filhos, pela fonte de inspiração que eles são: Gabriel (Bel), meu filho antropólogo-cineasta, assistente de produção dos meus vídeos, hoje realizador dos seus próprios documentários; Eduardo (Dudu), meu assessor tecnológico, que para tudo tem uma solução, que vivia dizendo que controle remoto não é videogame; ao João Pedro (Johnny), menino-grande, de sorriso largo que pedia colo, beijos e abraços para que a mãe deixasse o computador. A minha amada avó Rosena (*in memoriam*) sua *performance* não letrada sempre encheram os meus olhos d'água, sua *vocalidade* embala a minha vida e a minha saudade.

Assalamu Aleikum Wa Rahmatuallahi Wa Barakatuh: Sheik Jihad Hassam Hammadeh, amigo fiel de todas as horas, é sem dúvida o grande interlocutor deste livro, fez-se presente em cada capítulo, em cada discussão, BarakAllahu Fik Sheik! Magda Aref, minha primeira parceira nesta descoberta, devo-lhe uma amizade eterna, Nadia Hussein, generosa, amiga e disposta a ajudar sempre, Alex Attard, ajudou-me sempre em momentos em que o tempo era tudo; Walid Zukair que abriu as portas para o meu campo, presenteou-me com o Alcorão, foi o primeiro interlocutor desta pesquisa; Sheik Ali Abdouni, pela paciência em responder minhas perguntas e pela presença atenta; *Chukran*: Thais Jamyle, pelos desenhos, pela conversa; Rosangêla França pelas inúmeras conversas durante os Eids, Zarra El Bacha pela força, pelo apoio, amizade e boas risadas, Malake Chedid pela quebra de jejum inesquecível, pelo primeiro *hijab. Chukran:* Ronaldo (Musslim Vaz de Oliveira), Mountaz El Orra, Sheik Salah, enfim todos os muçulmanos das mesquitas de São Bernardo do Campo, Brasil, Santo Amaro e Pari.

Agradeço aos leitores-interlocutores deste livro, que arguiram, leram um capítulo, dois, o texto na íntegra e foram fundamentais nos diálogos suscitados de várias formas, de vários sentidos: Aida Ramezá Hanania, John Dawsey, Rubens Alves da Silva, Silvia Montenegro que participaram da minha banca de defesa de doutorado. Rose Satiko e Vagner Gonçalves da Silva que foram fundamentais na minha banca de qualificação apontando caminhos profícuos. Janine Collaço que ao ler o primeiro capítulo escreveu: "ele apenas parece calmo, pois no fundo ele é furioso e intenso", Kátia Helena Alves Pereira, Rita de Cássia de Almeida Castro, José Guilherme Magnani, Ronaldo Trindade, que leram vários fragmentos e deram ordem ao meu pensamento. Ainda um agradecimento especial a Luana Baumann pela prontidão em ler um texto longo, que agora se apresenta com menos elipses e emendas suspeitas.

Agradeço as trocas com os colegas do Gravi (Grupo de Antropologia Visual) do qual participo desde 1997 e do Napedra (Núcleo de Antropologia, Performance e Drama), em especial a minha amada Miriam Moreira Leite (*in memoriam*) a quem *devo e me inspiro muito e sempre*. Aos amigos certos de horas (in)certas Mariana Vanzolini (Méri, *in memoriam*, saudades), Andréa Barbosa, Edgar Teodoro da Cunha, Paula Morgado, Rose Satiko, Rita Castro, Ana Lucia Ferraz, Lílian Sagio Cezar, Rubens Alves da Silva, Vanilza Jacundino, Fernanda Frasca.

Agradeço a Regina Polo Müller, pois transformamos nossas descobertas de Córdoba, na Espanha, em uma parceria deliciosa no Instituto de Artes da Unicamp. *Macktub!* (Estava escrito).

Agradeço a John Dawsey, a troca estabelecida em cada linha deste texto... hoje verdadeiro *mandala* que registra em nós os bons momentos vividos. John em vários momentos sabia mais do meu texto do que eu mesma, sua amizade foi transformada em sugestões, releituras, versos e etnografia.

E porque amigo é irmão que a gente escolhe...

Kátia Helena Alves Pereira e Janine Collaço (sem vocês do meu lado seria impossível escrever qualquer coisa), Adriana Zoppello, Beatriz Damiani (amigas e comadres para a vida, para as alegrias e tristezas), Carla Rustino e Alejandra Soto Osses (porque amigos se fazem no curso de Ciências Sociais e nunca mais se apartam), Rosane Pires Batista, Caroline Freitas (porque amigos estão sempre por perto com aquela palavrinha especial), Claudia Voigt (sempre me acolhendo e compartilhando nossas vidas e pesquisas).

Agradeço ainda meus mestres-guias Arlete Buratti Borghi e Marcio Antunes Oliveira, professores saudosos da minha vida, as aulas de português e de matemática são essenciais para se formar um etnógrafo.

Agradeço a todos os meus alunos, principalmente aqueles que estiveram presentes na minha defesa de doutorado em setembro de 2007, eles fizeram o meu coração se encher de amor e de felicidade. E hoje agradeço aos meus orientandos e ex-orientandos que fazem da minha vida acadêmica recompensa diária. Ao gracias que dá sentido as nossas vidas.

Sumário

PREFÁCIO

Um Mundo Islâmico em São Paulo

Islã: entre arabescos, luas e tâmaras é o resultado de várias paixões e muita determinação. O contato de Franci com as comunidades muçulmanas em São Paulo vem da época de sua graduação em Ciências Sociais na USP, continuou em seu mestrado e seu doutorado, que tive o privilégio de orientar e é esse último que, retrabalhado, ela apresenta nesse livro. Nas três partes de que se compõem o que se nos apresenta é uma pesquisadora dedicada à etnografia a partir de sua longa convivência com os muçulmanos de diversas comunidades, etnografia que revela seus encontros com a comunidade islâmica em São Paulo durante os anos de pesquisa em que diferentes temas foram abordados e aprofundados.

A perspectiva da antropologia da performance e da experiência, desenvolvida por autores como Schechner e Turner, levou a pesquisadora a entrar nos temas que são aqui apresentados: religião, gênero, imagem e oralidade, temas que ela igualmente trabalhou nos muitos ensaios fotográficos e vídeos que desenvolveu, incorporando em sua pesquisa também a antropologia visual.

Adentrar o mundo islâmico em São Paulo é percorrer vários caminhos até poder situar-se entre os membros da comunidade, numa pesquisa que se desenrola por trilhas que, partindo de São Bernardo do Campo, podem ser vistas como inúmeros e diversos arabescos. É situar-se a partir de uma temporalidade que é também marcada pelas cinco orações diárias, quando o corpo se coloca numa orientação espacial específica; temporalidade em que as inúmeras festas, definidas pelo calendário lunar, criam a oportunidade para que comidas variadas e abundantes se contraponham ao ato do sacrifício e do jejum; temporalidade marcada ainda, no longo ciclo da vida, pela peregrinação a Meca, a cidade sagrada do Islã, onde Muhammad recebeu os primeiros versículos do Alcorão. Entender o Islam é para

Franci chegar aos sentidos do ser muçulmano, de uma religião em que a gestualidade, o corpo como um todo, se purifica antes das orações, se horizontaliza nas preces diárias; religião na qual sentidos como a audição e a fala são os mais valorizados, pois marcam não apenas a oração dos fiéis cinco vezes ao dia, mas o próprio início dessa religião que é oralmente anunciada ao profeta Muhammad.

Recitado em árabe por todos os fiéis, o Alcorão (que significa recitação, de acordo com a autora) é para os muçulmanos a Voz de Deus, e é essa sonoridade muito específica um dos elementos chave da união desses fiéis pelos vários cantos do mundo. Como diz Franci, apoiando-se em Zumthor, "é como se Deus fosse tomando corpo na voz do fiel". Pelas vias da antropologia da performance Franci percebe a importância da voz e do gesto para compreender o que mais caracteriza o ethos islâmico, ethos que se expressa numa estética que ultrapassa fronteiras geográficas, étnicas e linguísticas, pois é no corpo que ele se inscreve.

Trata-se aqui de uma pesquisa em tempos modernos, em que a pesquisadora está atenta a tudo o que ocorre e às várias instâncias em que é pertinente pesquisar. O Orkut, que antecede o Facebook nas redes sociais, foi fonte preciosa de pesquisa e interlocução, assim como os comentários a respeito da novela *O Clone*, de grande audiência na época em que foi exibida. A repercussão mundial dos ataques às torres gêmeas em Nova York, em 11 de setembro de 2001 marcaram igualmente as comunidades islâmicas no mundo inteiro e nesse sentido, também a pesquisa que Franci desenvolvia. Vale dizer, uma pesquisa que é, como diz Franci, constitutiva de sua própria pessoa, pois é como mulher e fundamentalmente entre as mulheres que ela pesquisa, nesse universo tão marcado pela homossocialidade.

São muitos os conflitos de identidade que atravessam as comunidades pesquisadas por Franci. Nem todo árabe é muçulmano, e nem todo muçulmano é árabe, fato que muitos desconhecem. Por outro lado, como as comunidades islâmicas no Brasil convivem com os "revertidos", aqueles que optaram por essa religião, apesar de nela não terem nascido? Posso adiantar que é a partir dessa brecha, dos que não eram muçulmanos e se convertem a essa religião que Franci pode também se aprofundar na compreensão do que é de fato o ser e o sentir-se muçulmano.

Como diz Franci, "No Islã, a audição tem este poder de transubstanciação do fiel, pois Deus se comunicou com o Profeta através do anjo Gabriel. O anjo pede que o Profeta recite. É pelo ouvido que ocorre a comunicação. *O Profeta ouviu a voz do anjo*, que falava a voz de Deus. Ouvir estabelece uma relação com a fala". O que esse livro mostra é que estamos diante de uma pesquisadora atenta, ela também uma pesquisadora que ouve e observa o universo que decidiu pesquisar, que se envolve pessoalmente para chegar a uma compreensão dele que ultrapassa a simples objetividade científica.

Prof. Dra. Sylvia Caiuby Novaes
Universidade de São Paulo

INTRODUÇÃO

AL- FÁTIHA (A Abertura)

1. *Em nome de Allah, O Misericordioso, o Misericordiador.*
2. *Louvor a Allah, O Senhor dos mundos,*
3. *O Misericordios, O Misericordiador,*
4. *Soberano do Dia do Juízo.*
5. *Só a Ti adoramos e só a Ti imploramos ajuda!*
6. *Guia-nos à senda reta,*
7. *À senda dos que agraciaste; não à dos incursos em Tua ira nem, nem à dos descaminhados (1ª. Surata)1*

A etnografia é a grande paixão dos antropólogos. É ela que move a nossa curiosidade, os nossos impulsos, nos desencaminha e nos encaminha. Iniciar este livro[2] sobre o Islã em São Paulo, com os primeiros versículos do Alcorão Sagrado (Surata[3] *Al- Fatiha*), pe-

1 Al- Fatiha surata de abertura do Alcorão. Tradução para o português do professor Helmi Nasr. Tradução para o árabe na página seguinte.

2 Este livro é fruto do meu doutorado em antropologia, que depois se desmembrou em vários artigos e agora assume um outro formato, com textos inéditos e várias outras modificações, mas que não altera a proposta inicial da tese.

3 Ou sura, que significa "degrau", fase, e, por analogia, cada um dos capítulos do Alcorão, por meio dos quais se ascende a Deus. Cada sura é composta de āyāt, sinais ou versículos, de número variado, nos quais transluz a infinita sabedoria divina. Al- Fatiha: a abertura. É a sura que dá início à sagrada leitura. Ela reúne e sintetiza os elementos da crença islâmica, ou seja, a unicidade de Deus, como Soberano Absoluto dos mundos; o caminho da bem-aventurança, a recompensa dos crentes, o castigo dos regeneradores da Fé, além de estabelecer o elo essencial

los quais o muçulmano estabelece sua relação com Deus, em suas primeiras palavras de louvor a *Allah*, sempre renovadas a cada dia, é a forma que encontro para revelar as questões que me serviram de guia. Ao mesmo tempo, como os muçulmanos que, no horário certo e em qualquer lugar, recitam estes versículos antes de começar suas atividades diárias, eu os recito agora, em silêncio, pelo toque dos meus dedos, convicta de que eles têm o poder de encaminhar esta escritura, como creem os fiéis do Islã, pela senda correta.

A *vocalidade* (Zumthor, 2001) destes versos me embalaram durante a pesquisa, abrindo uma porta para esse "mundo" muçulmano, tão diverso do meu, e ao mesmo tempo tão único, especialmente quando juntos entoam:

Bismiallahi arrhamani arrhim
Alhamdulillahi rabil 'Allamin
Arahmani arhim
Maliki yaumidin
Yaka nabudu wa yaka nasta im
Ihdina siratal mustakim
Siratal ladzina anaamta Allaihim ghairil makhdzubi
Allaihim wa la dzalim

Na etimologia da palavra "Islã", encontramos a forma verbal "aslama" que significa "submissão a Deus" e da qual "muslim" (muçulmano) é o particípio presente: "aquele que se submete a Deus" (Eliade; Couliano, 1995, p. 191).

No dicionário árabe-português, de Helmi Nasr, *Islam* significa entrega, obediência completa a Deus, além de "a religião do islã" e "Islamismo" (2005, p. 130).

Neste livro faço uso do termo *entrega*, não apenas porque se trata da tradução correta, como me alertou Aida Ramezá Hanania,

---

entre o homem e Deus. Por esta razão, ela é parte fundamental das cinco orações diárias dos muçulmanos, quando a repetem, em suas reverências, dezessete vezes. (Cf. Alcorão, Helmi Nasr, p.1) mas também por considerar que há uma *entrega* desse muçulmano que professa a sua religião e com o qual pude conviver nesses anos de pesquisa.

Destaco a relação primordial entre um texto, revelado a um Profeta (Muhammad), que se constitui no seu primeiro intérprete, e aqueles que o recebem e o recitam cotidianamente para (re)estabelecerem, pela oração, a ligação originária (do Profeta) com Deus. Este texto – o Alcorão – consubstancia as práticas fundamentais da vida religiosa islâmica ou os pilares da fé muçulmana.

Se, para o cristão, o verbo encarnado é Jesus, para o muçulmano, é o Alcorão. Trata-se do Verbo do Altíssimo que desceu à Terra. Verbo que se fez escrita e escrita que se materializou na caligrafia (cf. Hanania, 1999, p. 14).

Cabe considerar que a observação participante me possibilitou uma aproximação com as mulheres e os homens de quatro comunidades islâmicas, visitadas durante nove anos de pesquisa, de 1998 a 2007. As comunidades do Brás, Santo Amaro, Mesquita São Paulo (Brasil) e São Bernardo do Campo foram fundamentais para a elaboração do texto que agora apresento. No trabalho de campo realizado houve, antes de tudo, um esforço de posicionamento em uma situação permeada pela oralidade, ainda que marcada por práticas religiosas e morais, que dão forma ao corpo comunitário islâmico. Nesta imersão, aprendi a mimetizar o "ser muçulmana". Mas da mesma forma que me entreguei a este aprendizado, ampliei minhas possibilidades de contato, pela negociação e pelo uso da fotografia e do vídeo, como formas de registro de um mundo que relega a imagem, por condenar a idolatria[4].

Falar do Islã é falar de vários Islãs, com suas coerências ou não, mas principalmente falar de um só e único Islã, em seu modo peculiar de transformar o cotidiano, a vida e o corpo de seus seguidores. É desse Islã *transformador e transportador* de sensações de que fala o texto. Para Richard Schechner (1985), *transformation* é uma

---

4 Ver Ferreira (2004, 2006 e 2009).

experiência temporária que, às vezes, torna-se *status* permanente, por exemplo, a situação de *liminaridade* do *performer*, como é o caso da pesquisadora em campo, e *transportation* seria qualquer tipo de evento performático que apresente "eficácia ou entretenimento". Participar de uma *performance* envolve um deslocar-se e, em outras palavras, tornar-se um *outro*.

Para isso, a *Antropologia da Performance* é o terreno sobre o qual procuro mapear o universo performático dos muçulmanos. A *performance* é constitutiva desta religião que coloca, não apenas na ponta da língua, mas no ato de recitação dos textos sagrados, um sistema de conduta também registrado no livro sagrado. Este sistema de transmissão já organizado nos permite pensar que o universo islâmico, ainda que marcado por um cotidiano de práticas religiosas, é muito mais complexo do que a simples emissão e recepção dos seus preceitos. Para ser muçulmano, não basta reproduzir os versículos do Alcorão. É preciso mais. Há toda uma estrutura organizacional a amparar esta *performance*, a partir da interpretação do livro.

Revelado em árabe, deve ser recitado nesta língua, o que coloca para muitos de seus adeptos, especialmente os brasileiros que se *revertem*[5], a necessidade de transcender sua própria linguagem cotidiana. Daí seu sentido performático: repetir, ensaiar. Não se entra na cena islâmica sem tomar conhecimento da língua árabe para realizar as orações diárias e a recitação do texto sagrado e, portanto, a ideia de um tradutor se atualiza, dando lugar ao papel dos sheiks, como os intérpretes do texto sagrado. Mas isso ainda não basta. É preciso não apenas ler e entender, mesmo que através

---

5 Para os muçulmanos, todo homem nasce muçulmano, mas alguns se afastam. O retorno a Deus é chamado por eles de reversão. Tenho usado o termo nativo "reversão", porque considero este termo como um conceito que deve e pode ser apropriado nos estudos sobre Islã. A ideia de reversão não é a mesma que atribuímos a conversão. A reversão pressupõe uma adesão anterior, a partir do quarto mês de gestação a pessoa já é considerada muçulmana, portanto entregue a Deus, neste sentido, seu afastamento voluntário ou involuntário pode ser revisto quando se aceita retornar à senda reta.

dos sheiks, e, indo além, incorporar ao cotidiano uma cosmologia que subverte até mesmo a vida comum, ao nos impor uma outra noção de espaço e tempo. No islã, os horários das orações diárias obedecem ao calendário lunar (que irei desenvolver no capítulo 4), o que nos desloca dos meios concretos de viver a vida, nos obrigando a transcender até mesmo os marcadores da lida diária consolidada no calendário solar. É assim que, ao dialogar com o mundo islâmico, me senti profundamente afetada (Favret-Saada, 2005) e acolhi certos comportamentos e práticas que, não obstante os limites que me impuseram, abriram as perspectivas apontadas pela antropologia da *performance* e da experiência, pelas quais adentrei esse mundo.ncia, pelas quais adentrei esse mundo, estabelecendo incontivas apontadas pela Antropologia da *Performance* e da experiência, pelas quais adentrei esse mundo.

O objetivo deste livro é entender o mundo sensível no qual estão inseridos os muçulmanos. Da transmissão da Palavra à recepção, das mudanças corporais, gestuais e de *habitus,* que podemos observar no cotidiano e nas festas. Para isso considerei importante: 1. *Evocar as múltiplas vozes da comunidade*, isto é, verificar os desdobramentos da *performance,* com os ouvintes, que também são transmissores da Palavra. Acredito que, assim, outras vozes surgiriam, como as dos reversos, para usar os termos deles. Considerei importante, também, esmiuçar a minha própria *performance*. A minha experiência é reveladora, a partir do momento que coloco à prova o meu fazer e estar em campo; 2. *Registrar e analisar a performance oral* do sheik, a fim de constatar a eficácia da performance oral para a (reversão) dos muçulmanos, na prática religiosa em contexto brasileiro; 3. *Etnografar as performances*, tomando como pontos centrais as festas islâmicas (Ramadã e a Festa do Sacrifício). Nessas festas foi possível verificar vários desdobramentos (ensaios, *performances* etc.), propostos por Schechner (1985), bem como os estados de *liminaridade* e de *communitas,* propostos por Victor Turner (1974).

Cabe dizer que são muitos os percursos trilhados e não seria diferente, pois compreender, em termos hermenêuticos, uma comunidade[6] é como estar o tempo todo em uma dialética que vai do *particular* ao *geral e* vice-versa. É, de fato, escrever um conjunto de textos, compreender porque esses muçulmanos vivem dessa maneira em um país ocidental e o porquê de alguns brasileiros se reverterem ao Islã em seu país[7], "distanciando-se" dos hábitos de sua cultura.

Para entender o *ser* muçulmano é preciso entender os pilares da religião e da fé; é preciso entender os significados do *hijab* usado pelas mulheres e os significados da oração da sexta-feira. Como Geertz diz: "não saberemos o que é uma luva de apanhador se não conhecemos o jogo de beisebol" (1999, p. 106). Talvez o desafio seja trazer ao leitor um universo com várias possibilidades de leitura e caminhos. Todos eles, de algum modo, levam ao mesmo lugar, na tentativa de entender um universo (microscópico), que é gigante diante de nossos olhos e construído em um emaranhado de redes.

Em resumo, busco elucidar não só meu percurso intelectual, mas também apresentar uma etnografia de algumas *redes islâmicas* do Estado de São Paulo, tendo como ponto de adensamento a comunidade de *São Bernardo do Campo*, um dos lugares da minha pesquisa, consubstanciando, dessa forma, o ser muçulmano no Ocidente, e os processos que tal comunidade tem engendrado para se manter unida. São Bernardo do Campo está aqui como uma das teias de

---

6 Refiro-me aos muçulmanos como comunidade, porque me aproprio dos termos deles. São eles que se denominam de comunidade muçulmana.

7 Cabe dizer que não tenho a intenção de focar este trabalho nos reversos (Maia Marques, 2000, 2009; Wladimir, 2003), mas se faz necessário entender o processo de alguns muçulmanos, mesmo porque estou interessada em compreender os limites das tensões entre árabes *versus* brasileiros, para isto será preciso contextualizar esses reversos. Por exemplo, uma das alegações dos "árabes" é que muitas moças estão se revertendo para arrumar marido, ou por outros interesses, não necessariamente religiosos. Não querendo tomar partido, mas com a intenção de registrar minha observação nesses anos de pesquisa, durante o período da novela global "O Clone" (2001) houve uma procura maior de mulheres pela religião, muitas até, pareciam mais "Jades" – nome da protagonista da novela -, do que uma muçulmana com a qual eu estava acostumada a conviver.

significado, pertencente a um grupo *sunita*[8], que corresponde a um simbolismo particular dentro do Islã.

Vale dizer, não é por acaso que os estudos de *performance* me chamaram a atenção. Esse percurso foi iniciado no mestrado quando o meu foco era a imagem. Nessas primeiras andanças pelo universo imagético dos muçulmanos, percebi que a oralidade é fundamental para refletirmos acerca dos povos árabes e a *performance* abrange todas as expressões sensíveis que conhecemos: fala, canto, movimento, vividos na experiência.

Devemos considerar que o Islã está presente no Brasil há muito tempo. Há quem diga que ele veio junto com as caravelas de Pedro Álvares Cabral[9], há outros que afirmam que o Islã entrou no Brasil no período da escravidão. De qualquer forma, não busco os elementos de origem do Islã no Brasil, mas sim apresentar um quadro que nos aproxime de *uma possível* realidade islâmica brasileira, *são-bernardense*. Não me interessa a versão "correta" e sim as versões de como a sociabilidade desse povo foi sendo construída, ampliada e significada no nosso país, tendo como referência as cidades de São Paulo e de São Bernardo do Campo, verdadeiros círculos concêntricos que nos levam a uma reflexão.

Muitos dos dados que apresento aqui são frutos de apenas estar entre eles, momentos sem perguntas, sem respostas, mas em muitos casos, mais densos. Pura observação etnográfica de quem se deixa *estar*. Mantive conversas, mas também me permiti apenas olhar, os pequenos gestos, entrelaçando cotidiano e ritual. Tais elementos estão mais enredados do que podemos imaginar.

---

8 Os muçulmanos dividem-se aproximadamente em sunitas (90%), xiitas (10%). São sunitas aqueles que acreditam na Suna, ou compilação de Hadiths, que são os ditos e feitos do profeta Muhammad. Os sunitas derivam de Abu Bakr, sucessor do profeta após sua morte. Os xiitas fazem parte de uma outra linhagem de sucessão do profeta, na qual seu primo e genro Ali assume o seu posto, dividindo assim os muçulmanos.

9 Cf. Kalandar (2001); Montenegro (2000).

Por meio da *performance*, outras fronteiras foram devidamente aproximadas: religião, gênero, imagem e oralidade, que me permitiram alargar e construir pontes que me levaram a outros caminhos, muitas vezes separados, porém mais conexos do que imaginei inicialmente.

QUESTÕES SEMENTES: COMO NASCE UM TRABALHO

Foram muitas as questões que me instigaram a realizar a pesquisa entre os muçulmanos. Algumas delas continuam sem solução; para outras, tenho a impressão de ter encontrado a resposta, mas muitas ainda estão por esmiuçar. De qualquer forma, apresento aqui, aquelas questões que possam guiar o leitor, situando-o nessa recepção, também performática, pois, sem *audiência*, condição fundamental, não existe *performance*. Este texto tem a pretensão de comunicar em *ação*. Escrevo daqui, o leitor interage daí, como se estivéssemos palmilhando o mesmo trajeto. Na verdade, cada leitor constrói o seu próprio caminho. Com certeza ele poderá exclamar, balançar a cabeça, se mexer, rir, discordar, movimentar-se na cadeira; sem falar no movimento da mão com a caneta, que grifa, anota e risca. Os sentidos serão estimulados: visão, tato, olfato, paladar (se os considerarmos de forma metafórica), mas ler também dá fome, e por que não? Feche os olhos, e a audição – de um texto que tem *voz* – se ampliará. Esta é a interação almejada com o leitor-receptor.

A *performance* é vista como uma espécie de trança constituída de múltiplos fios ou linhas (Dawsey, 2005), através dos quais fui tecendo outras fronteiras que me ajudaram a compreender o *etos* islâmico. Fios e linhas que logo identifiquei como sendo o estudo da religião islâmica, da imagem, da oralidade, do gênero, enfim de tantas outras fronteiras pontilhadas que acompanham a construção da *Performance*.

A ideia de trabalhar com a palavra religiosa e as questões da *performance* não é tão óbvia quando se trata de pensá-las à luz dos constantes eventos atrelados ao Islã. O mais grave deles, talvez tenha sido o 11 de Setembro de 2001. Essa tragédia provocou mudanças também nas comunidades aqui no Brasil. Se o mundo não era mais o mesmo, depois do atentado às Torres Gêmeas nos EUA, os muçulmanos e a comunidade muçulmana no Brasil também não. Os sheiks passaram a ter um papel significativo diante dos novos acontecimentos. O "líder da fala" agora estava dado. Não só os sheiks, mas os muçulmanos em geral, tomaram outras posturas diante da tragédia ocorrida. Vou chamar a isso de uma mudança de comportamento, de *performance*. Há a necessidade de se mudar o tom da voz, a *voz* que comunica deve estar em sintonia com o corpo, com o cotidiano. Além da expansão da religião, os líderes passaram a ter por missão mudar a imagem de um Islã radical e terrorista transmitida ao mundo por Bin Laden.

> [...] depois dos atentados, nós, líderes religiosos, saímos para informar às pessoas que o Islamismo não é isso que está sendo apresentado. Em contrapartida, elas perguntam qual é o verdadeiro Islamismo. Então, a partir daí, nós sabemos que a sociedade brasileira, antes de criticar, está procurando conhecer o islamismo. E isso é muito bom porque nós temos a possibilidade de mostrar a verdadeira face do Islamismo. E outra coisa que nos ajuda é a nossa história no Brasil. A história dos árabes no Brasil não é história de bandido, de terrorista, nem de seqüestrador de avião. A história do árabe no Brasil é uma história de luta, de perseverança (Sheik Nasser)[10].

A hipótese é que, na elaboração, execução e desdobramento dessas performances, constrói-se o coletivo islâmico, seja com tensões, ou pelo compartilhamento de um *etos* simbólico. Temos uma cadeia a observar: *Deus* que por meio do anjo *Gabriel* revela o Alcorão ao profeta *Muhammad* que revela as Palavras Sagradas, que são reci-

10 http://an.uol.com.br/2001/out/28/opai.htm Entrevista.

tadas e vivenciadas *pelos fiéis*. É na experiência do *cotidiano-ritual* desses muçulmanos que se dá a *performance*.

Interessava-me compreender de que forma o muçulmano vivencia e transforma o seu cotidiano pautado em regras advindas da religião. Quais são os elementos constitutivos de ser muçulmano? E sendo este revertido, como se relaciona com outros muçulmanos? Por fim, vislumbro que tudo retorna ao corpo, pois é nele que inscrevemos o mundo. O corpo remodelado pela fé, pelas regras, pelo ser muçulmano. O corpo é o instrumento simbólico que estrutura os sinais religiosos, sejam interiorizados ou exteriorizados.

Qual é o *sentido* de ser muçulmano? Não se trata de uma mera questão metafísica, mas da ampliação do humano que é revelado por meio da religião, seja no seu cotidiano, seja em momentos extracotidianos que revelam momentos de tensão e extensão dessa compreensão mais profunda que é o humano.

Para isso foi preciso um recorte do campo etnográfico e uma reformulação da questão-problema: Qual o *sentido* de ser muçulmano, no Brasil, em São Paulo, em São *Bernardo do Campo?* Daí surgem outras redes que serão constitutivas na construção da *performance* religiosa, sabendo que os muçulmanos em SBC são árabes (em sua maioria libanesa), brasileiros e de outras nacionalidades. Esse dado é importante, quando se pretende dizer que não se trata de um muçulmano determinado, mas de vários que convivem, mesmo não compartilhando a mesma cultura. É nessa diversidade de culturas, dentro de uma comunidade, que reside um modo de ser muçulmano. É preciso dizer das divergências identitárias que são muitas quando se trata de Islã, mas que são acionadas a qualquer momento e que revelam *performances* diferentes.

Cabe explicitar que o recorte é a "comunidade de *São Bernardo do Campo*". As redes de sociabilidade que consegui entrelaçar, a partir dela, levaram-me para fora da comunidade e, o contato com outros grupos, tornou o livro mais dinâmico. Compreender fluxos e redes estabelecidas, a partir dessa comunidade dá, sobretudo, um caráter dinâmico à pesquisa e aos resultados obtidos.

O livro está dividido em três partes: Arabescos, Luas e Tâmaras.

Arabescos[11]

Capítulo 1 – *Mais de mil e uma noites de experiência etnográfica*

Este capítulo busca apresentar uma experiência etnográfica realizada em duas comunidades islâmicas em São Paulo e São Bernardo Campo. Aqui estabeleço um diálogo profícuo com a Antropologia da *Performance* e da Experiência [Ritual] proposta por Victor Turner, Richard Schechner e Ronald Grimes, permeado também, pela teoria do *Ser afetado* de Favret-Saada. Busco desenvolver, portanto, uma metodologia que abarque tanto a antropologia da *performance*, quanto a antropologia da religião. Para isso, considerei argumentar a respeito da (a) *pesquisadora-performer*, sendo esta: mulher, mãe e antropóloga e o modo como esses elementos contribuem para *performing ethnography*; (b) apresentar o percurso etnográfico; (c) destacar a experiência em um acampamento islâmico.

Capítulo 2 – *Redes Islâmicas em São Paulo: "Nascidos muçulmanos" e "revertidos"*

Trata-se de um dilema: a ideia de vincular (ou não) a tradição islâmica a uma identidade árabe, e considerar, ao mesmo tempo, em que medida essa influência contribui (ou não) para as relações estabelecidas entre muçulmanos de nascimento (árabes) e revertidos (brasileiros). Na tentativa de se "apagar" uma identidade, tem-se a

11 O contexto no qual a pesquisa foi realizada aponta para uma diversidade de caminhos e estratégias analíticas, nada mais analógico que o termo arabesco, que pode ser diverso, assim como os caminhos percorridos.

ampliação de outras. É por esse motivo que optei por problematizar o modo como se dá a construção de redes islâmicas que perpassam São Bernardo Campo, a fim de refletir a respeito dos fluxos de cultura (Hannerz,1997), principalmente, no Brasil, quando nos confrontamos com as relações estabelecidas entre um Islã árabe e um Islã que se esforça por abarcar os brasileiros reversos.

Capítulo 3 – *O Sheik é o livro: aquele que ouve e aquele que fala*

Construo uma discussão sobre a *performance* oral do sheik, a partir dos conceitos de *liminaridade, communitas* e *drama social*, propostos por Victor Turner (1974). É possível verificar como se dá a "construção" de um sheik, seu papel perante a comunidade, suas angústias; seu papel como "líder da fala", aquele que detêm o conhecimento sobre a religião e a transmite, sendo a pessoa mais indicada para falar, pela comunidade e em nome dela, embora a relação com a própria comunidade não seja fácil: há tensões principalmente quando se fala em hierarquia, em representante dos muçulmanos.

Luas[12]

Capítulo 4 – *Festas Islâmicas e suas performances no tempo e no espaço*

Apresento ao leitor os significados das festas mais importantes para os muçulmanos, a festa do término do Ramadã (Eid[13] Al- Fitr)

---

12 A segunda parte deste livro intitula-se *Luas*, a partir do calendário lunar islâmico pontua-se a simbólica das festas (Eid).

13 *Eid*, em árabe, significa festa ou tempo de felicidade (Ahmed, 2003:58). No árabe, *Eid* é aquilo que retorna, feriado, está demarcado no calendário.

e a festa do Sacrifício (Eid Al-Adha), para trazer à tona as performances ali elaboradas, às vezes, como ritual de passagem, e/ou como instrumento da fé religiosa. Para dar conta do universo das festas, apresento o calendário islâmico para a discussão do tempo e do espaço dessas festas. A etnografia das festas revela um modo muito particular de ser muçulmano, pautado muitas vezes em sacrifício, para quem observa de fora da comunidade: estar em jejum, fazer o hajj (peregrinação), a matança dos carneiros, todos esses, elementos que revelam um determinado sacrifício que será explorado neste livro.

Capítulo 5 – *A teatralização do sagrado islâmico: a palavra, a voz e o gesto*

A proposta deste capítulo é apresentar um dos elementos performáticos da religião islâmica: a *salat* (oração islâmica). O modo como a *salat* é elaborada corporalmente, moldando o corpo do muçulmano permite ver o corpo como um veículo de comunicação entre o fiel e Deus. Neste sentido estabeleço uma proximidade entre o ator que repete, ensaia o seu papel várias vezes, com um muçulmano que reza e se aprimora a cada oração. O argumento central do texto é que o aprimoramento do muçulmano (com auxílio do comportamento restaurado) deve levar em consideração o conhecimento da palavra, o uso da voz (vocalidade) e o gesto. É no gesto da oração que percebemos a *entrega* desse muçulmano.

A intensidade da performance: com base em sua experiência como ator e diretor de teatro, Schechner (1985) discute o momento culminante da performance, quando a experiência se aprofunda, fica mais intensa. É o momento em que ele diz: "algo aconteceu!", isto é, se comunicou. Estabeleço uma proximidade entre o ator que repete, ensaia o seu papel várias vezes, com um muçulmano que reza e se aprimora a cada oração, ao enfocar o comportamento restaurado, proposto por Schechner (1985).

Tâmaras[14]

Capítulo 6 – *Corpos que se entregam: os sentidos de ser muçulmano*

Capítulo final, concentra-se em três pontos: o primeiro, refere-se à reflexão das questões relacionadas ao corpo (que se entrega) e discute como se dão as transformações corporais, ou melhor, qual é a gramática do corpo que podemos deixar entrever quando falamos desse corpo que se entrega a Deus? O *segundo* ponto, volta-se para os "sentidos", pois são eles que auxiliam o despertar das sensações do corpo. Busco aqui interpretar como os muçulmanos percebem *os sentidos* do ponto de vista religioso. De que modo eles percebem suas mudanças sensoriais: audição, paladar, olfato, visão e tato?

Discuto a ideia de que a religião passa pelo corpo, modificando a gestualidade, as percepções etc. A análise simbólica sugere também uma reflexão sobre os itens discutidos nos capítulos anteriores. A horizontalização e a verticalização dos sentidos no Islã. No corpo entregue a Deus, os sentidos do mundo passam pelos sentidos do corpo.

---

14 Tâmara, porque suscita um dos sentidos, o paladar, que se refere a um dos temas desenvolvidos neste capítulo.

ARABESCOS

CAPÍTULO 1

Metáfora de las mil y una noches

La primera metáfora es el río.
Las grandes aguas. El cristal viviente
Que guarda esas queridas maravillas
Que fueron del Islam y que son tuyas
Y mías hoy. El todopoderoso
Talismán que también es un esclavo;
El genio confinado en la vasija
De cobre por el sello salomónico:
El juramento de aquel rey que entrega
Su reina de una noche a la justicia
De la espada, la luna, que está sola;
Los viajes de Simbad, ese Odisea
Urgido por la sed de su aventura,
No castigo por un dios; la lámpara
Los símbolos que anunciam a Rodrigo
La conquista de España por los árabes;
El simio que revela que es un hombre,
Jugando al ajedrez. El rey leproso;
Las altas caravanas; la montaña
De piedra imán que hace estallar la nave;
El jeque y la gacela; un orbe fluido
De formas que varían como nubes,
Sujetas al arbitrio del Destino
O del Azar, que son la misma cosa;
El mendigo que puede ser un ángel
Y la caverna que se llama Sésamo...

(Jorge Luis Borges, 1989, p. 522).

Mais de Mil e Uma Noites de Experiência Etnográfica[1]

Quando nasci, um anjo
torto desses que vivem na sombra disse:
Vai, Carlos! ser gauche na vida.
(Carlos Drummond de Andrade)

O trecho do poema de Carlos Drummond de Andrade, que escolhi como epígrafe deste capítulo, permite uma poética analogia com a expressão que assumi em minha vida desde os catorze anos, quando o li pela primeira vez. Confesso que várias vezes ouvi uma voz suave que me dizia: Vai, Franci, ser *gauche* na vida! Na verdade, *gauche*, para mim resumia-se não apenas em ser de esquerda, mas em estar à margem, fora dos círculos, fora dos tempos, estando na fronteira dos riscos daí decorrentes. A escolha da antropologia já foi, sobretudo, uma atitude *gauche*. Além de ser *mulher* e *mãe,* resolvi ser *antropóloga* e, por fim, pesquisadora de comunidades islâmicas, em São Paulo, desde 1998. Este texto busca, portanto, apresentar a experiência etnográfica durante minha pesquisa de campo, os diálogos estabelecidos e os elementos que delineiam a minha própria performance em campo.

Em sintonia com a ideia de Turner (1982; 1986) de que a antropologia é a ciência que está mais profundamente enraizada na ex-

1 Este capítulo foi publicado na revista *Etnográfica*, vol.13, número 2, 2009, pp.441-464, Lisboa. Agora apresenta pequenas modificações.

periência social e subjetiva do investigador, trago como questão de fundo pensar sobre o lugar que ocupam pesquisador e pesquisado no processo de produção etnográfica, com a finalidade de problematizar a própria metodologia empregada — a observação participante — e o lugar da pesquisadora-*performer* no diálogo construído. Em certa medida, ser *gauche* é, sobretudo, correr riscos. Nas palavras de Schechner (1985) o pesquisador está lá para ver, e ele é visto. Sua presença "é um convite à atuação". O que o diferencia dos demais *performers* é sua ambiguidade. Ele é um "não performer" e um "não-não-performer"; não é um espectador, nem um não espectador. Ele está entre (*in between*) dois papéis, assim como entre duas culturas. No campo, ele representa – querendo ou não – sua cultura de origem; de volta para casa, representa a cultura que estudou (cf. Hikiji, 2006, p. 223). Ronald Grimes, em *Beginnings in Ritual Studies,* ilumina nossa metodologia quando apresenta o que lhe foi proposto por um colega: "*Put yourself in that posture; maybe you will learn more about its meaning*" (1995, p. 5), isto não implica em tornar-se ator ou religioso, mas sim aprender a postura corporal observada em campo (p. 20).

Deste modo, para compreender os seus sujeitos e transmitir o que conseguiu compreender, o pesquisador encontra-se sempre no meio do caminho. Mais do que isso, ele procura estabelecer um diálogo em campo que faça sentido para ambos: pesquisador e pesquisados. Trata-se de um lugar de "representação" que é salutar na medida que as diferenças diminuem ou se alargam, dentro e fora do campo etnográfico.

Em outras palavras, como aponta Clifford: "Se a etnografia produz interpretações culturais através de intensas experiências de pesquisa, como uma experiência incontrolável se transforma num relato escrito e legítimo?" (1998, p. 21). Este é o movimento deste capítulo, construir um relato que abarque a experiência da pesquisa, e que, ao mesmo tempo, exponha o outro e seu intérprete, a fim de contribuir para uma metodologia para pesquisadores – *performers* em contexto islâmico.

Talvez seja um risco iniciar um trabalho apresentando os "bastidores" de uma pesquisa, já que, na maioria das vezes, esses comentários costumam estar destinados às notas de rodapé. Porém uma vez que a presença do pesquisador em campo altera o próprio campo (Clifford, 1998), faz-se necessário esclarecer os posicionamentos e escolhas que foram realizados no recorte, delimitação e inscrição da pesquisa.

Começar pela apresentação da minha *voz* dentre várias, é também um perigo, mas "*Field experience is indeed a 'personal Voyage of self-discovery*" (Bruner, 1986, p. 15). Risco assumido, incorro na ideia de que as etnografias são frutos de reflexões construídas, "agenciadas", não de forma solitária, mas nos constantes embates que se dão, tanto no campo, junto aos interlocutores, sujeitos da pesquisa, quanto na academia, entre meus pares. Vale lembrar que nem uns nem outros são unidades monolíticas, e que conflitos, a respeito de questões teóricas e dos entendimentos do campo, estarão sempre presentes nestes dois âmbitos de construção do conhecimento.

A verdade é que fui afetada, como bem afirma Favret-Saada (2006, p. 155), ao sugerir que os antropólogos ignoram ou negam seu lugar na experiência humana. Seguindo esta autora, para quem é preciso resgatar a "sensibilidade" presente na relação sujeito – "objeto", procurei, neste texto, não me desvincular dos afetos e do que realmente me afetava. A sensibilidade estará presente, não havendo como desvincular a pesquisadora-cientista da mulher que ouve o sermão, a reza, ou participa das festas.

Cabe dizer que desde sempre o antropólogo vem pensando o seu papel como aquele que "(d)escreve" a cultura. Na verdade, como bem nos lembra Teresa Caldeira, nós evocamos, sugerimos, provocamos, ironizamos, mas não descrevemos culturas (1988, p. 142). Não nos interessa mais recriar a "totalidade", se é que isto algum dia foi possível, mas interessa-nos a negociação, o diálogo, a observação participante, e interessa-me também ser afetada para provocar a mesma sensibilidade em quem me lê.

Exponho agora alguns dos aspectos que considerei importantes para explicitar o *ser afetado*. Para isso, evoco um ponto peculiar à minha biografia que, acredito, afetou a tessitura deste texto e a metodologia empregada: (1) refiro-me ao fato *ser mulher*, (2) ao percurso da pesquisa, (3) a experiência no acampamento islâmico.

SER MULHER. UMA QUESTÃO DE GÊNERO[2]?

Seguindo algumas autoras, partirei do pressuposto de que ser *mulher*[3] faz diferença, em contexto islâmico, ou, melhor dizendo, em qualquer contexto de pesquisa, e não estou sozinha nesta proposição. Maria Cardeira da Silva afirma: "Claro, que o fato de ser mulher, em trabalho de campo, teve um papel decisivo na desconstrução das clássicas dicotomias que opõem feminino/masculino, natureza/cultura, espaço público/espaço doméstico..." (2004, p. 2).

Ainda na esteira deste raciocínio, Mariza Côrrea complementa: "As pessoas não podem mais ir inocentes para o campo, achando que não faz diferença quem eu sou, de onde eu venho, o que eu digo e o que eu penso" (em Abreu *et al.* 2003, p. 110). Aprendi isso na "materialidade" do meu corpo, para usar uma expressão de Butler (2003a), pois pressupõe-se que as normas regulatórias do "sexo" trabalhem de um modo performativo, ao construírem a materialidade dos corpos e, mais especificamente, ao materializarem o sexo do

2 Vale considerar gênero nos moldes propostos por Heloisa Buarque de Almeida: "Não pretendo que a categoria gênero seja apenas pensada como diferença sexual, ou a oposição entre homens e mulheres, mesmo se construída cultural e socialmente – mas é uma oposição entre comportamentos masculinos e femininos que tenho que chamar a atenção para analisar algumas dificuldades durante o trabalho de campo. Porque a divisão sexual é essencialmente um processo cultural, não há uma "essência" que defina o gênero independentemente do contexto histórico e cultural – tudo é relativamente construído, sendo as atribuições de gênero reelaboradas nas situações específicas. São estas reelaborações que permitem à antropóloga ir além das restrições normalmente impostas às mulheres na sociedade estudada" (2001, p. 53).

3 Como afirma Judith Butler: "Ciente é claro que isso não é tudo o que esse alguém é". Sabe-se, portanto, que "se tornou impossível separar a noção de gênero das intersecções políticas e culturais em que variavelmente ela é produzida e mantida" (2003a, p. 20). Vale a pena ressaltar que não pretendo produzir com essa expressão um sujeito trans-histórico ou transcultural. Minha preocupação é exatamente como essa distinção (homem-mulher) é produzida nesse contexto especifico. Nesse sentido, o grande salto dado por Butler, quando ela diz que talvez, o sexo sempre tenha sido o gênero, de forma que a distinção sexo/gênero, não faz sentido.

corpo etc. (Butler, 2003b, p. 154). A *performance* para esta autora é a própria condição de subversão, à medida que, ao mimetizarmos as injunções normativas, nos é possível deslocar, recontextualizar e prefigurar novos contornos de gênero.

No campo, o ser mulher ganha destaque, porque tenho um lugar específico entre aquelas pessoas – o lugar que o grupo reserva ao sexo feminino[4] –, embora tenha me esforçado para me aproximar tanto de homens quanto de mulheres, e tanto uns como outros sejam meus interlocutores. Assim, sempre busquei conversar da mesma forma, com homens ou mulheres, fazendo as perguntas que considerei pertinentes e, talvez por isso, ganhando o apelido de subversiva dentro do grupo.

É evidente que minha performance é situacional, e isso não apenas me ajuda a perguntar as mesmas coisas, com ênfases e modos diferentes, mas também a circular com a "mesma" desenvoltura pelos espaços masculinos e femininos. Andar por entre as veredas islâmicas é como aprender a circular em universos únicos, onde a espacialidade também é constituída de muitos ruídos e textos que contribuem para a constituição da performance assumida. É um universo de meandros, de gentilezas, de comportamento recatado, olhar baixo, ouvidos atentos, gestos comedidos, e até mesmo extravagantes, a depender da situação. Assim, a performance não está só na materialidade do corpo, mas no entorno, nas cercanias e nos circuitos da ação.

---

4 Fatima Mernissi, socióloga marroquina, relata que seu pai sempre dizia que os problemas com os cristãos começavam, da mesma forma que com as mulheres, quando não se respeita a *hudud*, ou fronteira sagrada. Ela conta que nasceu dentro de um caos, porque nem os cristãos, nem as mulheres aceitavam as fronteiras (1999 [1994]: 9-11).

O PERCURSO DA PESQUISA: APRENDENDO A SER – NÃO SER – MUÇULMANA

Em 1998 vislumbrei a possibilidade, já como membro do GRAVI [Grupo de Antropologia Visual], de estudar o uso da imagem fotográfica pelos muçulmanos que residiam no bairro do Brás em São Paulo, tendo em vista, que no Islã o culto à imagem é restrito[5].

Na dissertação de mestrado relatei como tive acesso ao grupo (Ferreira, 2001), mas vale destacar que a entrada foi facilitada quando souberam que eu tinha filhos. Sem falar que três é um número bem razoável, em se tratando de comunidade islâmica, onde a média de filhos é de três ou quatro, sendo raro ter menos. Sentindo-me em casa, ao menos neste quesito, iniciei a tentativa de apreensão do universo islâmico à minha volta. Assim, falar dos filhos, da maternidade, foi uma boa estratégia frentes às mulheres muçulmanas. Tê-los foi uma dádiva para a pesquisa e para a vida. Naquela época, os meus eram bem menores (estando com seis, quatro e dois anos). Anos depois, a inserção deles também mudou. Os mais velhos me acompanham ao campo e gostam. Gabriel, meu primogênito, foi durante muito tempo um aprendiz de antropólogo e vez ou outra fotografava, dava palpites, me avisava quando o sheik aparece na TV, ajudava nas filmagens. Acompanhava-me em dias de festa. Os mais novos começaram a comparar as religiões de que ouvem falar na escola e aquela que a mãe estuda. Mundo fascinante esse o das descobertas. A construção de um trabalho de pesquisa mobiliza não só a academia, mas a família e os amigos. Surge o terceiro dado importante da "construção" da pesquisadora – *performer*, agora uma sobreposição de identidades, dentre as quais se destaca a de *mulher*, a de *antropóloga* e a de *mãe*.

Durante o mestrado, o campo se concentrava em duas comunidades: a mesquita Brasil e o Centro Islâmico do Brás. A necessidade de ter um espaço para oração e para as reuniões diversas fez com

---

5 Ver Ferreira (2002, 2004, 2006, 2009).

que imigrantes palestinos fundassem no Brasil, em 1927, a Sociedade Beneficente Muçulmana Palestina de São Paulo, que em 1929, teve suprimida a palavra "palestina" de seu nome, para favorecer a adesão de outros povos ao grupo. Um de seus objetivos era construir uma escola para alfabetizar os novos imigrantes na língua portuguesa, mas tamanho foi o empenho da comunidade que passou a perseguir também a construção de uma mesquita, originando a primeira mesquita fundada em nosso país, em 1946: a mesquita Brasil (ou mesquita São Paulo, como é também conhecida). Localizada no bairro do Cambuci, próxima à avenida do Estado (centro/sul), foi erguida com o apoio de imigrantes árabes, que chegaram ao Brasil entre as duas grandes guerras mundiais. A comunidade do Brás (conhecida também como comunidade do Pari), composta por aproximadamente duzentas[6] famílias e seus descendentes, e por libaneses da cidade de Trípoli, passou, nos últimos quinze anos, por transformações em seus hábitos e costumes religiosos. A maioria das mulheres já chegou ao nosso País sem o véu, e poucas continuaram a usá-lo, por medo de serem hostilizadas. Em geral, as mulheres mais velhas permaneceram usando o véu, e as moças recém-casadas deixaram de usar o véu. A religião passou a ser algo distante, apenas uma referência e não uma prática cotidiana. A preocupação desses primeiros imigrantes era basicamente ganhar dinheiro e voltar para sua terra de origem.

Um exemplo interessante a respeito de mulheres muçulmanas em situação de diáspora é o trabalho do Godinho (2007, p. 105-107). A autora verificou que as circunstancias da imigração favoreceram a pratica religiosa das muçulmanas, pois essas relataram que nunca entraram num local de culto na Guiné-Bissau, onde o lugar de oração era restrito aos homens e às mulheres mais velhas. A religião, segundo Godinho, apresenta múltiplos significados, entre eles

6 Os dados sobre a quantidade de famílias que pertencem a cada comunidade foram fornecidos pelas respectivas comunidades. A quantificação dos muçulmanos é algo ainda a ser feito. A comunidade revela que existem 1,5 milhão de muçulmanos no Brasil, mas esses dados não são comprovados.

o caráter protetor ou sua relevância na educação dos filhos. Esses aspectos também serão observados no Brasil[7].

No doutorado passei a visitar outras duas mesquitas: a mesquita de Santo Amaro e a de São Bernardo do Campo. A mesquita de Santo Amaro foi fundada em 1977, na zona sul de São Paulo, com aproximadamente quinhentas famílias muçulmanas residentes nessa região. O terreno em que se instalou a Sociedade era uma chácara que foi comprada com a ajuda de muçulmanos, contando atualmente com o apoio do Ministério de *Awcaf* do Egito, que envia um *sheik*, a cada dois ou três anos. A mesquita de São Bernardo do Campo é a única mesquita da região do abcd[8]. Foi inaugurada em 1990, mais ou menos seis anos depois do inicio de sua construção. No período que antecedeu a construção, as orações eram feitas em uma sala alugada (Ramos, 2003, p. 68). São Bernardo do Campo é conhecida como a cidade dos móveis, ramo em que trabalham muitos muçulmanos que estão no Brasil desde as décadas de 1950 e 1960. Além deste tipo de atividade, o comércio de roupas e tecidos também é considerável entre os árabes muçulmanos dessa região, bem como os das regiões do Brás e de Santo Amaro. Segundo a classificação de Ramos, 58,6% das lojas da região de sbc são de libaneses, seguidos por italianos, com 13,8% (2003, p. 74). Cabe dizer que esse ramo de negócios é característico de comunidades árabes, sejam elas muçulmanas ou não.

Durante o mestrado tive a sorte de me aproximar de uma muçulmana que mudaria os rumos da pesquisa por facilitar minha inserção em campo. Magda Aref, estudante, na época, do curso de Ciências Sociais da fflch/usp, ajudou-me na aproximação com o grupo de mulheres do Brás. Com ela fui aprendendo a me com-

---

7 Para aprofundamento do tema das mulheres muçulmanas em diáspora, sugiro algumas leituras: Aldezian (1986), Salih (2003), Al-Ali, Black e Koser (2001), Abranches (2007).

8 A região do ABCD, assim chamada por causa das iniciais dos topónimos, é correspondente às cidades de Santo André, São Bernardo do Campo, São Caetano e Diadema.

portar em uma mesquita e, a todo momento, me era revelado o que podia e o que não podia fazer. Magda teve paciência de me apresentar e ensinar muita coisa sobre a religião e o modo de vida de um muçulmano, e muito da sua história está em minha dissertação. Tal história encerra tanto seu processo de "reversão"[9] à religião como também outros dados que ajudam a compreender a transformação pela qual passou a comunidade do Brás/Pari, na década de 1990.

Tomei nota de fatos ocorridos com Magda e com sua família libanesa. As fotografias faziam parte de nossas conversas e me conduziam a um outro mundo, a outros contextos. Terminado o mestrado em 2001, voltei à comunidade do Brás, em 22 de fevereiro de 2002, quatro meses depois da minha defesa de mestrado. Era o dia do Sacrifício[10]. Mas era como se voltasse a minha própria casa, pois, depois de um período de convivência entre eles, é impossível não criar vínculos afetivos, que são correspondidos com abraços e conversas acolhedoras.

Cheguei na hora da oração, no momento em que as mulheres já estavam em seus lugares, no fundo do salão do Centro Islâmico da Liga da Juventude Islâmica do Brás. Lá estavam Magda, Malac, Fátima, Jamel, Rosana, Aicha, Nazek, Gineme e outras. Eu estava feliz em revê-las depois da defesa. Assim, após a apresentação das crianças e da oração, fui ter com as minhas amigas muçulmanas.

Jamel, de imediato, indagou: "E aí, você vai continuar nos estudando?". Balancei a cabeça, dando sinal que sim. Ela, como costumava fazer, caiu na gargalhada e soltou: "*InshAllah*" (se Deus quiser). Jamel é tia de Magda. Assim, como a mãe de Magda, também não usa o véu, mas tem o discurso da religião na ponta da língua.

---

9 Embora tenha nascido em família muçulmana, Magda conta que não recebeu orientação religiosa e por meios próprios aprendeu sobre a religião dos seus antepassados, é neste sentido, que ela se considera uma revertida. Sobre o tema reversão ver capítulo 3.

10 Ver capítulo 5.

Aproveitei o fato de uma telenovela, exibida pela TV Globo, entre outubro de 2001 e julho de 2002, em horário nobre, ter tratado dos muçulmanos no Brasil e perguntei a Jamel se ela se considerava uma "espetaculosa" como a Nazira[11], ou se ela iria "arder no mármore do inferno" por não usar o véu, como era repetido constantemente na trama folhetinesca. Com desenvoltura, disse-me que prestaria contas no dia do Juízo, mas com certeza – *InshAllah* –, ela usaria o véu antes de morrer. Em seguida, caiu na gargalhada. Jamel é, sem dúvida, uma das mulheres mais extrovertidas do Brás: falante, alegre, sorridente. Perguntou-me se eu já sabia que sua filha Nedra passara a usar o véu no primeiro dia do Ramadã. Disse que sim. "Pois é", completou, "ela e Magda estão seguindo direitinho o que manda o Alcorão. Isso é motivo de orgulho para nós. Elas são corajosas, e isto é um bom exemplo".

Em 2002, participei de aulas de religião para as mulheres, em São Bernardo do Campo. Durante as aulas, ouvi várias vezes do Sheik, que as ministrava e das próprias mulheres: que a educação e a transmissão da religião aos filhos competiam às mulheres e aos homens. Mesmo tendo "responsabilidades" iguais na educação dos filhos, a mulher permanece muito mais tempo com eles, como é possível destacar na fala de Sheik Jihad (um dos sheiks da comunidade de São Bernardo do Campo):

> Na realidade a educação é obrigação do casal e não somente da mãe, porém, a mãe por passar maior parte do tempo com os filhos, tem uma responsabilidade maior. Há algumas passagens no Alcorão que tratam sobre isto: O profeta Mohamad (SAAWS)[12] disse: todos são pastores e todos são responsáveis pelo seu rebanho, o governante é um pastor e é

11 Nazira, personagem de Eliane Giardini, na novela *O Clone*, era uma muçulmana a procura de um marido. Usava decotes ousados, paquerava rapazes. Ser espetaculosa, para os muçulmanos da novela, era querer chamar a atenção o tempo todo.

12 Que a paz e benção de Deus esteja com ele.

> responsável pelo seu rebanho, o marido dentro da família é um pastor e é responsável pelo seu rebanho, a esposa na casa do seu marido é uma pastora e é responsável pelo seu rebanho etc. (versículo 6 da surata, As proibições; versículo 33 da surata os Partidos) (Notas do caderno de campo, 2002).

Em sua dissertação de mestrado Sonia Hamid ilustra bem o lugar ocupado pelas mulheres palestinas que residem em Brasília, capital do Brasil (2007, p. 109):

> S – E na casa, quem cuida dos filhos, do marido?
> A – Quem cuida da casa é a mulher. Dos filhos também. O homem só trabalha fora para trazer dinheiro para casa. Não sabe nada da casa, de criar os filhos. Mas se acontecer alguma coisa errada, a culpa é da mulher.

Hamid afirma que cabe à mulher o cuidado com a casa e com os filhos e ao homem a obrigação de provê-los. Neste sentido, dá destaque à esfera privada como sendo o lugar feminino e a esfera pública como sendo o espaço masculino. É comum aparecer nos discursos que as mulheres são mais "sensíveis", "emocionais", em contraposição aos homens que são mais "independentes" e "autoritários". São marcas importantes dos discursos, afirma Hamid.

Abu-Lughod (2002 [1998], p. 24) considera que quando se trata de pensar modernidade e Islã, as discussões sempre giram em torno de como se devem educar mulheres: como administradoras do espaço doméstico, como esposas ou como cidadãs. Dentro desses contextos, continua a autora, se debatem o papel adequado das mulheres em público e as vantagens em educá-las. Neste debate três pontos foram importantes para esta nova mulher: a educação, o desaparecimento do véu e a participação política. Ser mãe e esposa passou a ser não só ocupar-se da formação de suas crianças, mas também dos problemas relacionados à nação.

A convivência com as mulheres me afetou profundamente, pois foi somente com a aproximação que se tornou possível perceber com acuidade o que é ser muçulmana em São Paulo. O esforço que fazemos para compreender o outro é enorme. E não seria diferente se fosse o contrário – um pesquisador muçulmano que estivesse investigando a nossa cultura –, como bem relatou em sua tese de doutorado, Giselle Guilhon (2006, p. 258-259) também teria problemas.

É nesse sentido que a expressão utilizada pelo Professor Vagner Gonçalves da Silva[13], em suas arguições, é bastante apropriada para pensarmos que não somos nós apenas que estamos observando o outro, mas estamos também sendo observados. Silva afirma, ainda, que, "ao direcionar uma lanterna a nossos pesquisados, estamos também direcionando a nós mesmos essas luzes". Isto implica dizer que, ao vermos, estamos sendo vistos[14].

Lembro-me de uma conversa que tive com uma muçulmana, durante o mestrado:

> Franci: Que graça tem dançar para mulheres verem? Dançar é sensualidade... As festas que vocês organizam só têm mulheres!
> Dona Rosana: Quem disse que não dançamos para homens? Dançamos para o nosso marido. E você não dança para o seu marido?
> Franci: Eu? Eu não!
> Dona Rosana: Então, se você não dançar, alguém vai dançar...

A resposta dada por Dona Rosana chama a atenção do público em geral, por dois motivos: primeiro, porque mesmo na academia há muito desconhecimento dos papéis assumidos pelas mulheres muçulmanas, - como bem afirma Cardeira da Silva: "o Ocidente conhece a mulher muçulmana, mas continua a conhecer mal *as*

13 Professor do Departamento de Antropologia da Universidade de São Paulo.

14 Márcio Goldman e Viveiros de Castro sugerem uma antropologia pós-social, isto implica que todos são "sujeito" e todos são "objeto", simultaneamente (2006: 182).

mulheres muçulmanas" (1997, p. 59-60 [grifos da autora]); segundo, porque a mídia no Brasil contribui para a construção da imagem estigmatizada da mulher muçulmana. Em geral, os não muçulmanos associam o uso do véu à submissão feminina, deixando de perceber que em vários contextos de diáspora as muçulmanas encontram modos diferentes de aderir ou não o uso do véu[15].

Leila Ahmed (1992) em seu livro *Womem and Gender in Islam,* apresenta um histórico sobre a mulher no Oriente, em sociedades islâmicas e não islâmicas, de antes do surgimento do Islã aos dias de hoje, interessando-se pelos discursos sobre gênero, pelo debate entre islâmicos e secularistas, entre advogados do véu e oponentes. Trata-se, portanto, de um estudo dos discursos da mulher em sociedades árabes muçulmanas, dando destaque à dominação masculina em sociedades urbanas. Afirma que, na teoria aristotélica, a mulher não apenas aparece como subordinada social, mas inferior biologicamente (1992, p. 29). Um dos pontos interessantes do seu trabalho é considerar que a dominação masculina foi muito mais "leve" no Egito comparado à Grécia e à antiga Mesopotâmia, isto porque, segundo ela, a influência europeia e cristã no Egito e, por fim, o sentimento de igualitarismo, humanismo e justiça contribuíram para uma melhor relação de gênero (1992, p. 33)[16].

A pergunta que podemos fazer é: se elas têm o corpo coberto, será ele modelado pela religião ou pela política? Ou por todas essas coisas juntas? O véu das mulheres muçulmanas pode ser um marcador sexual-político, mas não é só. As mulheres usam o véu, caracterizam-se como muçulmanas, quando se apresentam de véu, dando mostras de como certo discurso sobre o gênero se inscreve no próprio corpo. Como afirma Butler, "[...] discursos, na verdade,

15 Há inúmeras formas de problematizar o uso do véu e/ou os códigos impostos pela religião, como bem ilustra Abu-Lughod (1999) se há o discurso da sociedade oficial, há também experiência individual. O discurso poético que viola a ideologia da honra e da modéstia de mulheres beduínas, estudadas pela autora, é um bom exemplo.

16 Ver também Mahmood (2006) e Ask e Tjamsland (1998)

habitam corpos [...] Eles se acomodam em corpos; os corpos na verdade, carregam discursos como parte de seu sangue [...] também é uma forma da mulher exercer poder" (2002, p. 163).

Com o passar do tempo, senti que, cada vez mais, alguns muçulmanos, principalmente os que me conheciam, atribuíam importância à pesquisa, mesmo não sabendo qual a real dimensão de escrever um trabalho acadêmico. O simples fato de eu querer entender a religião deles e o seu modo de vida era algo de muito interesse e admiração por parte de alguns da comunidade.

É certo que os estudos feitos por antropólogos em comunidades islâmicas, ainda não refletem, completamente, o mesmo que foi relatado por Vagner Silva:

> O antropólogo ao aproximar-se dessas "energias" para pesquisar, inevitavelmente acaba sendo atraído por elas... A iniciação do pesquisador, mesmo não sendo uma condição necessária para a pesquisa, é quase sempre vista como uma consequência desta... (2000, p. 107).

Em conversa com Sheik Jihad[17], em dezembro de 2006, ficou claro que a comunidade havia aberto as portas à pesquisa. Mesmo assim, muito antes de conversarem comigo, pediam a anuência do sheik, ou, mesmo depois, passavam a ele o que haviam dito a mim, como uma forma de conferir se o que tinham dito era bom ou não[18]. Trata-se de um controle considerado supostamente necessário, especialmente pelo fato dos muçulmanos se sentirem prejudicados em relação à mídia, embora, no meu caso, não se tratasse de uma jornalista, e sim de uma antropóloga. A verdade é que mesmo sendo bem recebida e tendo alcançado um certo grau de confiança entre muitos muçulmanos, o controle, mesmo implícito, sempre existe.

---

17 Sobre o Sheik ver capítulo 3.

18 No documentário que produzi, *Vozes do Islã*, 25 [Lisa/Usp] problematizei esta questão. Ver em www.lisa.usp.br

Mas não o considero negativo à pesquisa, ao contrário, ele me ajuda a refletir sobre a relação estabelecida. E se eu fosse muçulmana? A relação seria outra? Seria facilitada?

NÃO NÃO-EU[19], EM UM ACAMPAMENTO ISLÂMICO

> Contra aqueles que querem passar depressa longe da noção de experimentalismo, continuo convencido de que a forma assumida pela etnografia permanece uma preocupação fundamental na criação de discussões, teóricas e de pesquisa, que confrontam as questões do estilo pós-moderno de produção do conhecimento com as condições sociais reais da pós-modernidade junto aos nossos objetos [...] Mas pode ter certeza de que o objeto de estudo sempre ultrapassa sua delimitação analítica, especialmente sob as condições da pós-modernidade (Marcus, 1994, p. 15).

No sentido de ilustrar a relevância da abordagem da antropologia da experiência [performance] e da antropologia da religião [Islã] é que passo agora a descrição do acampamento islâmico.

Passada a experiência com a comunidade do Brás, e dando especial atenção ao universo feminino, desejava, então, já há algum tempo, participar de um acampamento islâmico, organizado pelos muçulmanos de São Bernardo do Campo. Mas sempre surgia al-

19 A expressão "eu" e o "não-eu" foi cunhada pelo psicanalista Donald Winnicott (1975 [1971]), quando este refletia sobre a relação da mãe e seu bebê. O bebê, por não ter o seu *self* constituído, funde o seu ao de sua mãe. Por meio da relação da mãe com o bebê é que ele vai conhecendo o mundo e passa a separar o "eu" e o "não-eu". Richard Schechner (1985) faz uso desta expressão para se referir aos papéis assumidos pelo ator. O ator, em cena, assume o não-eu, da mesma forma que a pesquisadora, em campo, assume outro papel para ser aceita no grupo, mesmo que temporariamente.

guma dificuldade para minha imersão neste que é uma espécie de retiro espiritual. Conviver com os muçulmanos, acordar, almoçar, estar presente em suas atividades era do que sentia falta em minha pesquisa. Como um etnólogo que vai à sociedade indígena, desejava estar mais presente na "aldeia". Estava certa, ao imaginar que estar lá faria diferença. Pensava que lá não haveria nada que me dispersasse, e eu poderia ficar, ouvir, observar, conversar, presenciar tanto os momentos mais sérios quanto os momentos lúdicos, sem ter que retornar à minha casa no final do dia. Para isso tive que persistir e, durante muito tempo, insisti, junto ao Sheik Jihad, sobre minha participação em um acampamento. Observei a ele que esse "mergulho" seria fundamental a um maior entendimento da religião e dos religiosos. Por duas vezes seguidas, no entanto, não houve vaga, pois, a procura costuma ser grande, para os acampamentos organizados pelos muçulmanos de São Bernardo do Campo. A colocação de Sheik Jihad indica minha insistência nessa convivência: "Se não a trouxéssemos (referindo-se a mim), ela tiraria (do ônibus) eu ou Sheik Ali (Abdouni) para vir no nosso lugar, de tanta vontade que tinha de vir!".

Minha persistência e as perguntas "subversivas" foram as características atribuídas por eles a mim. Durante os anos de pesquisa, era comum ouvir: "você ainda está fazendo sua pesquisa?" Mas chegou um momento em que eles não perguntavam mais, e apenas diziam: "Lá vem a Franci com as suas perguntas subversivas". O mesmo verifiquei numa outra comunicação: Mujahad (Alex): muito obrigado Francy, mas olha, você é a única subversiva querida por todos na wamy viu, veja por esse lado... Salam (Orkut, novembro de 2005).

Eram 16h00 do dia 23 de julho de 2004, quando embarquei rumo a Sorocaba, local do acampamento, junto com alguns muçulmanos da Mesquita de São Bernardo do Campo. O retorno estava marcado para o dia 25 de julho, ao final da tarde. Na bagagem: caderno de campo, gravador, fitas cassete, fitas de vídeo, filmadora, tripé, roupas quase "islâmicas"[20], lenços etc.

---

20 Saias longas, camisas de manga comprida, casacos.

No ônibus, um misto de ansiedade e euforia tomava conta de mim. Conhecia muito pouco os muçulmanos que iam naquele ônibus. Fazia frio e talvez por isso o silêncio tomasse conta de todos. Para passar o tempo, lia uma dissertação de mestrado sobre os conversos de São Bernardo do Campo. Na verdade, li-a quase inteiramente, durante o percurso. Por causa do frio, nem senti desconforto com o véu que tive que usar para poder participar do acampamento. De certa forma, ele me ajudou bastante, pois, para muitos, eu era mais uma irmã[21] entre eles. Cabe refletir sobre a imposição do uso do véu no acampamento, pois talvez seja esse um bom exemplo de como os muçulmanos atuaram em minha pesquisa. Ao participar junto com eles do acampamento, estava presa às regras que me foram impostas, não pelo fato de ser uma pesquisadora, uma não muçulmana, mas por ser mulher e as mulheres deveriam usar o véu enquanto estivessem no acampamento.

A chegada a Sorocaba e ao hotel Sol Inn[22] se deu às 18h30. Em geral, esse percurso leva uma hora e meia, mas com o trânsito de sexta-feira a viagem foi um pouco mais prolongada. Já no hotel, aguardava o número do meu quarto e a informação da minha parceira de quarto[23]. Até o horário da oração, fiquei no quarto arrumando o material que tinha levado. Às 20h00, fomos todos à mesquita improvisada em um salão acarpetado. Como estávamos viajando no horário da oração da tarde, os muçulmanos fizeram naquele momento as duas orações, a da tarde e a da noite. A primeira foi mais curta que o habitual, por se tratar de uma oração de viajante, isto é, de alguém que está fora de sua cidade, pois atenta-se para o fato de que o viajante pode estar cansado após a viagem. Assim, a oração é reduzida a duas genuflexões, ao invés de quatro, como é usual.

---

21 Irmã é a forma como os muçulmanos(as) chamam as mulheres muçulmanas.

22 O "acampamento" na verdade é num hotel, e não em barracas, como o nome pode sugerir.

23 Logo fiquei sabendo que a minha parceira não viria e acabei ficando sozinha num quarto.

Logo após a oração, fomos jantar e assistir à abertura do evento. A comida era servida em balcões. A pedido do sheik foram formadas duas filas, uma de homens, outra de mulheres, que corriam lado a lado, marcando a separação entre os sexos, assim como nos quartos, onde havia uma ala feminina e outra masculina[24].

Durante o jantar, pude fazer meus primeiros contatos. Sentada ao lado de Nádia Hussein, esposa de Sheik Jihad, fui conhecendo suas irmãs de Florianópolis e do Rio de Janeiro. Apresentada como amiga dela e do sheik, logo me aproximei de Fadwia e Jamile. Ambas são jovens, Fadwia, 19 anos, estudante de Administração de Empresas em Florianópolis; Jamile é casada, tem 21 anos e cursa Direito no Rio de Janeiro. Através delas conheci Kátia, 30 anos, casada, também residente no Rio. Naquele momento comecei a me soltar, cada uma contava coisas da própria vida para as outras. Falamos sobre tudo: religião, casa, família, faculdade etc.

Após o jantar, assistimos à abertura do evento. Foi uma apresentação comum aos propósitos de qualquer cerimônia religiosa. Foram feitas recomendações aos jovens, para que não ficassem acordados durante a noite, pois deveriam seguir um horário islâmico, e não britânico. Quando ouvi "horário islâmico", logo entendi que isso se referia ao fato de eles fazerem cinco orações diárias, em horários marcados de acordo com a Lua. Assim, no dia seguinte, deveríamos acordar às 4h30 para rezar, ou seja, eles para rezarem, eu para observar. Fomos dormir às 23h30. As regras estabelecidas naquela noite indicam claramente qual era o propósito daquele encontro: transmitir os valores da religião, e para isso era necessária a divisão em alas, feminina e masculina. Até mesmo quando ouviam as palestras ou almoçavam, deveriam sentar em alas separadas.

Às 4h30 já estava de pé. Tomei um banho para acordar e peguei o equipamento. Fui uma das primeiras a chegar, pois queria gravar

---

24 Nesse primeiro dia, resolvi não gravar nada, deixei o material guardado, nem mesmo carreguei comigo o caderno de campo. Achei melhor me inteirar da programação, já que, até o momento, não sabia de fato o que aconteceria.

a oração e tudo o mais que acontecesse. Das 5h00 às 6h15, mais ou menos, eles rezaram. As mulheres que, por estarem menstruadas[25], não podiam rezar, assistiam sentadas à oração. Às 6h30 formaram-se grupos para recitar o Alcorão. Aqueles que conhecem as suras ajudam outras muçulmanas a decorar. Foi um momento especial. As mulheres pronunciavam o Alcorão com calma, algumas tentavam acompanhar a pronúncia, o ritmo, e assim foi até às 7h30, hora do café [e realmente eu precisava de um para poder acompanhar aquele horário islâmico].

Durante o café, muitas queriam saber se eu estava gostando, se eu tinha passado bem a noite e sobre a minha experiência no acampamento. Fui apresentada a Jalila, uma jovem psicóloga – que acabara de apresentar seu *Trabalho de Conclusão de Curso* (TCC) sobre o uso do véu – e a conversa se estendeu bastante, apesar do sono que se abatia sobre nós duas. Ela, filha de uma brasileira e um palestino, aprendeu a religião com o pai, mas não usa o véu, talvez, segundo ela, porque esse não seja o hábito de sua mãe.

Às 9h00 teve início a palestra sobre os Pilares do Islã[26], ministrada pelo Sheik Jihad. A palestra era praticamente a mesma que tinha sido dada por ele a estudantes de uma universidade. Mais longa, porém, porque ele a entrecortava com outros exemplos, e um pouco diferente, pois ele parecia muito mais duro com os muçulmanos do que com os não muçulmanos[27].

---

25 A menstruação é considerada impureza legal (Bouhdiba, 2006, p. 75). Por essa razão a mulher fica dispensada de rezar e de fazer jejum, restituindo essas obrigações em uma data posterior.

26 Os pilares da prática no Islã são: Shahada "não há Deus senão Deus e o profeta Muhammad é seu mensageiro; fazer cinco orações diárias; pagar o zakat – contribuição de 2,5% anualmente; fazer o jejum do mês do Ramadã; fazer o Hajj – peregrinação a Meca – se tiver condições físicas e financeiras.

27 Em palestras de Sheik Jihad, realizadas em universidades, gravadas por mim, ele me pareceu muito mais contemporizador do que quando nesta palestra aos muçulmanos. Isso me fez perceber que as *performances* são geradas de forma diferente, dependendo de quem é o grupo com o qual se dialoga. Um muçulmano deve aprender e praticar o modo correto, mas o não muçulmano deve apenas conhecer.

Na hora do almoço, "perdi"[28] a oportunidade de gravar belos depoimentos. Nos sentamos, Jalila, Fawdia, Jamile e eu, e nos pusemos a falar sobre discriminação e preconceito; e sobre a tensão entre brasileiros e árabes. A própria Jalila dizia ter sido discriminada, há anos, por ser filha de brasileira[29], mas que, durante sua pesquisa para o TCC, esse sentimento se esvaiu. Jamile contou que quem discrimina não conhece o verdadeiro Islã[30]. O Islã não prega isso. "O Profeta Muhammad Saas[31] pregava o respeito a outros povos". Em meio à conversa, vinha-me à memória, o tempo todo, um texto de Todorov (1988) sobre igualdade e desigualdade, e soltei uma frase: "A diferença é ser diferente, e não desigual". As três juntas exclamaram: "Que bonito! Repete". "Eu não sei mais" – respondi, e foi aí que Fadwia repetiu a frase...

Não falávamos somente sobre desigualdade, em nossa mesa, mas também sobre os migrantes muçulmanos que, quando chegavam ao Brasil, pediam para que suas mulheres tirassem o véu, pois assim chamariam menos atenção. O que era comum em países como o Líbano, não era no Brasil daquele período. Da década de 1990 para cá, esse sentimento vem mudando. As mulheres têm sido estimuladas a usar o *hijab*. Jamile contou que foi em um acampamento que ela passou a usar o véu. "Coloquei ali e nunca mais tirei". Cabe registrar que nos acampamentos todas as mulheres são obrigadas a usar o

---

28 Nada melhor do que a sensibilidade de quem está atento às falas, aos olhares, aos mínimos gestos que ocorrem nestes momentos em que o caderno de campo ficou esquecido num canto. Como afirma Grimes (1995, p. 17) "caneta e papel são objetos poderosos, fetiches".

29 Da mesma forma que com sua mãe, o preconceito em relação a ela, que era brasileira, era sentido da parte de mulheres árabes.

30 Quando ela se refere a um Islã verdadeiro, está implícito que não é este que é combatido cotidianamente pela imprensa ou por pessoas que não conhecem a religião. É a um Islã que prega a paz e a justiça social que ela se refere, e não a um Islã que é sempre mal interpretado.

31 Abreviatura que significa: "que a Paz e as bênçãos de Deus estejam com ele" – dita por ela.

véu, e a justificativa para isso é o aprendizado, a experiência, ou seja, se não se passar pela experiência de usá-lo durante um final de semana, nunca saberão se serão ou não capazes de usá-lo no cotidiano.

Já eram 15h00 e ainda não tínhamos nos arrumado para ir à fazenda. Esse foi um momento de lazer durante o acampamento. Muitas mulheres vieram preparadas, de tênis e agasalho, para jogar vôlei. Algumas me perguntaram se eu jogaria vôlei com elas, disse que, por enquanto, eu não estava dando conta de usar o véu "paradinha", quanto mais pulando e saltando. A risada foi geral. Na verdade, comer macarronada de véu já tinha sido um grande desafio, imagine jogar vôlei. Durante esses anos de pesquisa, havia usado o véu apenas para entrar na mesquita, por isso senti nesse momento tanto desconforto. Quando estava no meu quarto, a primeira coisa que eu fazia era tirar o véu. Era a falta de hábito. Nesse sentido, devo considerar que usar o véu não é simplesmente colocá-lo; aprender a usá-lo é uma experiência constitutiva da vida dessas mulheres.

No passeio ao Parque Florestal Ipanema, que divide as cidades de Iperó e Araçoiaba da Serra, fomos todas em um mesmo ônibus. Ao chegar no parque, o ônibus, cheio de mulheres usando véu, transformou-se no grande atrativo das pessoas que passavam pelo lugar. A cena delas olhando para as mulheres dentro do ônibus e depois fora dele era bastante intrigante: olhares curiosos de quem parecia estar vendo as irmãs de Bin Laden, como elas mesmas brincavam. Elas se divertiam, querendo descer logo do ônibus.

Na volta ao hotel, a brincadeira era geral dentro do ônibus. Cantavam uma música comum para as crianças: "O Fulano roubou pão da casa de João. – Quem? Eu? Eu não! – Então, quem foi? Foi a Nadia. A Nadia roubou pão na casa do João...". Chegamos ao hotel às 18h45. Só desejava tomar um bom banho e comer. Enquanto me preparava para o banho, elas se preparavam para a reza. Eis uma das diferenças entre elas e eu. Eu estava preocupada em trocar de roupa, tirar o véu e depois jantar, elas ainda tinham, no meio do caminho, uma oração para fazer em comunidade. A convivência e a proximidade revelam as diferenças. Esse foi o meu tempo de descanso, das 18h45 às 20h00, horário da gincana. O jantar foi às 21horas.

A gincana era de homens *versus* mulheres. Participei da brincadeira, que tinha, desde *Imagem-Ação* (um jogo em que você tem que adivinhar quem é a pessoa), até perguntas sobre o Islã. As mulheres levaram a melhor e ganharam de longe dos homens. Elas fizeram grito de torcida. Realmente estavam competindo e levando a sério a brincadeira.

Após o jantar, uma garota pediu ao Sheik Jihad uma palestra para os participantes do acampamento, para tirar dúvidas etc. Tinha uns quatorze anos e logo percebi o motivo de pedir ao sheik mais uma palestra depois do jantar. Certa de que estávamos todas cansadas, não poderia ser pela religião, mas por algum interesse, que ela me revelou, ao pedir-me que convencesse o sheik a falar mais sobre religião. Na verdade, queria olhar mais um pouco para um determinado rapaz. Não precisei pedir nada. A palestra do sheik aconteceu, mas só para mulheres, com grande desapontamento da garota que pretendia estar mais próxima de um determinado jovem que participava do acampamento.

Lá fomos nós às 22h00 ouvir o sheik. Uma das participantes perguntou por que não havia sheiks mulheres e quis saber por que ela não havia sido avisada com antecedência sobre o acampamento. Disseram-lhe que as informações não chegaram a tempo à sua cidade, no sul de Santa Catarina. As indagações dessa mulher mostram que os fiéis também questionam a maneira como a religião é estruturada nas atitudes cotidianas. Outras mulheres disseram que quem tinha interesse devia correr atrás. Olhava para o relógio: 23h25. Meus olhos queriam se fechar. O Sheik da Arábia Saudita veio pedir ao Sheik Jihad para encerrar a conversa. A essa altura, os homens já estavam em seus quartos. Enfim, fomos dormir. Decidi que não acordaria para a oração das 4h30, já havia gravado no sábado, não haveria necessidade de repetir a oração novamente.

Durmo. O telefone toca. São 2h30 da madrugada.

> Um homem pergunta: — Quem fala?
> Respondo: — Franci.

Homem não identificado: Hora da reza, diz a voz do outro lado.
Franci: Já?! — imaginei responder.

Olho para o relógio... Pensei: "não levanto mesmo". Só fui levantar às 6h00, depois de ouvir várias batidas nas portas dos quartos para que as meninas se levantassem. Fui direto à mesquita e descobri que o telefonema recebido na madrugada havia sido trote e que várias meninas haviam se levantado e feito a ablução[32] etc. Na porta da mesquita (na sala de oração) encontro Sheik Jihad, que me cumprimenta:

Sheik: Assalamu aleikum!
Franci: Aleikum me salam!
Sheik Jihad: Este acampamento está sendo bom para sua pesquisa apenas ou também para você como pessoa?
Franci: Não há como separar a pessoa da pesquisadora, afirmei. Aprendemos juntas, completei a seguir.

Seu sorriso foi sinal de que a resposta, por enquanto, bastava. Realmente não tinha parado para pensar nisso, se a experiência do acampamento só era algo a acrescentar à minha pesquisa ou também ao meu cotidiano. Na verdade, não costumo separar, como disse a ele, a pesquisadora da pessoa. A constituição de uma pes-

---

32 A sequência que os muçulmanos costumam seguir nas abluções - *wudhu* -começa pela lavagem das mãos (antes pronunciam: *Bismillahir rahmanir-rahim* – Em nome de Deus, o Clemente, o Misericordioso) e dos pulsos; depois enxáguam a boca três vezes e lavam o nariz e o rosto. Em seguida, devem-se lavar os braços até o cotovelo, passar as mãos molhadas na cabeça e nas orelhas e, para finalizar, lavar os pés até os tornozelos três vezes, começando pelo pé direito, lavando-se, inclusive, entre os dedos. Finalizada a ablução deve-se dizer: *"Ach hadu na la ilaha illallah wa ach-hadu anna Muhammadan raçulullah"* (Testemunho que não há outra divindade além de Deus e que Muhammad é o mensageiro de Deus). Ver capítulo 6.

quisa é também a constituição da pessoa. E as duas com certeza são bastante problemáticas.

Tal episódio me fez lembrar de um outro, ocorrido quando levei Magda Aref para falar a alunos de Psicologia de uma universidade. Uma aluna fez uma determinada pergunta e Magda, na hora de responder, disse: "Vou responder como muçulmana". A aluna retrucou, afirmando: "Não quero que você responda como muçulmana, mas como pessoa". Naquele momento, fiquei bastante irritada com a postura da aluna. Como separar a pessoa da sua religião? Como separar a pesquisadora da experiência? Uma não existe sem a outra, hoje sei.

Na hora do almoço já me sentia à vontade entre as mulheres. A conversa agora era com as mulheres que vieram do Pari. Conversávamos sobre vídeos iranianos, e em um determinado momento, afirmei: "Eu adoro filme iraniano!" Uma delas, Latifa, olhou para mim e disse: "Adora não irmã. Gosta muito! Nós só adoramos a Deus". Percebi que ela ainda considerava que eu era muçulmana, e respondi. "Eu adoro, *porque eu não sou muçulmana*. Você sim deve adorar só a Deus".

Ela se justificou dizendo que eu deveria me preparar para me tornar muçulmana e, para isso, era bom aprender como se fala. Nos termos "nativos", a ideia de Deus é interessante para pensar. É importante frisar que, ao falarem de Deus, os muçulmanos estão falando deles mesmos e de Deus. Daí a grande intuição de Viveiros de Castro (2002): não cabe ao antropólogo acreditar ou não no que os nativos acreditam, mas compreender o que isso ensina sobre os nativos.

No início deste texto levantei a ideia de que ser mulher em campo faz diferença. No acampamento, isto ficou bem demarcado, pois, embora não fosse muçulmana, fui tratada *como se* fosse uma delas. Sendo mulher, minha participação no acampamento era totalmente voltada ao universo feminino. Como poderia eu sentar à mesa com os homens para almoçar? Usando véu ficava "explícito" qual era o meu tipo de participação no acampamento. Antropólogos não andam com crachás identificando que são antropólogos. A maneira que encontrei para me aproximar dos homens foi por intermédio dos sheiks, que me conheciam e sabiam o que eu estava fazendo ali.

Em eventos anteriores, Sheik Jihad disse-me que, o fato de conhecer tanto o Islã, um dia me tornaria uma muçulmana, pois os meus conhecimentos me levariam a isso. Para um pesquisador, suas escolhas nunca são tão claras e evidentes, às vezes casuais, e/ou por gosto, estilo etc. O que construí em campo foi um diálogo constante, a ponto de eles "palpitarem" ou, de certa forma, dialogarem a respeito dos significados que eles mesmos atribuem, mas sem perder de vista a minha opinião sobre o que fazem ou deixam de fazer. O que busco fazer é tentar *"traduzir"* o que experimento e o que compartilho com eles, se não a religião, mas a percepção desta experiência de ser muçulmano.

No final do acampamento, recebi uma homenagem. O sheik se referiu a mim como uma amiga da comunidade muçulmana, e convidou-me para passar um carnaval entre eles, ou melhor, num acampamento islâmico. Dessa vez, não mais convidaram a Franci ou a antropóloga, mas ambas. Segundo Silva, "O grupo também mobiliza seu sistema de classificação para tornar aquele que inicialmente era um "estrangeiro" em uma "pessoa de dentro", isto é, um sujeito socialmente reconhecido" (2000, p. 88).

É possível concluir por ora que, se, por um lado, ser mulher, mãe e antropóloga contribuiu para uma aproximação entre mim e os muçulmanos, também tornou claras as diferenças entre a pesquisadora e o grupo pesquisado. Como venho argumentando, a pesquisadora, assim como observa, também é observada. O que de fato aprendemos é a lidar com o campo etnográfico e suas nuanças. Um pesquisador do Islã confessou-me o quanto foi difícil para ele entrevistar as mulheres, que só aceitaram responder suas perguntas por que quem as fazia era sua esposa, limitando assim uma maior aproximação dele com as mulheres. Isso eu realmente nunca observei em relação à minha pesquisa – homens se negarem a conceder uma entrevista, por eu ser mulher –, mas também não quer dizer que eles fizessem as suas concessões sem consultar o sheik a meu respeito: quem eu era etc.

> Of all the human sciences and studies anthropology is most deeply rooted in the social and subjective experience of the inquirer. Everything is brought to the test of self, everything observed is learned ultimately "on his [or her] pulses" (Turner, 1986, p. 33)[33].

Quando se determina um problema de pesquisa, como o que construí, tem-se que pensar de que forma vamos atingi-lo e compreendê-lo. Para isso, traçamos um percurso que seguimos, e nos propomos objetivos que nos coloquem em uma trilha a ser percorrida. Entender o universo do muçulmano, seja reverso ou não, brasileiro ou não, requer uma estratégia que não se restringe a formular perguntas e a coletar respostas, pois, às vezes, essas respostas só são encontradas na observação, na própria esfera do sensível, do compartilhar alguns elementos ou momentos que sejam relevantes para aquele grupo. Temos também que falar do assunto que interessa a esse grupo. Como bem observa Goldman:

> O cerne da questão é a disposição para viver uma experiência pessoal junto a um grupo humano com o fim de transformar essa experiência pessoal em tema de pesquisa que assume a forma de um texto etnográfico. Nesse sentido, a característica fundamental da antropologia seria o estudo das experiências humanas a partir de uma experiência pessoal (2006, p. 167).

---

33 De todos os estudos e ciências humanas, a Antropologia é a que está mais profundamente enraizada na experiência social e subjetiva do investigador. Nela, toda avaliação tem como referência o sujeito, toda observação é finalmente apreendida "na batida do pulso" (tradução de Herbert Rodrigues, cf. Cadernos de Campo, n.13, 2005).

Estar entre eles é também estabelecer laços afetivos. É uma amizade que vai sendo construída, a ponto de eles não fecharem o seu universo, com medo de que sua realidade seja deturpada. Para muitos, é certo que vou apresentar os conflitos. Sabem que há um hiato a ser preenchido. Busco mostrá-lo de forma que entendamos alguns modos de ser muçulmano no Brasil, em São Bernardo do Campo, ou seja, dando um passo para entender o *ethos* islâmico.

O acampamento contribuiu para experienciar o ser muçulmano. O véu serviu de máscara, não máscara no sentido de esconder algo, mas de revelar algo. Mostrar-se perto deles para entendê-los, era essa a questão inicial. A produção de imagens ampliou o meu olhar[34]; outros modos de ver e ouvir também nos conduzem à reflexão. O diálogo é ampliado; tanto dentro quanto fora da comunidade. É um estar lá e editar aqui, tarefa complexa, mas fundamental para implementar o conhecimento.

Além de verificar o meu lugar, como estrangeira, a diferença ali, também revela a outra face daquela que observa a religião, ou que pelo menos a tangencia, como é o meu caso, pelo fato de estudá-los e "ser" para eles ao mesmo tempo uma futura reversa. Se já conheço a religião e já entendo bastante da sua história etc., então nada mais previsível do que a minha reversão.

É difícil para aquele que tem uma crença entender que uma pessoa possa ser apenas pesquisadora e gostar muito do que faz. Estar neste lugar não é simplesmente cômodo, pois podemos ocasionar, no *outro*, determinadas expectativas que, em muitos casos, não serão correspondidas. Ler, aprender, observar, compartilhar esse universo são caminhos fundamentais para quem pretende avançar no conhecimento de determinado tema. Mas, para quem está do outro lado, para aquele que vivencia a religião, que lê com outra finalidade, que reza, que acredita, talvez seja realmente muito difícil entender como nós antropólogos podemos fazer tudo isso e continuarmos à parte,

34 Cf. Ferreira, 2002, 2004, 2006, 2009.

ou seja, não compartilharmos dos mesmos "segredos" e das mesmas "cosmologias".

Assim, entendo a colocação do sheik: "afinal, para que serve esse acampamento?" Se esta pergunta encerra várias interrogações, também clareia o meu posicionamento, *porque eu não sou muçulmana* e daí o meu lugar, portanto, é outro. Lugar este, construído, performatizado, tanto quanto para os próprios muçulmanos. A relação construída entre pesquisadora e grupo pesquisado só tem sentido porque há uma elaboração, uma aceitação, um espaço negociado, por ambas as partes, num diálogo constante, porque, de certa maneira, todos nós somos *afetados*. É nesse sentido que penso em *performance* da pesquisadora. A noção de *performance,* para Richard Schechner (1985), não é meramente a *performance* em si, mas um grande ensaio, uma repetição. O que faz o pesquisador, senão ensaiar perguntas? Atitudes?[35] – pergunta ele.

Termino este tópico constatando aquilo que já foi experenciado por Victor Turner (1982), e retomado por Schechner, quando este afirmou: "Fazer os movimentos do Nô, mesmo que por um breve período, me ensinou mais no meu corpo que páginas de leitura" (1985, p. 31). É a experiência com a "performing ethnography" que também encontrei nesse acampamento islâmico, pois me comportava *como se* fosse um deles. Este estado de subjuntividade[36], com certeza ampliou os meus sentidos em relação ao grupo que estava pesquisando. A partir dessa experiência, surgia a *pesquisadora-performer* e os limites e as potencialidades da etnografia performativa.

---

35 Vale a pena lembrar que a antropologia da performance é parte da antropologia da experiência.

36 Ver *From Ritual to Theatre* (1982, p. 82-84). Turner cita o Webster's Dictionary: o subjuntivo sempre tem a ver com 'desejo, possibilidade, ou hipótese'; é o mundo do 'como se', que abrange desde a hipótese científica à fantasia da festa. É o 'como se fosse', em vez do 'é'. Trata-se de expressar algo possível ou simplesmente desejado.

CAPÍTULO 2

Redes Islâmicas em São Paulo: "Nascidos muçulmanos" e "revertidos"[1]

Quem muito se evita, se convive.
(João Guimarães Rosa, *Grande Sertão: Veredas*)

Parafraseando Viveiros de Castro: "dizer que os *revertidos* são *muçulmanos* não nos 'diz' nada sobre os *revertidos*, mas muito sobre os *muçulmanos* que o dizem"[2]. Para os muçulmanos a expressão *revertido* significa aquele que retorna a Deus. O muçulmano considera que todos nascem muçulmanos, mas muitos se afastam de Deus, o retorno a Deus é chamado por eles de reversão. É revertido todo aquele que professa a *shahada*: "Não há Deus, senão Deus, e o profeta Muhammad é seu mensageiro". Nesse sentido, venho sustentado a importância de se referendar o termo *revertido/reversão* nos textos que tratam de fiéis que passaram a adotar a religião islâmica, porque o conceito nativo evidencia o fato de que houve um retorno, uma volta ao ponto de partida; em substituição, ao termo convertido (conversão), tão mais popularmente utilizado na Antropologia e Sociologia da Religião, mas que significa "o ato de passar

1 Para o amigo e professor John Dawsey do Departamento de Antropologia da Usp, que sugeriu bons caminhos para este capítulo. Parte deste capítulo foi publicado na revista Litteris, n. 3, 2009.

2 "[...] dizer que os pecaris são humanos não *nos* 'diz' nada sobre os pecaris, mas muito sobre os humanos que o dizem" (Viveiros de Castro, 2002, p. 133).

dum grupo religioso para outro, duma para outra seita ou religião" (Ferreira, 1986, p. 471).

Considero que definir o muçulmano como convertido é um grande equívoco, pois deixamos de considerar o próprio termo, "retorno", e ficamos simplesmente com a "mudança". Na concepção islâmica todos nós nascemos muçulmanos, isto é, entregue a Deus[3], no entanto, saímos da senda reta, do caminho certo, mas o retorno à religião é a reversão desse caminho.

Levar o conceito nativo a sério foi o modo que encontrei para enfrentar o dilema que é para os muçulmanos vincular (ou não) a tradição islâmica a uma identidade árabe, e considerar, ao mesmo tempo, em que medida essa influência, contribui (ou não) para as relações estabelecidas entre muçulmanos de nascimento (árabes ou de famílias árabes) e revertidos (brasileiros). Não tenho a pretensão de dar conta de todos os *nós* que esta questão propõe, mas sim, abrir espaço para pontuar este debate. Para isso, lanço mão da metáfora do fluxo e das redes (Hunnerz, 1997 e Latour, 1994) em conformidade com a construção identitária dos grupos islâmicos existentes em São Paulo, pois como ressalta Michel Agier (2001) os processos identitários não existem fora de contexto, são sempre relativos a algo específico que está em jogo. Para tal empreendimento farei uso das notas que tomei em campo e num site de relacionamento, em especial, uma das redes islâmicas do Brasil – a comunidade sunita[4] de São Bernardo do Campo –, em contraste, com outras redes islâmicas (Mesquita da República, Mesquita do Rio de Janeiro)[5].

---

3 Alguns traduzem como submissão a Deus.

4 Os muçulmanos dividem-se aproximadamente em sunitas (90%), xiitas (10%). São sunitas aqueles que acreditam na Suna, ou compilação de Hadiths, que são os ditos e feitos do profeta Muhammad. Os sunitas derivam de Abu Bakr, sucessor do profeta após sua morte. Os xiitas fazem parte de uma outra linhagem de sucessão do profeta, na qual seu primo e genro Ali assume o seu posto, dividindo assim os muçulmanos.

5 É importante destacar que no Brasil trata-se de um *Islã minoritário, que* por sua vez, apresentou levas de imigração árabes muçulmanas diversas e difusas no

Temos então que observar de perto como árabes (nascidos muçulmanos) e revertidos (brasileiros) vêm construindo suas identidades e suas redes nas comunidades islâmicas em São Paulo. Infelizmente não é possível dar conta de outras tantas etnias existentes nas comunidades islâmicas, mas será possível pontuar alguns elementos que nos ajudem a compreender a dinâmica estabelecida entre esses dois grupos.

EM BUSCA DE UMA CONSTRUÇÃO IDENTITÁRIA

> O que a metáfora do fluxo nos propõe é a tarefa de problematizar a cultura em termos processuais, não a permissão para desproblematizá-la, abstraindo suas complicações (Hannerz, 1997, p. 15).

Se há uma questão central que "atormenta" muitos muçulmanos é a ideia de um Islã brasileiro ou de um Islã árabe. O conflito é grande quando pensado no âmbito da comunidade. De um lado, estão *sheiks* que falam da falta de conhecimento dos muçulmanos, insistindo ostensivamente no mesmo ponto: é preciso ler, estudar, respeitar a autoridade de quem sabe mais. De outro, temos "muçulmanos brasileiros" (revertidos) que, de alguma forma, criticam o radicalismo, negam em parte a cultura árabe[6], e reforçam a identidade

território nacional principalmente após a Segunda Guerra Mundial. São Paulo, assim como Paraná (Foz do Iguaçu) foram os estados que mais receberam imigrantes árabes muçulmanos, sendo esses imigrantes em sua maioria do Vale do Beqa, região do Líbano (Cf. Osman, 1998). Embora, a imigração árabe tenha sido a que propagou mais sistematicamente a religião em território brasileiro, foi por intermédio dos negros escravizados que a religião deu seus primeiros sinais de existência. E possivelmente, a partir daí, começaram a surgir os primeiros revertidos, os retornados ao Islã.

6 Este "negar a cultura árabe" implica até questões alimentares, pois, conversando

de brasileiros muçulmanos. Mesmo assim, quando interpelados por mim, ambos afirmaram que o Islã não tem propriamente uma cultura. O Islã é universal, pois todos fazem parte da *Umma,* ou seja, da comunidade islâmica. Como esclarece Montenegro (2001, p. 19), "todo grupo muçulmano se autodefine como comunidade, e (...), numa espécie de encadeamento, cada comunidade possui estreitas relações com essa *supracomunidade* mundial que é a Ummah".

Uma perspectiva para pensar essas questões é apresentada na tese de doutorado de Montenegro (2000). A autora afirma que o arabismo é um dos dilemas identitários mais fortes que atravessam a comunidade islâmica do Rio de Janeiro, pois esses muçulmanos não querem que a religião seja vista como sendo 'a religião de árabes'. A "desarabização" é o tema central desses muçulmanos sunitas. Para o grupo pesquisado por Montenegro, o processo de islamização é algo que transcende a comunidade árabe e, portanto, independe da origem de cada um, se é ou não é árabe.

Os aspectos apresentados por esta autora são instigantes e adequados, servindo perfeitamente para se pensar o Islã em São Paulo. Trata-se, no Brasil, de um dilema: vincular (ou não) a tradição islâmica a uma identidade árabe, e considerar, ao mesmo tempo, em que medida essa influência contribui (ou não) para as relações estabelecidas entre muçulmanos de nascimento (árabes) e revertidos (brasileiros). Assim já é possível dizer que, na tentativa de se "apagar" uma identidade, tem-se a ampliação de outras[7]. É por esse

---

com uma muçulmana brasileira, perguntei-lhe se gostava de comida árabe, e ela me respondeu que "não come aquilo que não conhece", afirmando sua preferência pelo arroz e o feijão.

7 Há vários trabalhos que demonstraram as tensões entre revertidos não árabes e muçulmanos de descendência árabe, como por exemplo, Castro (2007); Jardim (2000); Nasser (2006). Esses autores apontam para configurações identitárias particulares de cada comunidade e que são resolvidas segundo projetos identitários específicos, que dizem respeito às estratégias de manutenção e negociação da identidade étnica.

motivo que optamos por problematizar na tese de doutorado[8] e agora retomamos de forma parcial: o modo como se dá a construção de redes de *performances* que perpassam São Bernardo Campo, a fim de refletirmos a respeito dos fluxos de cultura principalmente, no Brasil, quando nos confrontamos com as relações estabelecidas entre um Islã árabe e um Islã que se esforça por abarcar os brasileiros reversos.

OLHANDO PARA O ISLÃ NO BRASIL – "NASCIDOS MUÇULMANOS" X "REVERTIDOS"

Quando falamos do Islã no Brasil, já apontamos para a fronteira que separa os de dentro "muçulmanos brasileiros" (revertidos) e os de fora "nascidos muçulmanos" (árabes). Refletir sobre esta condição é fundamental à compreensão de como são construídos e *performatizados* os discursos, e em que medida eles podem transformar esses adeptos, sejam brasileiros ou árabes.

Oliveira (2006, p. 87)) destaca a fala de um informante revertido, "muçulmano brasileiro", da Mesquita Brasil, que lhe disse que os "nascidos muçulmanos" participam mais das atividades sociais do que das atividades religiosas, e que os muçulmanos de "nascimento" afirmaram se espantar com os novos muçulmanos, que levam tão a sério a religião. Cabe ressaltar que a maioria dos muçulmanos são árabes ou de ascendência, diz-se então que esses são os muçulmanos de nascimento. Esses muçulmanos já nasceram fazendo parte da religião, por que oriundos de uma família árabe muçulmana, ao contrário dos brasileiros que se reverteram à religião e cuja família de origem não pertence à religião islâmica. É neste sentido que Oliveira usa a expressão "muçulmano de nascimento" para se referir aos muçulmanos árabes. Mais adiante esta autora observa ainda: "parece que está havendo, mais recentemente, um movimento de volta de

8 Ver Ferreira (2007) capítulo 2.

alguns muçulmanos que estavam afastados, que precisaria ser mais bem pesquisado". Oliveira tem razão, e posso afirmar, com razoável grau de certeza, que isto de fato está ocorrendo. Há uma maior aproximação desses muçulmanos com a religião, e um dos motivos para isso tem sido o papel desempenhado por dois sheiks, em São Paulo, em especial os Sheiks de São Bernardo do Campo. Por enquanto, julgo necessário apresentar o argumento de que, embora esteja acontecendo uma maior aproximação da religião, por parte de árabes e brasileiros, deve-se observar que essa aproximação também tem gerado determinados desconfortos, desconfianças e conflitos. Será necessário pensar em um Islã do Brasil? Esta problemática está levantada no depoimento de um reverso:

> Quando um reverso brasileiro passa a fazer parte desse universo, ele vai sozinho, sem a família. É muito difícil no começo (jovem, 19 anos).

Mudar de comportamento, mudar de religião, de vida, requer um grande esforço por parte de um reverso[9]. Além disso, entender as tensões geradas pela tentativa de um novo convívio, diante de uma nova sociabilidade, é um grande desafio. Para avançar no entendimento dessas mudanças, postei, em uma das comunidades islâmicas do Orkut, algumas perguntas sobre a construção dessa sociabilidade islâmica árabe-brasileira. Nesta comunidade pode se ler:

> Em nome de Deus, o Clemente, o Misericordioso[10].
> Comunidade voltada para os irmãos muçulmanos e principalmente para os não muçulmanos esclarecerem todas as

9 Para uma maior discussão sobre a prática do reverso (ver Ferreira, 2009).

10 Esta expressão está presente em todos os textos produzidos pelos muçulmanos, ou é pronunciada pelos muçulmanos antes deles começarem a falar sobre a religião, por exemplo, em palestras, aulas etc. A expressão *Bismiallahi arrhamani arrhim* foi traduzida por Halmi Nasr como "Em nome de Deus, o Misericordioso e o Misericordiador".

dúvidas sobre o Islamismo esta que é a última e verdadeira religião revelada por Allah (Swt).

Quanto aos sábios, dentre eles, bem como aos fiéis, que crêem tanto no que te foi revelado como no que foi revelado antes de ti, que são observantes da oração, pagadores do zakat, crentes em Deus e no Dia do Juízo Final, premiá-los-emos com magnífica recompensa (Surata 4, versículo 162).

Dúvidas: muçulmanos brasileiros 13/11/2005 03h52

Olá a todos, meu nome é Francirosy Ferreira antropóloga e atualmente estou escrevendo uma tese de doutorado sobre o Islã em São Paulo. Como um dos pontos a serem tratados é sobre as Redes de Relação entre muçulmanos, sejam eles brasileiros, árabes e outros. Gostaria de saber, se possível, e com a devida autorização para publicar na tese (com nome fictício ou não) suas opiniões sobre a relação que vem sendo construída entre muçulmanos brasileiros e não brasileiros. Como é ser muçulmano e viver no Brasil? Quais as maiores dificuldades enfrentadas? Há preconceito de árabes em relação aos brasileiros reversos? Enfim, quem puder autorizar o seu depoimento, tudo bem, quem quiser escrever e não autorizar a publicação esteja à vontade.

Resposta: 13/11/2005 07h49

Oi Francirosy, espero poder ajudá-la com a minha opinião. Eu sou muçulmana convertida, passei dois anos estudando a religião islâmica, e adotei o nome de Taliba, que significa "estudante" na língua árabe. Quando discutimos a relação entre muçulmanos árabes e não-árabes e também com não-muçulmanos, é um assunto complexo e longe de apresentar uma homogeneidade, no meu ponto de vista.

O Islam é claro ao afirmar no Alcorão Sagrado de que não há diferença entre um árabe e um não-árabe, um branco e um negro. A propósito, o conceito islâmico de árabe seria todo aquele que fala essa língua. Devido às circunstâncias

> políticas e sociais no mundo como um todo, a comunidade árabe acabou se fechando para não-árabes, me referindo ao contexto específico dos árabes muçulmanos no Brasil. A alegação era que muitas mulheres brasileiras se convertiam ao Islam apenas para casar com árabes.
>
> Havia uma certa resistência em se receber não-muçulmanos em algumas mesquitas. Mas depois do 11 de Setembro, as coisas começaram a mudar rapidamente. A comunidade árabe muçulmana percebeu que também havia muitos brasileiros interessados em seguir o Islam, e que se fechar não traria quaisquer benefícios para ela.
>
> Atualmente, as relações entre árabes muçulmanos e muçulmanos não-árabes no Brasil tornaram-se mais amistosas, pois o próprio sentimento de irmandade que o Islam exige vem se tornando mais necessário e forte.
>
> Os árabes, muçulmanos ou não, sempre mantiveram boas relações com a sociedade brasileira em geral.
>
> Quanto a ser muçulmano no Brasil, sempre é um desafio integrar uma minoria, mas as Leis nacionais estimulam a Democracia, não há problemas quanto ao uso do hijab (véu), e nós estamos sempre discutindo atitudes adequadas para vivermos bem com a sociedade maior e também zelar pelos nossos direitos. Abraços, Taliba.

O texto de Taliba de certa forma suaviza o debate, ao colocar como amistosa a relação entre brasileiros e árabes, mas ela aponta que essa aproximação se deve à receptividade do brasileiro e ao próprio fundamento prático da religião, segundo o qual *não há diferença entre um árabe e um não árabe, um branco e um negro*. Portanto, se há divergências, é porque as pessoas não entenderam a religião e não a praticam adequadamente. No entanto, não é o que observei em campo, onde, às vezes, a relação é tensa, e suponho que assim o seja pelo fato de alguns revertidos se valerem da ideia de que no Islã não pode haver "líderes", "representantes". Outra relação conflituosa é com a imprensa, pois, segundo a comunidade, há sempre muita informação distorcida veiculada sobre eles e a religião.

No início da pesquisa, enquanto eu ainda era confundida com uma jornalista, o trabalho tendia a ficar limitado. Com o passar do tempo, porém, e com a confiança que eles foram depositando em mim, passei a ter um acesso mais livre à comunidade. O conflito com a imprensa é tamanho, que alguns muçulmanos chegaram a me dizer que, ao darem uma entrevista, no dia seguinte se lamentavam pelo que havia saído no jornal, em geral informações distorcidas e preconceituosas[11]. Mais adiante veremos que muitos pesquisadores iniciam suas pesquisas em comunidades islâmicas, justamente por acharem que há algo de errado com as matérias veiculadas com frequência na mídia, assim como muitos revertidos argumentam que procuraram o Islã para conhecer mais sobre aquela religião tão exposta nos meios de comunicação, acabando por se reverter.

Devemos considerar que há sim, ainda, muitas informações equivocadas sendo difundidas, e que o conflito dentro da própria comunidade, no Brasil, não deixa de ser um reflexo desses equívocos, à medida que os próprios revertidos relacionam os árabes a diversos atos de violência. Mas é preciso observar também que as divergências que surgem, e interferem no modo de compreender a religião, são, muitas vezes, de ordem cultural. Vamos acompanhar outra resposta dada no mesmo site de relacionamento.

> 14/11/2005 16h06 - Rami
> Quero ser prático nas respostas, a relação que vem sendo construída entre muçulmanos brasileiros e não brasileiros.
> Sou muçulmano "não brasileiro"...
> Eu sinto dois tipos de muçulmanos brasileiros... têm os brasileiros convertidos que sempre buscam, estudam, ouvem de todos e assim eles vão captando, conforme sua fé, o caminho que eles querem seguir... ou seja... o jeito bem

11 Ver artigo de Montenegro (2002).

> brasileiro de entender e tocar a vida (mas no islamismo) têm os brasileiros convertidos que leram uma meia dúzia de livros e acham que sabem tudo sobre o Islam e não ouvem além dos seus orientadores...

Rami aponta para uma dualidade que, na verdade, se mistura, quando diz: "o jeito bem brasileiro de entender e tocar a vida", para, em seguida, observar: "não ouvem além de seus orientadores". De certa forma, ele não esclarece se os orientadores são sheiks ou o quê. Quem os orienta?

> Franci: Como é ser muçulmano e viver no Brasil?
> O Brasil é um país onde seu povo é muito afetivo... as leis daqui são mais democráticas...mas não falando de leis e etc... digo que o povo brasileiro é um povo que busca, e é um povo alegre... e com esse seu jeito sabe respeitar as crenças dos outros... O povo é curioso... sempre quer saber sobre o islamismo... em geral... o povo admira o nosso apego ao islamismo...
>
> Franci: Quais as maiores dificuldades enfrentadas?
> Eu vivi como muçulmano no Líbano... e também vivo aqui como um muçulmano. Sinto algumas coisas que fazem falta, mas essas coisas não me afetam tanto... 1) fazer jejum (Ramadan), aqui é muito difícil... pois, por lá, a maioria faz jejum..e nessa união aliviamos muito cansaço para terminar o dia de jejum... e tocar a noite em rezas e atos religiosos...
>
> Franci: Há preconceito de árabes em relação aos brasileiros reversos?
> Isso eu nunca vi... sempre vi ajuda de árabes muçulmanos com brasileiros convertidos. A não ser... quando há casamentos... (um brasileiro convertido que quer casar com uma árabe muçulmana)... pois muitos dão conselho da conversão para conseguir algum casamento... e isso acaba

estourando na frente.. pois o homem se convertendo assim.. tem chance maior de voltar ao que era... (não muçulmano). Mas também vi o inverso..preconceito de muçulmanos convertido com muçulmanos árabes... alegando que alguns costumes de árabes não são adequados com a linha islâmica....
Obrigado.

O texto de Rami já aponta o conflito: é mais fácil para um revertido, que se reverte por um motivo, como o casamento, voltar a ser o que era antes. Para ilustrar a problemática existente entre muçulmanos de nascimento e aqueles que se reverteram, no caso aqui, os brasileiros, transcrevo uma conversa que tive com Zacarias, fundador de uma mesquita para brasileiros junto à Praça da República, em São Paulo, fato que ocasionou um mal-estar na comunidade.

Franci: O senhor é representante de qual instituição?
Zacarias: Eu sou presidente da Sociedade Beneficente Muçulmana dos Brasileiros para divulgação do Islã.
Franci: E onde fica esta sociedade?
Zacarias: Esta sociedade fica na Rua 7 de abril. Foi a comunidade que deu inclusive um pouco de problemas junto às outras sociedades.
Franci: Por quê?
Zacarias: Mas já estamos resolvendo, porque ao meu ver, eu sou 28 anos revertido ao Islã, 33 anos que eu conheço o Islã no Brasil sempre procurei ajudar os irmãos brasileiros muitas vezes que declinam querendo conhecer mais o islã, os fundamentos do islã, e às vezes, no meio da comunidade árabe, por eles terem problemas sociais e comunitários, eles se agregam evidentemente protegendo a sociedade deles e esquecendo, evidentemente, ficando as margens a sociedade mais marginalizadas do que já são, islamicamente, falando. E estou representando esses que estão totalmente margina-

lizados. Todos esses que querem buscar o islã e não encontram essa ressonância.

Franci: E o senhor acha que ainda o revertido brasileiro sofre preconceito?

Zacarias: Eu acredito que seja naturalmente, não é preconceito propriamente dito. Os brasileiros nos eua se reúnem em comunidade brasileira, isto é natural. É natural que o árabe se reúna no Brasil em torno de sua comunidade árabe. Isto eu acho legitimo, eu não tenho nada contra isto. O que estou falando é de Islã. O islã precisa ter um ir e vir tem que ter harmonia, ter compromisso, conduta, tem que ter um comportamento, é isto que queremos afunilar, para trabalharmos juntos [...] O profeta Muhammad (saas) no último sermão, ele deixa claro que todas as comunidades devem se unir. Nem um árabe é melhor que um não árabe, como brasileiro não é melhor que um estrangeiro, somos seres humanos e defendemos a união da comunidade islâmica mundial.

Franci: E tem muitos brasileiros que participam do seu grupo?

Zacarias: Sim, bastante, muitos entraram por uma porta e saíram pela outra, pois percebem essa diferença e *não assimila que essas diferenças, muitas vezes, são culturais e não propositais,* por isso eu não gosto de ver em termos de racismo, segregacionismo. Eu acredito que isto é um defeito psicológico do ser humano [...]. Eu evito falar isto, eu prefiro falar de união.

Franci: A partir do momento que você monta um grupo de brasileiros você também não está se separando?

Zacarias: Não, eu estou defendendo os seus direitos, porque os direitos até hoje, ao meu ver, eles dizem que fazem alguma coisa, mas de fato isto nunca existiu e se nunca existiu, alguém tem que tomar a frente, alguém tem que tomar providências [...]. Não com separatismo, mas unidos no Alcorão, portanto precisamos unir sobre um só propósito.

Estamos com várias reuniões marcadas [...]

Cabe destacar algumas ideias da conversa com Zacarias: "às vezes, no meio da comunidade árabe, *por eles terem problemas sociais e comunitários, eles se agregam evidentemente protegendo a sociedade deles e esquecendo...*". Vale a pena chamar a atenção para o fato de que os problemas vivenciados pelas comunidades do Oriente Médio interferem claramente no modo como os demais muçulmanos as veem. Não é uma causa deles, é uma causa dos árabes. Zacarias afirma também que os revertidos "percebem essa diferença e *não assimila(m) que essas* diferenças, *muitas vezes,* são culturais *e não propositais*". Assim, considera importante ressaltar que as diferenças são culturais e que os próprios revertidos não conseguem compreender isto. Este tipo de diálogo permeia quase todas as minhas conversas com os muçulmanos: a difícil convivência por falta de conhecimento e de respeito às diferenças. Diferenças que geram *performances* diferenciadas, discursos tensos para a representação de um determinado *ethos12*. Vejamos o depoimento de Sheik Jihad[13].

> Sheik Jihad: Os árabes são necessários para esta religião. Não pense que não é. É necessário que haja os árabes. Por quê? Porque eles detêm a língua do Alcorão. Com quem você vai aprender a língua?
>
> Existe um conflito, tudo bem, por falta de conhecimento dos dois lados, esta é a questão. Dos árabes que não têm profundo conhecimento da religião, não conseguem passar a religião, vai passar com muitos costumes árabes, que não são da religião.
>
> [...] o convertido na maior parte das vezes não tem conhecimento. Conhecimento profundo. O que acontece? Este

12 Ver Ferreira, 2007.

13 Vice coordenador da WAMY – Assembleia Mundial da Juventude Islâmica – localizada em São Bernardo do Campo.

carrega uma bagagem (árabes) e este carrega uma bagagem (brasileiros). Quando entra (um brasileiro), ele vê que os árabes estão falando árabe e como não entende árabe, começa imaginar: por que eles não estão no país deles? O problema dos convertidos é que eles entram na religião para melhorar e pioram. Mas não por conta da religião, por eles mesmos, começam a julgar a conduta das pessoas... querem que as pessoas gostem delas.

Para que alguém te trate como irmão é preciso que haja contato. Eu te conheço hoje, no primeiro dia, eu vou fazer a cordialidade normal...quem sabe no segundo dia[...] Talvez os dois lados não tenham entendido isto, não entendam a mecânica.

Franci: Você tem muitos problemas com isto?

Sheik Jihad: As pessoas cultas não têm problemas com isto, está buscando uma melhoria espiritual, uma pessoa predisposta a aprender. Os convertidos, todos eles, quando entram na religião, entram por boa intenção, a intenção é das melhores possíveis [...] Algumas pessoas falam: os árabes são preconceituosos? Todos os árabes são preconceituosos? É como dizer: todos os muçulmanos são terroristas. Qual é a solução? (pensam essas pessoas). Vamos fazer um grupo de brasileiros. Essas não percebem que estão sendo preconceituosas.

Em sua fala, o Sheik Jihad ressalta o fato de que eles mesmos, começam a julgar a conduta das pessoas [...] *querem que as pessoas gostem delas*. Neste julgamento está implícito o modo como os revertidos brasileiros veem os árabes e os problemas que eles enfrentam pelas questões políticas em relação aos eua e Israel. "Todos os árabes são preconceituosos? É como dizer: todos os muçulmanos são terroristas". O sheik chama nossa atenção para a generalização, o que de certa forma acontece, até mesmo fora da comunidade, na imprensa, como vimos, que dá constantemente destaque negativo aos povos árabes. Toma um deles por todos.

Sobre as diferenças culturais, o texto escrito por Jamyle[14], 22 anos, revertida, estudante de Ciências Sociais, é bastante ilustrativo.

> Passados os primeiros momentos da reversão, o novo muçulmano percebe a tensão existente entre árabes e brasileiros (...) *Muitos veem o muçulmano brasileiro como o verdadeiro muçulmano, já que, depois da reversão, começa a aprender o Islã "verdadeiro", despido de influências culturais.* Os muçulmanos acreditam que todos nascem muçulmanos. Portanto, *muslim* é um estado de natureza. E os brasileiros estariam recuperando esse estado "natural" do homem. Os árabes, em oposição, estariam maculados pela mistura de Islã e "cultura árabe"[15]. É importante frisar que aqui "cultura" tem uma conotação negativa, como algo que impedisse o afloramento da verdadeira natureza humana, ser muçulmano. Em momento algum se pensa que a cultura brasileira também pode ter influências negativas sobre o novo muçulmano, mas apenas em seus aspectos positivos: o cosmopolitismo, o bom humor, o carisma, etc. E essa imagem pode ir além do círculo de convertidos brasileiros, como mostra esse depoimento de uma árabe muçulmana: *Entre os árabes existem muitos que não praticam, que são só muçulmanos porque nasceram muçulmanos. Muitos realmente praticam porque tiveram uma boa educação islâmica dentro de casa.*

---

14 Jamyle foi minha aluna no curso "Difusão na USP: Uma abordagem antropológica sobre o Islã". Agradeço a ela por ter autorizado a publicação de parte do seu texto neste capítulo.

15 Peter Demant (2005, p. 323) afirma que "Há ainda uma série de mecanismos psicológicos que facilitam o trânsito para o fundamentalismo. As pessoas buscam uma bússola ideológica que as guie na vida, mas não fazem isto no isolamento. A derrota das ideologias rivais anteriores, o secularismo e o modernismo islâmico elevam o preço psicológico e social a pagar por quem queira resgatar estas alternativas descartadas...". Nesse sentido podemos pensar os reversos no Brasil, como pessoas que deixam seus valores e religiões anteriores, para assumir uma outra postura diante da vida.

Mas é muito maior a probabilidade de ter pessoas assim, que não praticam. Já com os convertidos não acontece isso. Eles já entram na religião sem os costumes, o que é muito importante, com a religião pura (M., árabe, de família muçulmana).

Este impasse é frequente – dizer que o revertido é mais religioso por que vem desprovido da "cultura" árabe. A postura dos revertidos brasileiros em geral, sem ascendência árabe, é a de negar o árabe e tudo o que procede dessa cultura. É interessante perceber que Jamyle destaca o Islã verdadeiro como aquele sem influências culturais: "*Muitos veem o muçulmano brasileiro como o verdadeiro muçulmano, já que, depois da reversão, começa a aprender o* Islã "verdadeiro", despido de influências culturais". É bastante emblemática a ideia de desvincular a religião da cultura, como se isso fosse possível. O que é a religião, senão uma das camadas de significado dessa teia maior chamada cultura? — como na frase clássica de Geertz (1989, p. 15): "(...) o homem é um animal amarrado a teias de significados que ele mesmo teceu, assumo a cultura como sendo essas teias..."

De certo modo, como afirma DaMatta (1987, p. 49), as regras vivem o grupo e o grupo vive a regra. A tradição nos moldes do autor torna as regras passíveis de serem vivenciadas. Quando um revertido tenta afastar a religião da cultura árabe, está também aproximando a religião islâmica da sua cultura "brasileira", já que não existe uma religião que não carregue valores culturais, sejam árabes ou brasileiros. Noutras palavras, não importa se eu quebro o jejum no mês do Ramadã, com tâmaras ou com melancia, pois outros aspectos é que são importantes, como o tempo que determina o horário da oração, o início e o término do Ramadã, particularidades islâmicas que devem ser seguidas por todos. Mas repito: se na quebra do jejum será servido um carneiro ou arroz com feijão, pouco importa, porque esses são os elementos estritamente culturais, enquanto que os pilares da religião[16] são fundamentos para todos, independentemente da cultura de cada um.

Quando Oliveira (2006) escreve sobre o *Islã no Brasil* ou o *Islã do Brasil* afirma que os sheiks de São Bernardo estão vinculados ao *wahhabismo,* que é uma corrente *purista e rígida* do Islã, reforçando a ideia de que em São Paulo não há preocupação com a conversão de brasileiros, pelo fato dos sheiks estarem mais voltados para sua identidade étnica. Discordo desta formulação. Em São Paulo há tensões entre brasileiros e árabes, mas isso não significa que a comunidade não esteja preocupada com os reversos ou com aqueles que se interessam pela religião; a dinâmica é outra, e não é tão óbvia quanto parece ser. Em conversa com uma jovem (muçulmana brasileira) em uma das festas, ela me dizia que os árabes estavam acostumados a guerras e violência e que na imprensa não se vê outra notícia a não ser esta. Passei a observar que a imprensa também tem um papel significativo, e mesmo negativo, até dentro da própria comunidade. A imagem do árabe divulgada pela imprensa, tal qual já formulada por Said (1996), pode influenciar de alguma maneira os *brasileiros revertidos*. Quero dizer que os estereótipos atrelados à imagem do árabe, como homem bomba ou terrorista, não é realidade apenas num contexto não islâmico; penso que muitos revertidos consideram de forma estereotipada a imagem de árabes muçulmanos, muito influenciados que são pela mídia.

Talvez, a criação da mesquita da República (Bilal Al Ghabash) em 2004[17], que inicialmente foi criada como espaço para brasileiros e hoje abriga em sua maioria africanos (entre eles: senegaleses, sudaneses, angolanos etc.), tenha contribuído, não só para ampliar um outro espaço étnico-religioso, mas também, contribuiu para apro-

---

16 Os pilares da prática no Islã são: Shahada "não há Deus senão Deus e o profeta Muhammad é seu mensageiro; fazer cinco orações diárias; pagar o zakat – contribuição de 2,5% anualmente; fazer o jejum do mês do Ramadã; fazer o Hajj – peregrinação a Meca – se tiver condições físicas e financeiras.

17 Importante dizer que esta mesquita se mudou da Praça da República para o Vale do Anhangabaú se instalando na Rua Doutor Falcão Filho.

ximar Sheiks e revertidos em outras comunidades, pois a liderança carismática é, sem dúvida, um dos meios de aproximação à religião e à determinadas correntes religiosas e lideres religiosos.

Os revertidos vão buscar espaços no qual se sentem identificados culturalmente, como, por exemplo, a Mesquita Bilal al Ghabash. Outro exemplo interessante é o caso do Rio de Janeiro (cf. Montenegro, 2000 e Chagas, 2006), no qual a presença árabe é menor em relação a outras etnias contribuindo para *desarabizar* o Islã, entretanto, a última informação que obtive é que quem coordena a mesquita são os árabes, mesmo sendo eles minoria no grupo. De modo que podemos dizer, que há sim um movimento de aproximação entre os Sheiks e os fiéis reversos, independente da formação do Sheik ou se ele é árabe ou africano.

Para fechar o circuito das Mesquitas, mas não considerando todas, vale ressalta a mais recente mesquita inaugurada em Embu das Artes: mesquita Summayyah Bint Khayyat, o presidente da Mesquita Cesar Kaab resolveu nomear a Mesquita com o nome de uma mulher muçulmana como uma forma de homenagear e informar sobre a importância do papel da mulher no Islã. Sumayyah foi a primeira mulher mártir do Islam.

Durante a minha pesquisa de 2003-2007, quando indagados sobre a relação entre árabes e brasileiros muçulmanos, os revertidos se diziam inferiorizados em relação aos árabes; por outro lado, os "nascidos muçulmanos" (árabes), prestam atenção nas atitudes desses novos muçulmanos. É comum a acusação de que algumas meninas se revertem ao Islã em busca de um casamento com um estrangeiro, de preferência árabe. Há uma ilusão por parte dessas meninas de que, no meio islâmico, os homens são ricos, imagem esta também construída pela novela "O Clone"[18]. Nesta novela, os maridos muçulmanos eram apresentados o tempo todo como aquele que presenteia sua mulher com ouro, dando-lhe uma boa vida. Este

18 Novela das 21h da Rede Globo de Televisão (de outubro de 2001 a julho de 2002).

estereótipo talvez tenha gerado uma procura maior às mesquitas, especialmente durante a exibição da novela, mesmo porque nesse período a comunidade também estava em evidência, por conta do atentado às Torres Gêmeas.

Sobre a biografia dos convertidos[19] ao Islã, Marques (2000, p. 87-88) nos aponta quatro características, são elas: a falta de uma identidade religiosa; o estímulo ao estudo relacionado à religião; há os que relataram experiências dramáticas e ou desorganização familiar e a dúvida sobre a existência de Deus. Para a autora, a segurança é o que move o convertido a participar de um grupo religioso e, mesmo com a consciência de que essa relação de confiança envolve riscos, ele passa a fazer parte psicológica e espiritualmente do grupo. Uma forma de construir sua autoestima, sua identidade e ideologia. Há também, aqueles que apresentam uma busca religiosa atrelada à ideologia, uma postura étnico/político, com participações anteriores em movimentos sociais e políticos (Marques, 2000, p. 95).

Segundo Marques as etapas de conversão são: 1. momentos de profunda tensão e insatisfação; 2. disposição espiritual; 3. busca religiosa; 4. oferta religiosa; 5. estabelecimento de relações afetivas; 6. redução dos contatos externos ao grupo; 7. interações com outros membros do grupo. A autora chega à conclusão de que os novos muçulmanos ao adotarem uma nova "conduta de vida" e uma identidade religiosa acabam dando uma nova reinterpretação à vida. Essa reinterpretação à vida pode ser observada em campo com mudança de comportamento, de vestimenta e até mesmo de convívio social, no qual há pouco espaço para antigos amigos, a não ser aqueles que respeitam a opção religiosa desse novo adepto, assim como a própria família, que muitas vezes não aprova a adoção da nova religião. Conforme foi possível verificar os revertidos enfrentam problemas tanto dentro ou fora da comunidade em proporções diferentes dependendo da origem, do sexo, ou até das condições socioculturais.

---

19 Marques utiliza em seu texto a palavra "conversão".

Vale considerar que a reversão desses brasileiros sem ascendência árabe leva-nos a perceber a necessidade que há na vivência do tempo passado (a tradição) e o presente (a modernidade) de modo a preencher a lacuna de uma identidade a ser reconhecida, pois é através da recuperação do passado que se torna possível a ordenação das identidades coletivas e individuais (cf. Marques, 2000, p. 161).

PALCO CONCÊNTRICO: SEUS FLUXOS E SUAS REDES

Palco concêntrico denota que, embora "nascidos muçulmanos" ou "revertidos" todos se voltam para o mesmo centro, no sentido de que todos estão voltados para Meca[20]. Isto se deve à energização do circuito[21], conforme proposta por John Dawsey[22] e pressupõe que, quando se tem um coletivo maior, rezar voltando-se em direção a Meca cria um elo energizado que pode ser intensificado nas mesquitas, que se transformam em outros palcos concêntricos.

A sugestão de Dawsey levou-me a pensar em circuito islâmico energizado, em São Paulo/São Bernardo do Campo (Brasil). Esses circuitos, porém, também podem apresentar alguns "curtos-circuitos", ou seja, quando a identificação com determinado espaço assume também a forma de um espaço identitário e, portanto, diferente dos demais, como é o caso dos brasileiros reversos que frequentam a Mesquita da República, ou mesmo os pontos de falsas tensões, como os espaços ocupados por homens e mulheres. Para usar uma terminologia de teatro, é importante destacar que a ocupação desses espaços é fundamental para se refletir sobre os papéis encenados.

Nesse sentido, os revertidos são atores e por meio de ações individuais provocam um outro modo de vivenciar a religião, mesmo

20 Cidade Sagrada para os muçulmanos, para onde retornam todos os anos no Hajj.

21 Sobre a ideia de circuito ver Magnani (1999:68-9).

22 Comentário feito em 7 de dezembro de 2005, no Seminário Interno do Gravi.

que seja se contrapondo aos "líderes", por exemplo, os sheiks. A ideia que está por trás disso é a de que os brasileiros nem sempre são aceitos pelas comunidades árabes e aí voltamos à velha questão: se a comunidade está tentando ou não *desarabizar-se*. Para muitos reversos brasileiros, não!

Certa vez, uma muçulmana brasileira observou que se sentiu ofendida quando lhe disseram: "Essas brasileiras estão fantasiadas[23] de muçulmanas!" Para as mulheres árabes, segundo ela, as brasileiras não passam de interesseiras em busca de marido. O uso do véu nunca é um hábito por desígnio de Deus, mas fruto de uma vaidade, e também uma maneira de atrair um bom casamento, já que o uso do véu sempre é sinal de mulher correta, que segue a religião.

Não dá para recusar esta colocação, no entanto, não devemos considerá-la como a única explicação possível. O casamento islâmico parece trazer, para determinadas mulheres, uma estabilidade emocional que talvez elas não sintam em seu próprio grupo, tendo que buscá-la em outro grupo. O modelo de um marido árabe-muçulmano, que protege a mulher e que lhe confere respeito[24], passa a ser um objeto de desejo para essas mulheres. Outro dado importante se deve ao fato de que, no Islã, a mulher que trabalha fora não precisa dividir as despesas da casa com o marido, pois manter a casa é de responsabilidade exclusiva do homem. A mulher pode usar como bem entender o seu dinheiro. Além disso, o acentuado valor atribuído pela religião à família e à comunidade pode ser considerado um fator que impulsiona esse tipo de mobilidade social e religiosa, especialmente diante dos incômodos e dificuldades sentidos por aquele que vive em uma sociedade desorganizada e sem perspectivas.

---

23 Fantasiar-se leva a uma máscara construída, mas de que máscara estamos falando? Qual o sentido desse "teatro"? A fantasia como alegoria. O véu como alegoria que ajuda a encenar uma personagem, um não-não eu.

24 Parece razoável afirmar que muitas mulheres passaram a ter essa visão a partir da novela "O Clone" (2001), na qual esse modelo de marido perfeito era explorado.

No Islã, relaciono palcos concêntricos aos aspectos miméticos existentes entre os espaços interno e externo da mesquita; Deus e Profeta; Livro e Sheik; Sheik e fiéis, um (ou uns) mimetizando outros, o ser e o não ser. Os espaços determinam quem fica onde; o Profeta, que transmite a Palavra de Deus, mimetiza-o para os futuros fiéis; o sheik, que incorpora o livro, mimetiza-o para os fiéis. Não se vê Deus, o que se vê e o que se ouve são as marcas do seu poder — *Allahu Akbar*, Deus é maior. Nos corpos, no véu, nos corpos prostrados e nas orações estão todos os sinais do poder de Deus (ver Ferreira, 2009).

Os aspectos miméticos nos levam a olhar as ações de homens e mulheres, muçulmanos de nascimento ou reversos. Prostram-se todos, em lugares diferentes, mas isso não é o que mais deve chamar a atenção, e sim as relações que são construídas e, portanto, estabelecidas por homens e mulheres do Islã. É a religião que dá o tom às relações, e, a partir delas, podemos vislumbrar quais as redes a serem formadas e quais os fluxos a serem permeados.

É possível afirmar que no Brasil há um esforço enorme para que esses "muçulmanos intermediários" optem pelo Islã. Um dos reflexos desse esforço pode ser observado nos trabalhos produzidos na academia e que venho discutindo nos meus cursos[25].

O que é uma comunidade islâmica? Podemos responder: a comunidade de SBC, a de Florianópolis, a do Rio de Janeiro, mas essas definições são muito vagas. Por quê? Porque se formos recorrer à construção de identidades localizadas, estaremos correndo o risco de dizer que esses são os muçulmanos de tal lugar. Essa construção é *fluida*, a depender do lugar em que esses muçulmanos se encontrem, São Paulo ou Florianópolis, por exemplo, mesmo porque, há muitos casamentos entre pessoas de cidades ou países diferentes. Alguém que pertencia à comunidade do Sul do país, com o casamento,

25 Cursos de Difusão "Uma Abordagem Antropológica sobre o Islã" (2006/2007) e "Seminário Temático de Antropologia Sobre o Islã" (2008), Departamento de Antropologia/USP.

passa a fazer parte da comunidade de São Paulo. Há também casos de revertidos que fazem a *Shahada* com um sheik de São Bernardo, mas frequentam a Mesquita do Pari, às vezes, por estarem mais perto do seu trabalho ou da sua residência. Percebi isso em campo, no acampamento[26]. Antes de ir para lá, estava claro que o meu *lócus* de pesquisa era sbc, mas, lá chegando, percebi que as divisões eram uma forma estruturante, mais do meu pensamento do que de fato, porque, na verdade, a prática islâmica pode ser alterada conforme a etnia, o tempo de reversão etc. Conforme já deixei entrever a prática religiosa no Brasil em alguns momentos deve ser adaptada por não se tratar de maioria islâmica.

Por outro lado, há famílias extensas que residem em determinada região, próximo à mesquita, e fazem parte dessa comunidade. Apresentam-se como sendo da comunidade tal. A região torna-se um pedaço do Líbano, mais precisamente Sultan, como é o caso dos muçulmanos árabes da comunidade de São Bernardo do Campo.

Para finalizar afirmo que as diferenças são linhas pontilhadas, como destacou Hannerz e deixo entrever que elas se apagam, quando os mulçumanos rezam, jejuam ou peregrinam e que caracterizar as comunidades de São Paulo como sendo as mais "puristas" e "conservadoras", não resolve os dilemas identitários e, muito menos, os estritamente religiosos. Durante a pesquisa de doutorado que realizei de 2003 a 2007 percebi que para se compreender o significado de ser muçulmano, no Brasil, em São Paulo, em SBC. Noutras palavras, ou nas palavras de Turner (1982), para se entender a estrutura é necessário suscitar o *desvio*. Neste sentido, percebo a dinâmica entre muçulmanos árabes e brasileiros, como este *desvio* necessário à compreensão da estrutura islâmica.

Mesmo considerando que o conflito e a tensão permeiam o campo religioso islâmico é preciso observar com acuidade todos os lados

26 Acampamento islâmico é o nome dado a um "retiro espiritual" realizado por eles, da qual pude participar durante três dias em julho de 2004. Ver Ferreira, 2009b.

e perceber a dinâmica estabelecida, os fluxos que são permeados e se reconstituem, dependendo em que direção essas identidades entram em choque ou se aglutinam. A sociabilidade é dinâmica, não é estanque, e não pode ser totalizada. Neste caso, o máximo a fazer é observar *os fluxos, os limites* (as fronteiras) e *os híbridos*, como bem nos alertou Hannerz (1997, p. 17). Cabe entender que as coisas não permanecem sempre no mesmo lugar; as fronteiras têm a ver com descontinuidades e obstáculos; a hibridez permite colagem, *mélange*, miscelânea, montagem, sinergia, bricolagem, criolização, mestiçagem, miscigenação, sincretismo, transculturação, terceiras culturas e com certeza a religião quando atreladas a valores culturais estabelecem dinâmicas outras que devem ser observadas em nossas etnografias.

CAPÍTULO 3

O Sheik é o Livro... Aquele que ouve e aquele que fala[1]

Dize-lhes: Quem for inimigo de Gabriel,
saiba que ele, com o beneplácito de Deus,
impregnou-te (o Alcorão) no coração,
para corroborar o que foi revelado antes;
é orientação e alvíssaras de boas novas para os fiéis.
Quem for inimigo de Deus, dos Seus mensageiros,
de Gabriel e de Miguel, saiba que Deus
é adversário dos incrédulos
(Surata 2, versículos 97-98).

Como expressei na abertura deste livro, a *performance* é um tema que perpassa todo este trabalho. O primeiro, deve-se ao fato de que o sheik, como *líder da fala*, é aquele que detém o conhecimento sobre a religião e o transmite, sendo a pessoa mais indicada para falar, pela comunidade e em nome dela. Essa indicação é um fato que coloca o sheik em estado de *liminaridade*, mesmo havendo, no Islã, restrições à hierarquia, pois, para os muçulmanos, só Deus é Maior (*Allahu Akbar*). Percebo e destaco no texto esta *situação liminar*,

1 Uma primeira versão deste texto foi apresentada no gt Performance e Drama, na viii Abanne (2003), em São Luís do Maranhão. Posteriormente foi incorporado a tese de doutorado e novamente refeito para o artigo da revista *Teoria & Sociedade* n.17.1, 2010, p.84-113, que é a versão que privilegiei neste capítulo. Agradeço imensamente a John Dawsey e Rose Satiko que, em momentos diferentes, deram suas contribuições a este texto.

vivenciada pelos sheiks. O segundo motivo tem a ver com a relação estreita existente entre os conceitos de *performance e oralidade*.

Sendo assim, este capítulo está dividido em três segmentos. Parto da figura carismática do Profeta Muhammad, em seguida apresento um dos sheiks com os quais mantive um diálogo mais próximo, durante a pesquisa – o Sheik Jihad Hassan Hammadeh – e a partir desta *performance* oral desenvolvo o argumento central deste capítulo: o sheik *é aquele que ouve e aquele que fala*, pois ele é o livro, e, portanto, é a voz que, mesmo em situação "liminar", será ouvida. Para isso considerei a metáfora do espelho, como forma de caracterizar o modo como o sheik se vê e é visto: como modelo a ser seguido, e a ser mimetizado.

ESPELHOS MÁGICOS: DE MUHAMMAD AOS SHEIKS

a *Shahada* islâmica é o testemunho feito pelos muçulmanos. Eles devem professar: "Le Ilaha Ila Allah, Mohammad Raçul Allah": "Não há Deus senão Deus e Muhammad é o seu mensageiro". Embora o Profeta seja uma figura de destaque no Islã, os muçulmanos têm a preocupação de não transformá-lo em um mártir, figura de adoração, mas sim considerá-lo um homem enviado por Deus (Ferreira, 2006), pois é somente Deus que deve ser adorado e glorificado.

Sabe-se que "o período anterior ao advento do Islã é conhecido como *Juhiliayah* – a Idade da ignorância. Nesse tempo, a Pérsia vivia em conflito com o Império Bizantino. Ao sul da Arábia, a terra era rica e fértil e o cristianismo se expandia; ao norte, o deserto castigava os beduínos. Os árabes sentiam-se inferiores, tanto religiosa, como politicamente. O que unia esses árabes era o sentimento de povo, de tribo" (Armstrong 2002; Ferreira 2003, p. 283).

A Caaba[2] passou a ser um lugar de adoração, mas não de um único Deus, tornou-se um lugar de idolatria. Mohamad afirma que já

2 Pedra negra sagrada desde a época de Abraão. Ver o vídeo Sacrifício, Ferreira, 2007.

havia nela trezentos e sessenta ídolos, assim como imagens de Jesus e Ismael, para serem adorados. É nesse período que o Profeta consegue acabar com os muitos deuses que eram adorados na Caaba.

O Profeta surgiu em um momento muito conturbado da história desses povos. No entanto, ele aproveita seu espírito de comunidade e fraternidade para unificá-los em torno da religião. É possível afirmar, portanto, que seu papel não foi apenas religioso, mas também político. No Islã, a religião e a política caminham juntas. Qual teria sido, então, o papel do Profeta Muhammad? Que tipo de representação política e religiosa ele (re)apresentava?

Muhammad nasceu em Meca, por volta de 570 d.C., quando seu pai já havia falecido. De acordo com Armstrong e Ahmed (2002 e 2003), o Profeta foi amamentado por uma beduína, como mandava o costume da época: enviar crianças para serem amamentadas no deserto. Aos seis anos, Muhammad fica órfão também de mãe, e vai ser criado pelo seu tio, Abu Talib. Já adulto, casa-se com Khadija, uma comerciante quinze anos mais velha que ele. Khadija foi importante no período do advento do Islã. É considerada a primeira muçulmana da história. Teve seis filhos, dois homens e quatro mulheres, mas sobreviveram apenas as mulheres: Zainab, Ruqayyah, Umm Kalthum e Fatimah[3] (Fátima).

Quando o Profeta tinha quarenta anos, ouviu a voz do anjo Gabriel. Estava na montanha Hira, onde costumava ir para refletir e meditar, hábito que podemos comparar com o de outros profetas que conhecemos na história das religiões —Jesus, Moisés, Abraão, que também se refugiavam em busca de renovação espiritual (Ahmed, 2003, p. 28). Para Victor Turner a meditação (vigília) é um dos exemplos de função purificadora exercida na liminaridade, e presente em várias culturas.

---

3 Fátima (Fatimah) será esposa de Ali, primo e genro do Profeta, que vai encabeçar a corrente xiita. Ali foi o primeiro homem a se reverter (ver nota 11).

Segundo Turner (1974, p. 138), o momento em que os profetas se afastam da estrutura social do cotidiano, corresponde àquele em que surge a experiência da *communitas*. A *communitas* surge espontaneamente, motivada por valores, crenças ou ideais coletivos. Neste sentido, é considerada como uma antiestrutura, o que não significa, para o autor, ausência de estrutura, mas uma forma de organização social alternativa, que emerge momentaneamente nos interstícios da sociedade. Ela consiste, segundo o autor, em uma relação entre indivíduos concretos, históricos e idiossincráticos. Turner diz que os profetas, assim como os artistas, tendem a ser pessoas liminares ou marginais. É importante que se diga que o Profeta não sabia ler nem escrever. Assim, o momento da revelação do Alcorão é o momento de "*communitas*", pois é a partir da revelação do Alcorão que uma nova estrutura se elabora. Os muçulmanos contam que o anjo Gabriel disse a Muhammad: Lê! E o Profeta respondeu três vezes que não sabia ler. Nesse momento, o anjo o abraça com tanta força, que ele começa a ler e a recitar o Alcorão. A mensagem foi ouvida por ele, e passou a ser recitada, em um momento de *communitas*.

Todo muçulmano devota um extremo respeito ao Profeta, a ponto de reproduzir, a cada vez que pronuncia o seu nome, a seguinte frase: *Salla Allahu alayhi wasallam* (SAAS), isto é, "que a paz e a bênção de Allah desçam sobre ele".

OS SHEIKS SÃO LÍDERES? ELES SÃO ESPELHOS DA COMUNIDADE MUÇULMANA?

Segundo Enzo Pace (2005, p. 326), sendo Muhammad o último dos profetas enviados por Deus, não há por que discutir a sua sucessão. Nesse sentido, o sheik não ocupa esse lugar, ou pelo menos não deveria. É aqui que reside o problema da autoridade que iremos tentar desvelar. Os califas, líderes políticos, são chamados de *al- râshidûn* (*os bens guiados*), no sentido de que a legitimação do seu poder está na Lei revelada a Muhammad, e não no seu próprio carisma.

Não há sucessores, não há outros com poderes divinos. Quem deve, portanto, transmitir a Palavra? Quem deve ser seguido?[4]

Cabe ressaltar, que o sheik não tem, para os muçulmanos, o mesmo papel de um padre ou um bispo na Igreja Católica. O sheik detém uma autoridade religiosa, e isso remete aos tempos dos Califas[5], que sucederam o profeta Muhammad, após sua morte. Há catorze séculos, o Profeta lutava para disseminar o Alcorão e a nova religião que surgia. Hoje, os sheiks assumem uma função tão complicada quanto nos primórdios do Islã, pois cabe a eles comunicar que o Islã é uma religião de paz e não de guerra. Nesse sentido, busquei compreender de que modo se consolida o papel do sheik, em especial do sheik da comunidade na qual desenvolvi a pesquisa, e de que forma ele ocupa esse lugar e é aceito ou não pelo grupo em questão.

Sheik Jihad Hassan Hammadeh é vice-presidente da WAMY (Assembleia Mundial da Juventude Islâmica, localizada na cidade de São Bernardo do Campo); sírio, naturalizado brasileiro, casado e pai de uma menina. Conheci os sheiks Ali Abdoune e Jihad após 11 de setembro de 2001. Os atentados provocaram uma reação da comunidade, e principalmente de seus líderes religiosos, que passaram a utilizar a imprensa com o objetivo de desfazer a imagem negativa dos muçulmanos. O espaço conquistado na mídia foi fundamental naquele momento, que considero de abertura da comunidade. No entanto, desde a década de 1980, a comunidade sentia a necessidade de contar com sheiks que falassem o português, como forma de

4 Conforme nos apresenta Hourani: "Havia três grupos principais entre os seguidores de Maomé: os primeiros companheiros que haviam feito a hégira com ele, um grupo interligado por endogamia; os homens importantes de Medina, que tinham feito aliança com ele lá; e os membros das principais famílias de Meca, basicamente de conversão recente" (2001, p. 39).

5 Respectivamente: Abu Bakr, Omar, Uthman e Ali. Este último provocou uma divisão entre os muçulmanos. Por ser primo e genro do Profeta, considerou que a liderança deveria ser hereditária, provocando a separação dos muçulmanos entre sunitas e xiitas.

atrair a comunidade árabe que havia se afastado da religião (Oliveira, 2006, p. 90)[6].

Hammadeh foi beneficiado com bolsa de estudo e, ao *voltar* da Arábia Saudita, fundaram a WAMY, ampliando consideravelmente as atividades no Brasil. Ele foi um dos consultores da novela *O Clone*[7], de outubro de 2001 a julho de 2002, apesar dos muçulmanos discordarem do teor da trama novelística. Argumentei com ele que, mesmo com várias incorreções, essa novela teve um papel fundamental naquele momento. Enquanto o foco mundial eram os terroristas "islâmicos", como Bin Laden, o enredo trazia alguns costumes marroquinos e aspectos da religião que se tornaram de conhecimento público.

Venho acompanhando Sheik Jihad desde o final da década de 1990. Seu cotidiano é marcado por muitas palestras, entrevistas e viagens, com a finalidade de esclarecer as dúvidas em relação à religião e divulgá-la. Porém, a partir dos acontecimentos já citados, os sheiks passam a preencher uma lacuna que havia na comunidade, pois se tornaram seus porta-vozes junto à imprensa. Embora não sejam os únicos, em geral são eles que são procurados, pois se tornaram os mais populares; até mesmo na Academia é comum eles serem reconhecidos.

Diante de tais dados, é possível dizer que, com o atentado, tornou-se imprescindível que a comunidade no Brasil tivesse um ou vários representantes. Este fato ocasionou um certo desconforto para alguns muçulmanos, que sempre se expressaram de uma maneira mais arredia sobre um "representante do Islã", pois – argumenta-se – até mesmo o Profeta Muhammad é apenas um intermediário, um "mensageiro" da Palavra de Deus. Além disso, para outros muçulmanos (brasileiros reversos), o intermediário seria o Alcorão e não

6 Sobre o crescimento do Islã conferir http://www.istoe.com.br/reportagens/349181_OS+CAMINHOS+DO+ISLA+NO+BRASIL. Acesso em: 21.02.2014.

7 Sua consultoria restringia-se a fazer correções daquilo que seria próprio da religião islâmica e/ou da cultura árabe.

o sheik, embora ainda outros sintam-se reconfortados pelo fato de que a visibilidade do sheik na imprensa, que sempre esteve pronta para atacá-los, está sendo positiva para os muçulmanos. Mas não há consenso quando o tema é *um representante do Islã*.

Considero fundamental o papel assumido pelo sheik da comunidade de São Bernardo do Campo, pois é inegável que o fato de dominar a língua portuguesa fez com que ele pudesse se comunicar com mais clareza, não só com a imprensa, mas com os adeptos brasileiros e outros grupos da sociedade, principalmente no tocante aos assuntos atrelados ao atentado de 11 de setembro de 2001.

Assim formulo, portanto, a ideia de que o papel assumido pelo sheik é de *liminaridade,* nos termos propostos por Dawsey, inspirado em Van Gennep (1978) e Turner (1974, p. 168)), ao observar que "os fenômenos liminares, mesmo quando produzem efeitos de inversão, tendem a revitalizar estruturas sociais e contribuir para o bom funcionamento dos sistemas, reduzindo ruídos e tensões".

Há dois modos de pensar essa questão que gostaria de destacar, pois parecem dividir a comunidade entre "os de dentro" e "os de fora". O primeiro corresponde à ideia de que, se pensarmos do ponto de vista da comunidade islâmica[8] (os de dentro), *os ruídos permanecem*, no que respeita à hierarquia, quando o tema é *um* representante do *Islã*, mas para os de fora – os não muçulmanos – a ideia de um representante que fale em nome da comunidade é confortável.

---

8 Sejam esses de nascimento ou revertidos. Para os muçulmanos a expressão *revertido* significa aquele que retorna a Deus. O muçulmano considera que todos nascem muçulmanos, mas muitos se afastam de Deus, o retorno a Deus é chamado por eles de reversão. É revertido todo aquele que professa a *shahada*: "Não há Deus, senão Deus, e o profeta Muhammad é seu mensageiro". Nesse sentido, venho sustentado a importância de se referendar o termo *revertido/reversão* nos textos que tratam de fiéis que passaram a adotar a religião islâmica, porque o conceito nativo evidencia o fato de que houve um retorno, uma volta ao ponto de partida; em substituição, ao termo convertido (conversão), tão mais popularmente utilizado na Antropologia e Sociologia da Religião, mas que significa "o ato de passar dum grupo religioso para outro, duma para outra seita ou religião" (Ferreira, A, B, 1986, p. 471). Ver Ferreira, 2009b.

O segundo modo diz respeito a uma inversão de valores. Em geral, os de fora da comunidade não compreendem esses "muçulmanos mais tradicionais", e constantemente escrevem a respeito de sua forma de vida peculiar, povoando a mídia com uma infinidade de assuntos: o uso do véu, as charges do Profeta[9], os comentários do Papa Bento XVI[10] etc. Vemos, portanto, que a situação liminar do sheik reaparece: – quem vai se dirigir à imprensa ou quem fala pelos muçulmanos? Neste caso, a comunidade se sente bem, quando o sheik responde à imprensa, pois, segundo afirmam alguns muçulmanos, "eles têm mais conhecimento!"

Há, sem dúvida, muita desinformação quando o assunto é a religião islâmica e seus seguidores, reforçando, portanto, o "papel" assumido pelos líderes que falam o português e passam a se comunicar quase que diariamente com a imprensa, escrita ou falada.

***

Para muitos muçulmanos, principalmente os reversos, a responsabilidade sobre seus atos não depende de uma obediência a esse ou aquele sheik, mas sim da relação de cada um com Deus. Não aceitar a "autoridade" dos sheiks também é comum entre os revertidos, ao contrário dos árabes que, segundo Sheik Jihad, crescem sabendo da importância do sheik para a comunidade, como aquele que conhece a religião. Em entrevista para o vídeo *Vozes do Islã*, o Sheik Jihad afirma a existência de hierarquia, mas observa que é preciso estudo para reconhecê-la. Ressalta que a comunidade de origem árabe reconhece o papel do sheik desde o berço. Seu argumento é de que é necessário um sheik, pois este realiza determinadas atividades

9 Aqui me refiro as charges feitas por cartunistas do jornal *Jyllands-Posten* que causou polêmica nas comunidades muçulmanos, sobre isto escrevi um artigo "A imagem do Profeta – proibir por quê?" (Ferreira, 2006).

10 Comentários esses dizendo que o profeta Muhammad era violento etc.

decorrentes de seu conhecimento, por exemplo: quem vai ensinar o Alcorão? Para isso é necessário conhecimento e estudo.

O SHEIK É O LIVRO

em 21 de julho de 2003, perguntei ao Sheik Jihad Hammadeh qual seria o significado da palavra *sheik*:

> Sheik em árabe significa idoso. As tribos árabes na era pré-islâmica colocavam como líder os mais velhos. Eles eram a cabeça da comunidade e os jovens o corpo. Ganhavam este título de liderança porque os mais velhos não eram colocados à margem da sociedade e sim ocupavam um espaço de destaque dentro da comunidade, justamente por serem mais velhos. Os homens que sustentavam o seu clã: como o Sheik do petróleo, eram também chamados de Sheik. Mas para o Islã, Sheik é todo aquele que estuda a religião, se aprofunda nos ensinamentos e isto pode começar desde muito cedo, do ginásio à faculdade. Hoje o Sheik é aquele que conhece mais a religião, pois estudou, tem conhecimento e pratica a religião... O Sheik é a fonte. Por quê? Porque na realidade ele é o livro. O que ele leu... ele leu todas as interpretações do profeta. Ele não passa o vazio. Ele passa o que leu (notas do caderno de campo).

Se "o sheik é o livro", como afirma Jihad, este pode ser um ponto de partida. As comunidades conhecem o lugar da palavra sagrada, por meio da relação do sheik com o livro e de uma outra série de relações: Deus e palavra; palavra e livro; livro e sheik; sheik e comunidade muçulmana. Faz-se necessário, portanto, perguntar: qual a relação do sheik com o Alcorão? Para os muçulmanos, o Alcorão é a própria palavra de Deus. Assim, qual a relação que o sheik estabelece com a comunidade?

O sheik é o "receptáculo"[11] e o transmissor da palavra de Deus. Ele é a pessoa indicada para essa transmissão, pois é o estudioso do Alcorão e da Suna. Como Sheik Jihad afirma: "ele é o livro". Não só pela particularidade de conhecer o texto alcorânico, mas porque o próprio texto apresenta o que Zumthor (2001, p. 35) chamou de "índice de oralidade". Este autor nos informa das intervenções da voz humana, das mutações pelas quais o texto passa devido às leituras que os indivíduos fazem dele. O livro surge aqui como um indício de voz. Voz criadora. O livro em estado de *performance*, pois, uma vez escrito, se transfigura, já que inserido em um espaço liminar, entre a voz e o escrito. Quem o recita, por exemplo, está em situação de *performance*; a leitura é *performance* diz Zumthor, em outro momento, da mesma forma que a recepção.

É possível destacar dois pontos em nossa reflexão. O primeiro diz respeito à fala nativa: "o sheik é o livro". O segundo, observa que o livro é também a voz, e portanto é performance, nos moldes propostos por Zumthor. A hipótese aventada é de que a autoridade do sheik, como alguém que revela, transmite, interpreta a Palavra, depende de sua relação com o livro. Ele é, de fato, a pessoa mais indicada para falar em nome da comunidade, pois o livro fala através dele. O livro é a Voz, mas o Sheik dá corpo a essa voz, que reverbera no ritual e no cotidiano, elementos simbólicos da constituição da "magia" da recitação: o Livro que tem Voz e que molda o Corpo.

Noutras palavras, afirmo que o Alcorão produz um sentido, um sentido no corpo. Se, como bem observou Constance Classen

---

11 Pois no processo de comunicação, emissor e receptor trocam de papéis, para que se efetive o significado e a própria comunicação: que é conhecimento ou informação compartilhados. Se o sheik é o livro, ele é, como o livro, um receptáculo da palavra divina. Não há relação de comunicação; no começo era o Verbo. O verbo enquanto ação e não enquanto palavra que comunica. O verbo se faz no corpo pela intervenção do sheik, mas também pode se fazer no corpo do crente que "fala" diretamente com Deus. Muhammad (e qualquer sheik) como ser humano é apenas o instaurador do processo de comunicação, mas não "substitui" aquele emissor primordial. E, portanto, não poderia ter o poder terreno, como não teve Jesus.

(1993), os sentidos do mundo se formam pelo sentido do corpo, o Alcorão produz esse sentido vital para a construção desse corpo, e por que não dizer da elaboração da performance que perpassa o tecido social. O Alcorão é como a máscara, objeto transicional, que provoca ruídos, que modifica o corpo e os sentidos.

Assim, vale observar o *performer* religioso, pois, antes de ser o transmissor, ele também foi o "receptáculo" da palavra religiosa, se pensarmos, por exemplo, no tempo que Sheik Jihad ficou na Arábia Saudita: onze anos de estudo e de formação. No entanto, ele me revela que aprendeu mais nas aulas da mesquita do que nas aulas da escola, em que o currículo era definido. Segundo ele, as aulas na mesquita eram uma escolha e não uma obrigação. Era na mesquita que ele entendia o que é ser muçulmano. Cabe ressaltar que, em situação de performance, ele está sempre experimentando algo. As *performances* são interessantes quando revelam estruturas sociais (Turner, 1974), pois são, de fato, uma experiência comunicável.

O carisma, a linguagem, o temperamento, a oratória...

Em 13 de maio 2004, retomo o assunto a respeito do papel do sheik, dos significados de ser sheik, com Sheik Jihad, agora por e-mail. Enviei a ele algumas perguntas e transcrevo a seguir suas respostas. A intenção das perguntas era avançar na definição da palavra *sheik* e na sua concepção de que "o sheik é o livro".

> Franci: Como se dá a formação de um Sheik?
> Sheik Jihad: A formação de Sheik se dá através de um estudo muito aprofundado do Alcorão, da Sunna e de todos os assuntos pertinentes à Sharia[12], para isso, há uma faculdade especializada na formação de Sheiks, chamada de Faculda-

12 O corpo das leis islâmicas sagradas que provêm do Alcorão (Corão), da suna e dos *hadiths*.

de de Jurisprudência Islâmica, o mínimo que a pessoa deve cursar são quatro anos.

Franci: Como deve ser o Sheik em sua comunidade?

Sheik Jihad: O Sheik é uma pessoa como as demais do grupo, pode casar-se, ter um comércio, ter uma profissão qualquer se quiser, se auto-sustentar e não depender de ninguém, porém deve ser exemplo em tudo, pois ele é o orientador, deve ensinar com suas palavras, atitudes e comportamentos, inclusive nos momentos de lazer, deve se vigiar em todos os momentos, ele deve ser a pessoa que mais aprende.

Como afirma Turner (1974, p. 126), "o chefe precisa exercer o autocontrole nos ritos para ser capaz de autodomínio depois, diante das tentações do poder". O sheik deve se vigiar, porque de fato ele é o exemplo a ser seguido. Ele deve estar pronto para experiências novas, aprender cada vez mais e conhecer para transmitir. O fato de ser exemplo, de estar "representando" o tempo todo, o deixa sempre em uma situação liminar, pois se exige, se espera de um sheik um determinado comportamento, cobrança que não recai da mesma forma nos outros muçulmanos. O sheik sabe, conhece, portanto, deve representar, deve ser exemplo.

Franci: Qual a relação do Sheik com o Alcorão e com a Sunna?

Sheik Jihad: Ele é o líder espiritual e político da Comunidade, já que a sua análise dos fatos e orientações deve ser baseada naquilo que ele estudou do Alcorão e da Sunna.

Com relação à adoração, ele é igual aos demais, pois os deveres religiosos são os mesmos para todos. O Sheik acaba tendo mais proveito da adoração pela clareza que ele tem através do conhecimento adquirido, o que deixa as questões mais fáceis para ele e a sua relação com o Alcorão e a Sunna é mais próxima do que os demais, não pela quantidade de leitura, mas pelo aproveitamento de cada leitura.

Para se tornar um líder da comunidade, não basta que

ele tenha só a formação, é necessário que ele seja aceito pela comunidade como tal e que tenha qualidades que um Sheik deve ter.

Observando este depoimento, destacamos, no primeiro parágrafo, a (auto)denominação do sheik como um "líder espiritual e político da comunidade", liderança que se justificativa pelo estudo do Alcorão e da Sunna, dos quais ele retira a sabedoria para interpretar fatos e dar orientações. Seu saber e seu conhecimento são importantes para que ele seja aceito pela comunidade como um líder, no entanto isto não é o bastante, é preciso que a comunidade o reconheça como tal. De acordo com Sheik Jihad, os sheiks têm mais aproveitamento da leitura, têm mais clareza, por conta do conhecimento adquirido. Assim, são mais capazes de orientar com base no Alcorão e na Sunna. Aqui podemos entender que ele está se referindo ao tempo de estudo em uma escola islâmica e ao aproveitamento desse tempo com leituras constantes sobre os temas islâmicos. A fala confirma o que foi afirmado anteriormente sobre a autoridade religiosa, mas observa que o exercício da liderança está condicionado à aceitação da comunidade.

Nesse sentido, sua maior proximidade (intimidade) dos textos sagrados do que os demais lhe confere certa distinção pelo "proveito da adoração", que ele identifica ao maior "aproveitamento da leitura". Aquilo que diferencia o sheik está também no fato dele possuir um maior grau de conhecimento em relação aos demais (com diversos níveis de conhecimento, como no depoimento a seguir), e, portanto, constitui uma hierarquia. Porém, existem ainda outros dados a serem investigados quanto às qualidades e diferenças próprias de um sheik: se conhecer mais profundamente a palavra o qualifica entre os muçulmanos, como se dá a sua performance junto a não muçulmanos?

> Franci: Há diferença entre falar para muçulmanos e para não muçulmanos?
> Sheik Jihad: Na realidade, a fala para os muçulmanos e para os não-muçulmanos é diferente, já que o muçulmano

> já está dentro do "grupo", ele já crê, então faltam-lhe somente orientações e conhecimento da religião, e cada um tem um nível diferente de conhecimento religioso. Agora, o não-muçulmano não está no "grupo", então o discurso é de apresentação de questões básicas, de conscientização, de mudanças de conceitos e anulação de pré-conceitos, já que é algo estranho para ele, na maioria das vezes, pois, o pouco contato com a religião é através da mídia, que muitas vezes desinforma.

Há em seu depoimento um sentido de pertencimento a um grupo. O estar dentro do grupo marca esse pertencimento. Para muçulmanos, sua fala não busca convencê-los sobre a religião, mas sim orientá-los sobre o modo correto de ser muçulmano[13]. No entanto, com os não muçulmanos, a preocupação é diminuir ou acabar com o preconceito existente em relação ao grupo.

De qualquer forma, percebo que nos dois "grupos" ele utiliza elementos que os diferenciam, mas que, de certa forma, também o diferenciam no âmbito muçulmano (o maior conhecimento) e, portanto, há relação direta com o próprio sheik, como aquele que transmite a palavra:

> Franci: O que difere um Sheik do outro?
> Sheik Jihad: Os Sheiks podem diferir uns dos outros não só pelo seu conhecimento, mas também pelo seu carisma, linguagem, temperamento, oratória, conhecimentos gerais, identidade com um certo tipo de pessoas, já que cada pessoa tem um dom diferente da outra e por isso, cada pessoa pode se identificar mais com um do que com outro Sheik.

Temos três aspectos importantes para análise: em primeiro lugar, a questão do carisma, em segundo, a da linguagem (oralidade) e,

13 De acordo com a palestra do sheik, seria seguir os pilares da fé e da prática religiosa.

por fim, a *performance*. Temos a clássica definição de Max Weber[14], que analisa a natureza e os efeitos do carisma, afirmando que o portador do mesmo assume as tarefas que considera adequadas, e exige obediência e adesão em virtude de sua missão. Afirma, ainda, que "os portadores do carisma, tanto o senhor quanto os discípulos e sequazes, para cumprirem sua missão, têm que se encontrar fora dos vínculos deste mundo, das profissões comuns e dos deveres familiares cotidianos" (Weber, 1999, p. 325) .

A noção weberiana nos ajuda a entender o papel exercido pelo Sheik[15], pois considera possível compreender a conduta humana, mesmo que os atores nem sempre conheçam os motivos de sua própria ação. Weber busca, portanto, compreender e explicar os valores aos quais os homens aderem (*apud* Aron, 1987, p. 469-470). Geertz, analisando Weber, escreve:

> [...] o conceito de carisma não é explícito com relação ao referente: o que denota, afinal? Um fenômeno cultural ou um fenômeno psicológico? Como o carisma ora é definido como "uma certa qualidade" que destaca um indivíduo, colocando-o em uma relação privilegiada com as origens do ser, e ora considerado um poder hipnótico que "certas personalidades" parecem possuir e que lhes torna capazes de provocar paixões e dominar mentes, não é possível saber ao certo se ele é um status, um estímulo ou uma fusão ambígua dos dois (Geertz, 1999, p. 182).

Interessante o contraponto apresentado por Geertz, porque é de fato difícil caracterizar o carisma de alguém. No caso do sheik,

---

14 Weber enuncia três tipos de dominação: racional, tradicional e carismática. A carismática é a que interessa neste trabalho. Trata-se de uma dominação baseada no devotamento fora do cotidiano, o que se justifica pelo caráter sagrado ou pela força heroica de uma pessoa e da ordem revelada ou criada por ela (1999, p. 324).

15 Desde a discussão sobre a própria sucessão do profeta Muhammad (Abu Bakr ou Ali) até os diversos papéis assumidos pelos sheiks.

percebo que seu carisma se expressa por conhecer bem a língua portuguesa, e por se comunicar de modo claro com a plateia, sendo alguém que desempenha bem o ato da comunicação e portanto elabora uma *performance* que comunica, que é eficaz. Por isso, o destaque à linguagem (língua e oralidade) propriamente dita, pois é ela que vai tornar inteligível a comunicação entre o *performer* (sheik) e a audiência (muçulmanos ou não muçulmanos). Conhecer profundamente o Alcorão e a Sunna é o primeiro passo. No entanto, em se tratando de uma comunidade brasileira, é necessário que este sheik domine também a língua portuguesa, pois não falar a mesma língua dos fiéis pode inviabilizar a comunicação. A sua oratória, o seu modo claro de passar informações está em jogo no momento da *performance*, assim como a expressão carismática.

Chegamos, por fim, à *performance*. No sheik, a performance estimula uma capacidade mimética nos fiéis, que buscam copiá-lo, tal qual formulou Geertz, quando observa que o simbolismo era exemplar e mimético: o rei exibia, e os súditos copiavam. Parafraseando Geertz, podemos dizer: o sheik exibe e os fiéis copiam.

Neste sentido, o ato de mostrar e de copiar nos leva também à ideia de *comportamento restaurado*, proposta por Richard Schechner (2003, p. 50). Trata-se de "ações físicas ou verbais que são preparadas, ensaiadas ou que não estão sendo exercidas pela primeira vez". Para o autor, basta definir *comportamento restaurado* como sendo marcado, emoldurado ou acentuado. O sheik apresenta aquilo que deve ser imitado e copiado, e, mais do que isso, ele tem seu *comportamento restaurado* a cada palestra, a cada entrevista.

A partir do momento que inicia seus estudos, seu comportamento vai sendo restaurado, no sentido de ser emoldurado e acentuado constantemente, e é isso que passa a dar sentido à vida desta pessoa.

> Franci: Quando você decidiu ser Sheik?
> Sheik Jihad: Na realidade, no início dos meus estudos não desejei ser Sheik, fui estudar a religião e me aprofundar nos conhecimentos da Sharia para mim mesmo, tinha muitas dúvidas, muitas questões e que ninguém conseguia me ex-

> plicar pela distância que havia por conta da falta do idioma português aos Sheiks da época. Quando voltei pela primeira vez, vi a necessidade de atuar como Sheik e que não poderia me manter distante sem ajudar os demais, então passou a ser uma obrigação participar, uniu-se então, a necessidade e a satisfação (13 de maio de 2004).

Perguntado ainda sobre a importância de ser sheik no Brasil, onde esta religião não tem uma expressão significativa quando comparada às demais religiões (católica, judaica, protestante etc.), ele responde:

> Ser um Sheik de uma comunidade no Brasil é muito gratificante, porque implica ajudar o próximo e a sociedade a crescerem, a se libertarem da desinformação religiosa por conta da distância dos países islâmicos, corrigindo erros que eram cometidos, dúvidas que não se podiam ser resolvidas por falta de *Sheiks que falassem o português.* Quanto aos desafios, são muitos e de todos os níveis, coletivos e individuais, externos e internos, isso quando se é um Sheik fixo de uma mesquita, o que dizer quando representa uma comunidade no país todo?

O sheik passa a ser, portanto, uma referência: aquele que transmite e interpreta a palavra. Ele é o livro, porque é o livro que revela a Palavra de Deus, que é a própria palavra. Palavra esta que organiza o universo islâmico, que restaura o comportamento, *performando-o*, seja no ritual ou no cotidiano. A *performance* está na própria palavra e é esta *performance* que transforma quem a transmite e quem a recebe. Este movimento nos introduz à ideia do sheik como um agente articulado, aquele que ouve e aquele que fala. Aquele que se espelhou no modelo do Profeta e que, agora, torna-se *espelho, vitrine e vidraça.*

Performance oral

A seguir faço uma aproximação entre os seis *pontos de contato* entre antropologia e teatro, caracterizados por Richard Schechner (1985), e, apresento uma *performance* oral de Sheik Jihad, realizada em abril de 2003, por ocasião da guerra entre os EUA e o Iraque, intitulada "Um Olhar Muçulmano sobre a Guerra". Esta palestra foi ministrada para estudantes e professores não muçulmanos, de uma universidade privada, em São Paulo. Porém, antes de descrever a *performance* oral, é preciso esclarecer os motivos desta escolha, ou seja, pensar a *performance* do sheik pela via dos *pontos de contato* propostos por Richard Schechner, bem como sua aproximação de ritual e teatro.

Os seis pontos de contato entre antropologia e teatro, apresentados pelo autor, nos ajuda teórica e metodologicamente a enfrentar questões relacionadas à *performance*. São eles: 1. atenção ao *performer*: o que acontece com a consciência deste, antes e depois da performance (não, não-eu); 2. intensidade da performance, atenção aos momentos "energizantes"; 3. interação entre *performer* e espectadores (cabe notar que Schechner esclarece que há diferentes *performers* e diferentes espectadores); 4. sequência total da performance (treinamento, *workshops*/oficinas); ensaios, aquecimento, performance propriamente dita, esfriamento e desdobramento (essas fases, segundo o autor, podem mudar de um evento performático a outro); 5. transmissão do conhecimento, em que insiste nas questões da oralidade para a aprendizagem e 6. avaliação da performance.

Cabe notar que, para Schechner, uma *performance* define-se como "eficaz", quando repercute de alguma forma na sociedade, de modo a solucionar conflitos, redefinir posições etc., isto é, provoca algum tipo de mudança. Neste sentido, "ritos de passagem", "dramas sociais" podem ser interpretados como *performances* de "eficácia", porque efetivam transformações. Por outro lado, existem outros tipos de *performance*, aquelas de "entretenimento", como os espetáculos teatrais, shows etc. Schechner enfatiza que nenhuma *performance* é só de eficácia ou só de entretenimento.

Assim, pode-se dizer que o "ritual" pode ser visto como "teatro" e vice-versa, porque, segundo Schechner (1985, p. 130-133), essas duas categorias representam eventos da mesma natureza: são *performances* (Silva, 2005, p. 49).

A partir desta reflexão, Schechner vai além, ao definir *transportation e transformation. Transportation* caracteriza qualquer tipo de evento performático, como sendo de "eficácia ou de entretenimento". Isto significa que participar de uma *performance* é ser levado para um espaço adequado, envolvendo um deslocar-se e, em outras palavras, tornar-se um *outro.* Porém, se tais particularidades são peculiares ao *performer*, a audiência também é "transportada", já que ela também é levada a assumir outros papéis. Para Schechner, *transformation* é uma experiência temporária que, às vezes, torna-se *status* permanente, por exemplo, a situação de *liminaridade* do *performer* pode levar ao processo de *transformation*, como é o caso do sheik.

Na palestra ministrada pelo sheik, é possível observar os momentos de deslocamento (*transportation*) e de transformação dos atores em cena: sheik e audiência. Pode haver *um deslocamento do lugar olhado das coisas...* Quer dizer, pode suscitar *transformation* (na medida em que o ator vira "outro" de um modo duradouro) ou *transportation* (vira "outro" de forma momentânea). Ritos de passagem, por exemplo, tendem a propiciar experiências de *transformation*. Eventos liminóides, tais como cinema, teatro etc., tendem a suscitar momentos de *transportation*. Acho que a discussão tem suas complexidades. Por exemplo, eventos liminóides também podem ser mais subversivos (de acordo com Turner). Quer dizer, embora tendam a suscitar *transportation,* tais eventos podem provocar às vezes, transformações mais profundas no tecido social.

A pergunta que fica é: a audiência da palestra será deslocada ou transformada? Tendo em vista o carisma e a oratória do sheik em pauta, vamos responder a esta questão, ao descrevermos a palestra. Todos os conceitos, aqui expressos, rapidamente ganham sentido na análise, que se segue, da palestra.

***

Sheik Jihad optou por falar da religião para depois entrar no assunto propriamente dito – a guerra entre o eua e o Iraque, que chamou a atenção do mundo em 2003, e ainda continua em destaque, por conta de seus desdobramentos. Os alunos presentes (estudantes de psicologia, pedagogia, negócios exteriores etc.) ouviram atentamente o modo descontraído do palestrante que, o tempo todo, fazia referência ao fato de os muçulmanos serem considerados pela mídia como terroristas.

Costumo brincar com Sheik Jihad, dizendo que ele é como o Padre Marcelo Rossi (Renovação Carismática)[16], que, por seu estilo *pop*, passou a ser divulgado pela imprensa escrita e televisiva, lotando suas missas nos finais de semana. O sucesso deste líder, escreve Fernandes (2003, p. 87), parece estar associado à sua capacidade de adaptação às novas tecnologias e ao seu vínculo com a Renovação Carismática Católica. O estilo *pop* de Sheik Jihad deve-se ao fato dele também ser um comunicador carismático, que se expressa, sempre com muita clareza, diante de qualquer plateia, muçulmana ou não muçulmana.

Em toda palestra, o sheik, como qualquer outro religioso islâmico, inicia sua fala da seguinte forma:

> Em nome de Deus, o Clemente e o Misericordioso. Louvado seja Deus criador do universo[17]. Que a Paz e a benção de Deus estejam sobre todos os seus mensageiros e profetas, entre eles: Abraão, Moisés, Jesus e por último o profeta

---

16 O movimento de Renovação Carismática chega ao Brasil em 1968, através de um padre jesuíta, em Campinas. De origem norte-americana, desenvolveu-se a partir de um retiro espiritual, realizado em Duquesne, e que reuniu estudantes católicos e protestantes (Fernandes, 2003, p. 89).

17 Questionado sobre o motivo de pronunciar "Em nome de Deus...", antes de falar em público, Sheik Jihad respondeu: "O muçulmano lembra o nome de Deus antes de qualquer ação, já que é uma forma daquilo que ele está praticando ser abençoado por Deus, [pois] o Profeta Muhammad (que a paz de Deus esteja com ele) disse: "Tudo que não se inicia com a lembrança de Deus é incompleto".

Muhammad e todos os seus familiares, companheiros e seguidores até o dia do juízo final. Amém.

Aquele que fala, mesmo que temporariamente, é transportado. Este *deslocamento da consciência (transportation)* consiste em pensar as estruturas como transformação, o que pode ser visto na fala do sheik. Sua ênfase é oral, pois recita o que está escrito no Alcorão. Porém, neste momento, o sheik é o outro, pois transmite a essência de sua religião. Ele é o livro. Os dois conceitos apontados por Schechner indicam, primeiro, a *transformação da consciência*, ou seja, pensar as estruturas como transformações. Para se fazer entender e para entender o outro, é preciso que haja essa transformação, mesmo que temporária, mas, a partir dessa experiência, nós nunca voltamos a ser os mesmos. O segundo ponto é a *intensidade da performance*. Com base em sua experiência, como ator e diretor de teatro, Schechner discute o modo como a experiência da *performance* se aprofunda, ficando mais intensa. Trata-se do momento em que é possível dizer "algo aconteceu!", isto é, se comunicou. Os não muçulmanos, durante a palestra, vão ficando com o olhar perplexo diante do palestrante. Para eles, a fala apresenta uma *intensidade* que os faz acolher, mesmo que temporariamente, aquelas palavras como verdadeiras.

> Sheik Jihad: Antigamente eram os comunistas, agora os muçulmanos são a bola da vez [...], mas é importante, antes de falar da atualidade, conhecer um pouco da religião islâmica, para a gente poder comparar, ter uma base.
> Sheik: *Assalamu Aleikum*[18].
> Público: *Aleikum me Salam*
> Sheik: *Todo mundo assistiu à novela*[19].
> No que de fato o muçulmano acredita: o ser humano é constituído de alma e matéria. Não adianta falar que é mu-

18 Que a Paz de Deus esteja com você.

19 Referindo-se a telenovela *O Clone*.

çulmano se a pessoa não pratica, se a pessoa faz demais é extremista e se faz de menos também.

Vamos partir para o lado teórico, a religião muçulmana tem um lado prático, mas antes de praticar precisa conhecer. Fé – essa crença se divide em 6 pilares: se as pessoas acreditarem nesses seis pilares ela já tem uma religião: a islâmica, mas precisa da prática.

1. O muçulmano deve crer: crer em Deus único – crer que Deus é o nosso criador. Se Deus é criador. Todas as criaturas foram criadas por ele. Somente ele merece a nossa adoração. Isso significa crer em Deus único.

2. Crer nos anjos, o que significa que Satanás foi criado da labareda do fogo. Deus nos deu o livre arbítrio. Crer que Adão foi criado do barro, e fizeram uso do seu livre arbítrio. Adão que comeu e deu para Eva comer e não ela que tentou Adão. Satanás não pediu perdão a Deus.

3. Crer em todos os livros enviados por Deus; cinco livros sagrados. A religião de Deus é uma só, mas ela passou por etapas: judaísmo, cristianismo...Para cada etapa veio um livro sagrado. Nós temos cinco livros sagrados: 1. as Escrituras (duas partes), uma parte veio para Abraão e outra para Moisés; 2. Torá (Moisés); 3. os Salmos (Davi); 4. Evangelho (Jesus) e 5. Alcorão (Muhammad). São leis diferentes para mesma constituição. Uma revogou a outra, a mais atual deve ser seguida, pois esta revoga as anteriores...

4. Crer em todos os profetas enviados por Deus – desde Adão até o profeta Muhammad, para nos ensinar a religião e explicar na prática a legislação. Houve cento e vinte e quatro mil profetas. *(Antes de falar o número de profetas, fez com que os alunos participassem, chutassem quantos são profetas...).*

Sheik: Entre eles Moisés, Jesus e profeta Muhammad... Os judeus ainda esperam um messias, os cristãos, aqueles que dizem que Jesus é o filho... é o próprio Deus. Os muçulmanos acreditam que Jesus nasceu de forma milagrosa, de mãe

sem pai, foi concebido da virgem Maria. Nós não reconhecemos que Jesus seja Deus ou filho de Deus, mas reconhecemos que ele seja profeta [...].
Sheik: *Estou dando sono?*
Público: *Não!*
Sheik: *Estou com medo de o pessoal dormir. Mas se eu estiver é só alguém roncar alto, aí eu mudo de assunto.*

(A AUDIÊNCIA RI).

Sheik: Não era filho de Deus... Deus o arrebatou de corpo e alma em vida ao céu. E colocou sua fisionomia no traidor. Jesus foi salvo vivo e voltará para combater o falso Messias, vai reinar com justiça. O profeta Muhammad [...] "Maomé Deus dos muçulmanos" [é desta forma que muitos se referem ao profeta segundo Sheik Jihad] Primeiro Maomé não existe na história islâmica é uma grande ofensa para os muçulmanos. Por exemplo: *meu nome é Jihad, já me chamaram de gillete, de jarrete, chiclete* (o público ri). *Aqui no Brasil, meu nome é Geraldo, se passar* o ano todo me chamando de Geraldo eu posso até atender. Podemos traduzir o significado do nome, mas não o nome próprio...
Nós, na religião islâmica, não temos Maomé e não temos maometanos. Nós temos muçulmanos que significa submisso total e voluntariamente a Deus único...Muçulmano e islâmico são a mesma coisa [...] muçulmano é o submisso a Deus, islâmico é o que segue o Islã e significa submissão total e voluntária a Deus único. Islã vem da palavra árabe *Salam* que significa paz.

Para Schechner, outro ponto de contato é a *Interação entre o público e o performer*, pois diferentes públicos mudam o sentido da *performance*. A *performance* é vista como um tipo de banquete da qual todos participam, sendo específico de ritos indianos. Não há *performance* sem o outro, sem o receptor da *performance*. Durante a palestra, é possível destacar o sheik em pleno diálogo com seu público. Ele fala em árabe, e o público responde. Ele brinca, e o público ri, atitudes que favorecem a interação (notem os grifos).

Vale retomar a ideia de *eficácia simbólica*, desenvolvida por Lévi-Strauss. Referindo-se ao objeto do canto que ajuda mulheres indígenas, da América Central e do Sul, a enfrentarem um parto difícil, o autor observa que a cura "consistiria em tornar pensável uma situação dada inicialmente em termos afetivos, e aceitáveis para o espírito: as dores que o corpo se recusa a tolerar" (Lévi-Strauss, 1976, p. 228). Neste sentido, Lévi-Strauss afirma que o doente acredita nesta eficácia, porque os espíritos fazem parte de uma cosmologia, da qual a paciente também faz parte. Daí considerarmos a fala do sheik como sendo um meio de transmitir ou atingir uma determinada eficácia. Alguma coisa se comunicou, e muito dessa comunicação pode ser percebida por meio da eficácia simbólica, determinada pela fala que faz sentido para uma determinada pessoa, ou seja, de uma fala da qual ela compartilha.

> Sheik Jihad: [...] 5. Crer no dia do Juiz Final; 6. Crer no destino: Maktub. O destino se divide em duas partes, a primeira parte é aquela que você não tem controle sobre ela, por exemplo: (barulho no auditório) Opa! É um atentado terrorista diz o Sheik, (o público ri) – para vocês verem que não é só o muçulmano... onde é que estou? Ah, sim!).
> A segunda parte: nós escrevemos o nosso destino. Eu faço uso do meu livre arbítrio, por exemplo, se eu ofendê-lo... nós temos livre arbítrio em uma parte e em outra não.
> Se a pessoa crer nesses seis pilares, ela passa a ser muçulmano de carteirinha, mas falta a prática.

O sheik argumenta que quando pergunta a uma pessoa qual a sua religião – ela dirá: sou católico, não praticante; eu sou judeu, não praticante; sou ateu, não praticante. (todos riem)

> Sheik: *É a mesma coisa de dizer: eu sou honesto não pratican-*

> *te* (o público ri). Eu sou aluno de psicologia, mas nunca assisti a nenhuma aula (no público havia vários alunos de psicologia)...
> Para ser muçulmano tem que crer nos seis pontos e praticar cinco. Sobre a prática, temos:
> 1. verbalizar em Deus único e no profeta Muhammad e nos demais profetas.
> 2. Praticar a oração cinco vezes ao dia. *A professora já testemunhou várias vezes (disse, se referindo a mim, que estava na audiência)*

Interessante como o próprio observado passa a ser observador. Ele sabe que eu o observo, presto atenção em suas atitudes, no seu dia a dia. Neste momento eu também posso testemunhar os seus atos. Como havia mencionado neste texto, atuamos (no sentido teatral) com os nossos sujeitos, em campo e fora dele.

> Quando você vê um cristão rezando é porque ele é religioso; se veem um muçulmano rezando ele está pronto para explodir... Falta conhecimento... Você não conhece o outro, então você trata o outro como inimigo.
> 3. Pagar um tributo, Zakat, imposto que Deus estabeleceu em dinheiro a ser dado a um pobre. Tiram o lucro líquido para quem ganha acima de U$ 1000 dólares e dão 2,5% do rendimento anual.
> 4. Jejum do mês do Ramadã. A pessoa deve ficar sem beber, sem comer e sem manter relações sexuais durante um mês. Muito? Então vamos negociar? O jejum é feito do nascer ao por do sol.
> 5. Hajj, peregrinação à Meca, só para quem tem condições físicas e financeiras. Deve-se fazer pelo menos uma vez na vida (Sheik Jihad, 16/4/2003)[20].

20 As perguntas feitas pelo público versaram sobre os escritos que foram destruí-

Avaliação da performance: as *performances* dialogam entre si. Aqui é importante perceber o papel do pesquisador como avaliador, intérprete. Podemos caracterizar a reação do público do ponto de vista proposto por Schechner, em seu artigo sobre as interações entre *performers* e espectadores. O que acontece antes, durante e depois da *performance*? O público participa, grita, é passivo? E os *performers*, como agem? Provocam ou não o público e por quê? Registrando aqui os cinco dos seis pontos de contato, nesta *performance* oral do sheik, fica claro o "encantamento" que ele provoca na audiência, mesmo que não seja exclusivamente de muçulmanos. Foi o que percebi em conversas com as pessoas que assistiram à palestra. As perguntas direcionadas a ele indicavam isso. Todos aqueles, com quem conversei, fizeram referência à clareza com que o sheik respondia às perguntas, e até mesmo às possíveis críticas, passando assim "uma boa impressão", como me disse uma das estudantes presentes.

Paul Zumthor (2000, p. 59) afirma que a *performance* é um momento de recepção, pois o enunciado é recebido. Para este autor, são dois os momentos de recepção: *performance* e *leitura*. A recepção não é passiva, no sentido de apenas receber a informação. Ele considera que o receptor é transformado, comunicar-se é transformar-se.

Com relação aos comentários que colhi após a palestra do sheik – e nos dias seguintes –, pode-se afirmar que eles estiveram bem próximos do sentido de transformação apontado por Zumthor, mesmo em se tratando de uma audiência de não muçulmanos. O mais interessante é que os próprios ouvintes apontavam o carisma do sheik como algo que realmente lhes chamou a atenção. "Ele fala com uma clareza! É carismático, chega a convencer" – afirmou uma aluna do primeiro semestre de Psicologia.

---

dos em Bagdá; sobre o papel do Bush na Guerra; como os muçulmanos viam a Psicologia; sobre o papel da mulher no grupo; se os iraquianos se tornariam agora americanos, por conta da presença americana no país deles. Como é possível notar, boa parte das perguntas estão atreladas às matérias que circulam na grande imprensa, provando dessa maneira a força que essa mídia tem sobre a sociedade em geral.

Para os ouvintes, o contato com o sheik foi uma boa experiência. Nesse sentido, percebe-se o elemento transformador do sheik (o carisma, a linguagem etc.). Ele é o livro, e o livro é aquilo que transforma o muçulmano (o transmissor e o receptor). No momento de sua fala, o sheik é apenas o agente transformador, nas boas palavras de Lévi-Strauss (1986), o "abreator", aquele que encanta, quando se comunica. E esta comunicação somente se estabelece porque quem fala acredita no que está falando e, de certa forma, encanta o receptor da palavra, que se sente de algum modo transformado, passando a ter uma outra visão sobre os muçulmanos ou sobre a sua religião (no caso de serem muçulmanos).

A transformação e a transportação apontadas aqui não significam que as alunas se reverteram, mas que foram tocadas pela palestra a ponto de se interessarem pelo tema exposto. No entanto, em relação ao conceito nativo de *reversão* (cf. Ferreira, 2009b) e aos mesmos conceitos, é possível dizer, que houve transformação, mudança de comportamento do fiel e deslocamento da consciência. A reversão, pelo que pude constatar em campo, trata-se de uma experiência mais profunda que marca o "retorno" a Deus e a religiosidade apartada anteriormente.

O SHEIK É UM LIVRO EM ABERTO: ESPELHO, VITRINE E VIDRAÇA...

Apresentei alguns dados que elucidam a *performance* oral como uma das *performances* que podemos estabelecer em contexto islâmico. O sheik talvez seja o maior *performer*, no sentido de ser um comunicador em especial, pois ele estabelece a relação da comunidade com o livro (Alcorão). O livro, em especial, é o elemento catalisador e disseminador de tudo. Sem o Alcorão não há voz, não há recitação, não há corpo. O livro foi recitado, lido, versado pelo Profeta, e passou a ser escrito por outros. Daí foi relido, recitado, teve e tem a intervenção da voz humana, mas não perde a característica da Voz de Deus. O Alcorão é a Voz de Deus.

A *performance* oral do sheik constrói, sobretudo, uma relação com o outro, seja com muçulmanos ou não muçulmanos. Esta *performance* está recoberta de outros elementos, apresentados no percurso da tese: a voz, o corpo, a narrativa etc. Como diz Turner (1986, p. 33-44)):

> Meu argumento é que a antropologia da experiência encontra certas recorrências nas formas de experiência social – entre elas, o drama social – fontes de forma estética, incluindo o drama de palco. Mas o ritual e seus produtores, notavelmente as artes de *performance*, derivam da subjetividade, do coração liminar, reflexivo e exploratório do drama social, onde a estrutura de experiência do grupo (*Erlebnis*) é reduplicada, desmembrada, re-membrada, remodelada e taciturnamente ou verbalmente feita de significados – mesmo quando, como é o caso em culturas decadentes, "o significado não tenha significado".

A experiência da recitação traz a cada vez um novo deslocamento e uma nova transformação, não só desse *performer,* mas também de quem o assiste, seja muçulmano ou não muçulmano (Schechner, 1988, p. 142). Os conceitos apontam para qualquer experiência performática, sendo, para o ouvinte, "eficácia" ou "entretenimento". Neste sentido, os alunos não muçulmanos que assistiram à palestra foram temporariamente transportados para o "mundo simbólico" do sheik. No momento da representação, o sheik torna-se "outro", sem deixar de ser ele mesmo, e seus ouvintes são também transportados, pois, na posição de audiência, são também levados a assumir outros papéis. Poderão se sentir mais "livres" para expressarem suas emoções: chorar, gargalhar, assoviar ou despertar para uma "consciência crítica" (Silva, 2005, p. 16). As *Transformações* referem-se aos desdobramentos de certos eventos performáticos. O que mudou no comportamento dessas pessoas depois da palestra? O que mudou no palestrante?

Cabe retomar o sheik, não só como espelho de uma comunidade, aquele que deve ser exemplo, que deve ser mimetizado pelos fiéis, mas também como vitrine e vidraça. Como vitrine, por estar em exposição constante, sendo aquele que ouve, mas também aquele que fala, porque detém o conhecimento das escrituras. É ele que conhece a língua árabe, sem a qual não é possível ser um muçulmano completo e pleno.

Porém, se o sheik é ao mesmo tempo *espelho*, por refletir um comportamento que deve ser seguido e mimetizado; e vitrine, por estar em exposição e ser visto por todos, é também vidraça, porque sobre ele recaem todos os problemas da comunidade, sejam internos ou externos.

No entanto, no momento em que os sheiks assumem esse lugar de destaque, tornam-se vidraças, passando a ser criticados – "ele não me representa"; "a religião é entre eu e Deus" –, ou até mesmo recebem comentários de muçulmanos que consideram que o sheik quer ocupar o lugar do Profeta, pois quer aparecer demais.

> Sheik Jihad: O sheik é uma responsabilidade. Elas [pessoas] acham que é um cargo...é reconhecido, é sim, mas esta é a parte menor. Mas a parte de ligarem as 2h, 3h da manhã. Não te deixam dormir... as pessoas trazem os problemas para você [...] e a gente atende da mesma forma, ...sabemos que não são todas as pessoas que tem o mesmo conhecimento. Precisa do Sheik. O Sheik é como o pai. Todos querem ser o chefe da família, mas o filho não quer ser mandado pelo pai. [...]. Mas na hora de assumir o papel. O pai precisa ser firme, ser racional... Sheik é um pai [...]. Ele tem que saber, ele tem que ter sabedoria.
> O que você acha?
> Franci: Eu?
> Sheik Jihad: Sim, me interessa a sua opinião.
> Franci: Eu sou neutra, apenas ouço.
> Sheik Jihad: O que você acha?
> Franci: Sei de casos de sheik que só da aula em árabe.

> Sheik Jihad: Presta atenção! se eu quero aprender eu procuro a pessoa...eu corro atrás de quem sabe o árabe. As pessoas vão atrás do conhecimento. No ocidente há um problema com autoridade. O respeito a autoridade. Este é o problema do ocidente...não se tem moderação, não tem...
> Não respeitamos pai, mãe ...

É nesse sentido que se formula a ideia de que o sheik, como líder, como *espelho, vitrine e vidraça,* é aquele que se expõe em momentos de crise, de risco. *O drama social islâmico*, aqui circunscrito, pode com certeza ser ampliado, pois as crises internas também participam desse universo. Porém aqui é importante frisar o olhar que vem de fora do grupo. Como pensar um líder sem pensá-lo como alguém que está sempre no limiar, que está sempre à margem, ao mesmo tempo que pode estar no centro? Sua posição é de destaque, mas, em certos momentos, situa-se num lugar comum, como qualquer fiel temente a Deus.

LUAS

CAPÍTULO 4

La Luna

Hay tanta soledad en ese oro.
La luna de las noches no es la luna
Que vio el primer Adán. Los largos siglos
De la vigilia humana la han colmado
De antiguo llanto. Mírala. Es tu espejo.

(Jorge Luis Borges)

Festas Islâmicas e suas Performances no Tempo e no Espaço[1]

> No Islã, Cristo (ou *Seyydina'Issa*, na transliteração do árabe) é considerado profeta e mensageiro. Mesmo assim, não há comemoração do Natal. "Existem dois feriados religiosos oficiais no Islã", diz Sheik Jihad Hassan, vice-presidente da Assembléia Mundial da Juventude Islâmica na América Latina. "A festa do desjejum, *Eid* el-Fitr, ao final do Ramadã (o mês do jejum), e, dois meses e dez dias depois, o *Eid Al-Adhha*, o encerramento da peregrinação a Meca. Tanto o jejum quanto a peregrinação possuem o sentido de purificação, ao final dos quais vem a recompensa espiritual, simbolizada por uma festa (Folha de São Paulo, 23 de dezembro de 2004, Caderno Mais).

Durante nove anos participei de duas festas importantes no contexto islâmico: a festa do término do Ramadã (*Eid*[2] *Al- Fitr)*, chamada também de festa do desjejum, e a festa do Sacrifício *(Eid Al-Adhha).* Foi, sobretudo, no contexto destas festas que aprendi e apreendi muito sobre o *etos* islâmico, porque é nas festas que aprendemos não só sobre os ritos, mas sobre os mitos; sobre as questões que envolvem o tempo e o espaço; a sociabilidade de um grupo, seus conflitos e rearranjos.

---

1 Partes deste capítulo foram publicadas respectivamente na revista Litteris n.1, e na Revista de Antropologia. v. 50, n. 2, 2007, p. 747-783. Cabe dizer também que este capítulo tem uma relação direta com os vídeos *Allahu Akbar* e *Sacrifício.* Para consulta aos vídeos *ver www.lisa.usp.br*

2 *Eid*, em árabe, significa festa ou tempo de felicidade (Ahmed, 2003, p. 58). No árabe, *Eid* é aquilo que retorna, feriado, e está demarcado no calendário.

Considero o período do jejum e o *hajj* como momentos liminares, pois há suspensão de papéis, uma interrupção do "teatro" para um metateatro (teatro do teatro). No período do jejum, restaura-se o mito da revelação do Alcorão e as novas descobertas se reintegram às experiências extracotidianas. Trata-se não só de um momento extraordinário do cotidiano, mas um momento cotidiano do extraordinário, onde o cotidiano ganha outros significados. O pesquisador retoma o mito apreendido em anos anteriores e ouve outras dimensões que são dadas ao mesmo evento.

Se pensarmos em termos de comportamento restaurado/recuperado (*restored behavior*), que Richard Schechner define como o processo de repetição, verificado no ritual, ao se reviver esteticamente o acontecimento histórico, mítico, social e teatral, podemos aplicá-lo ao processo que vimos descrevendo. Como no teatro, ao se repetir, na fase de ensaio, a unidade de ação selecionada nos laboratórios de criação, podemos considerar que, em se tratando da *religião islâmica*, esse comportamento é recuperado a cada ano, pelo calendário lunar, que marca o tempo previsto para essa repetição. Noutras palavras, em sendo simbólico e reflexivo, o "comportamento recuperado" é multivocalmente difusor de significações, ou seja, encerra o princípio de que o "eu" (*self*) pode atuar em/como um outro: "*... the social or transindividual self is a role or set of roles*" (Schechner, 1985, p. 36). Experiência esta que podemos observar, tanto nos depoimentos individuais quanto nos elementos simbólicos que aí incidem.

As festas restauram o comportamento islâmico, não apenas o efeito de estranhamento em relação à "máscara" muçulmana e o que significa ser muçulmano no Brasil, em São Paulo, em São Bernardo do Campo, mas também, no sentido de *mimesis* daquele que reexecuta o ato original. Advirto, portanto, que mesmo repetindo, nunca é igual e sim reflexivo, espelho mágico[3].

---

3 No espelho mágico de uma experiência liminar, a sociedade pode ver-se a si mesma, a partir de múltiplos ângulos, experimentando, num estado de subjuntividade, as formas alteradas do ser (Dawsey, 2006)

Se a questão central deste capítulo corresponde às *performances* elaboradas antes e durante as festas, vale considerar não só as teorias da *performance*, propostas por Turner (1982, 1987) e Schechner (1995), mas também uma reflexão sobre o tempo e o espaço, pois, como afirma Harvey (1989, p. 187), são categorias básicas da existência humana.

Cabe dizer que algumas questões sobre o espaço foram contempladas no capítulo 2, enquanto outras considerações sobre o tempo serão contempladas no capítulo 6, pois considerei melhor não reduzir tais categoriais a um único capítulo, pois esses conceitos são de grande relevância metodológica para os vários temas tratados neste livro.

TEMPO, CALENDÁRIO E FESTAS NO ISLÃ

No Islã, os horários das orações diárias obedecem ao calendário lunar [calendário tradicional][4], o que nos desloca dos meios concretos de viver a vida, nos obrigando a transcender até mesmo os marcadores da lida diária consolidada no calendário solar [calendário convencional].

Neste ponto, é necessária uma aproximação da *tipologia dos tempos sociais* de Gurvitch (*apud* Harvey, 1989, p. 205), que considera que cada *relação social* contém seu próprio *sentido de tempo*. No entanto, no Islã, o tempo está imbricado nas relações sociais, o que não quer dizer que o inverso também não aconteça. As relações estabelecidas no espaço temporal islâmico são diferentes para muçulmanos de nascimento e revertidos (brasileiros). Os primeiros, "naturais do islã", nascem em uma temporalidade pré-estabelecida, enquanto os revertidos "aprendem" as relações sociais[5] estabelecidas pela reli-

---

4 As festas religiosas no judaísmo também seguem o calendário lunar, como por exemplo, Pessach (páscoa), em que se comemora a libertação da escravidão do povo judeu no Egito, em 1300 a.C. e o Rosh Hashaná, que comemora o Ano-Novo judaico.

5 Não estou aqui afirmando que o "nascido muçulmano" nada tem a aprender sobre

gião, as quais engendram a temporalidade que passa a integrar o seu cotidiano. Parto da premissa de que as temporalidades de "nascidos e revertidos" se encontram, no tempo e no espaço, em movimentos diferentes. Ver tabela a seguir.

Muçulmanos de nascimento	Tempo – relação social	O tempo ordena as relações sociais
Revertidos	Relação social – tempo	As relações sociais passam a ser pautadas pelo tempo

O tempo é aprendido e apreendido pelo reverso, pertence à estrutura, mas é possível considerá-lo como *estrutura da conjuntura*, como pontuou Sahlins (1999, p. 15). Neste caso, o contexto histórico específico é o Brasil. Assim, para poder se considerar islâmico, o brasileiro revertido deve aprender e apreender o tempo. Vivenciar o tempo islâmico é fundamental para ser considerado muçulmano, pois é a prática que determina o fiel, e esta prática está nas regras estabelecidas tanto pela estrutura quanto pela estrutura da conjuntura. Outras questões estão implicadas nesta forma de aprender e apreender o tempo. Trata-se de uma *ordem diferente de realidade* possível de observar no contexto islâmico. Deve haver uma relação do tempo com o espaço islâmico? Há relação entre calendário e prática religiosa? Quais são as relações estabelecidas entre tempo, espaço e *performance*? Será possível constatar um tempo cíclico lunar pelo qual a lua rege o tempo do fazer e o tempo do ser? E mais:

---

o Islã etc., mas sim, que o aprendizado do revertido deve ser mais intensificado, pois se trata de alguém que antes de chegar ao Islã, deve ter frequentado outras religiões, como bem apresenta Marques (2000) e Ramos (2003) sobre os revertidos em São Paulo e São Bernardo do Campo.

a temporalidade é aprendida e isso se verifica nas próprias festas, na oração e no cotidiano islâmico, que devem ser aprendidos por aquele que se reverte, e realizados por quem se diz muçulmano.

Passo agora ao calendário islâmico para melhor ilustrar o tempo em relação à prática religiosa e vice-versa. Em seguida, enveredo pela Festa do Sacrifício.

CALENDÁRIO ISLÂMICO

O calendário muçulmano pode regular os modos de ser ou não muçulmano. Por exemplo, o Alcorão determina que os fiéis iniciem o jejum do Ramadã, somente após observarem, a olho nu, a lua nova que marca o dia 1º desse mês. Essa observação, porém, deve ser feita por duas pessoas consideradas idôneas, e que comunicam esse fato às autoridades islâmicas. O mês muçulmano começa com a lua nova.

O calendário islâmico é contado a partir do ano em que o Profeta migrou de Meca para Medina, considerado o primeiro ano da Hégira (nome dado à migração do Profeta), ou 1aH. Este livro data do ano cristão de 2014 e do ano islâmico de 1435 da Hégira[6]. O calendário islâmico é baseado no ciclo lunar. Tem trezentos e cinquenta e quatro dias e varia, anualmente, em dez ou onze dias em relação ao calendário solar cristão. Alguns nomes dos meses se referem às estações, pertencem ao calendário pré-islâmico, em que um mês era acrescentado de três em três anos para manter o calendário lunar em harmonia com o ano solar (Ahmed, 2003, p. 57).

Ahmed relata que, na Arábia, o Profeta e seus seguidores faziam parte do povo do deserto, gente para a qual o quarto crescente e o quarto minguante da lua marcavam a passagem do tempo. O novo dia começava não à meia-noite, mas ao fim do dia, com o apare-

6 Disponível em: http://www.novomilenio.inf.br/porto/mapas/nmcalens.htm. Acesso em: 3 de fev. 2005.

cimento da lua. Por conta disso, a astronomia passou a ser uma ciência islâmica importante, sendo o minarete um observatório astronômico estratégico.

O calendário a seguir destaca os meses islâmicos e seus significados. Em conversa com Sheik Ali Abdouni, em novembro de 2005, ele explicava que há quatro meses sagrados no Islã e, *ipso facto*, não se pode guerrear nesses períodos. São eles: o mês um *Muhharram*, cujo nome já indica que se trata de um mês sagrado; o mês sete *Rajáb*, que é o mês do respeito e da abstinência; e os meses onze e doze, respectivamente *Dhu Al-Qaáda* e *Dhu Al-Hijja*, mês do descanso e mês da peregrinação. Ao contrário do que se pensa, o mês do Ramadã não é considerado um mês sagrado, e sim um mês de *obrigações e prestações*. Por exemplo, se você faz uma oração no mês do Ramadã, essa oração vale por setenta[7] orações feitas em outros períodos e, dessa forma, acumulam-se *dádivas* para quando for necessário *prestar* contas, isto é, no dia do Juízo Final. As expressões em itálico destacam, sobretudo, termos utilizados por Mauss (2003), em seu *Ensaio sobre a dádiva*. Observe o calendário islâmico e os significados atribuídos a cada mês.

Mês	Dias	Significado do nome
(1) Muhharram	30	Mês sagrado
(2) Safar	29	Mês da partida para a guerra
(3) Rabiá-al-áual	30	1º. Mês da primavera
(4) Rabiá-a-áual	29	2º. mês da Primavera
(5) Jumáda Al-Ula	30	1º. Mês da seca
(6) Jumadá a- Thânia	29	2º. Mês da seca
(7) Rajáb	30	Mês do respeito e da abstinência

7 Segundo Sheik Jihad, o número sete está entre o zero e o nove, ele é considerado um número mediano. Não é muito, nem é pouco. O profeta Muhammad disse: a minha nação se dividiria em setenta e três partes.

(8) Xaaban	29	Mês da germinação
(9) Ramadan	30	Mês do grande calor
(10) Xauál	29	Mês do acasalamento dos animais
(11) Dhu Al-Qaáda	30	Mês do descanso
(12) Dhu Al-Hijja	29	Mês da peregrinação

A disposição dos meses islâmicos faz mais sentido para os muçulmanos de origem árabe do que para os brasileiros, que vivem sob o calendário solar. Esse fato, entretanto, não quer dizer que os árabes muçulmanos, residentes no Brasil, não se refiram aos meses solares, mas, sim, que eles relacionam o nosso calendário ao calendário lunar. Porém, quando se trata de dizer exatamente o início do mês do Jejum, por exemplo, tanto árabes, quanto brasileiros revertidos sentem dificuldade, pois isto depende de um controle preciso da aparição da lua, como já afirmado antes. Durante esses anos que venho participando dessas festas, costumo sempre telefonar, para o sheik ou para outro muçulmano, para confirmar o dia da festa, além de fazer mais uma confirmação na véspera do evento, pois, em se tratando de lua e desse calendário, pequenas alterações podem ocorrer. Para a lógica islâmica do tempo, é preciso ter disciplina. Por isso, durante a pesquisa de campo, deve-se dar atenção às lógicas temporal e espacial, quando se trata das festas do *Eid Al Fitr* (dia do desjejum) e do *Eid Al Adhha* (Dia do Sacrifício), pois é nesses momentos que a comunidade se "regenera", ou seja, momentos em que "ser muçulmano" ganha uma dimensão maior.

Uma outra observação importante: o tempo é vivenciado de modo mais coordenado, sincrônico, do que o espaço, pois este, é mais fluído, em se tratando, por exemplo, de revertidos, que frequentam várias mesquitas até optarem por uma, pois essa escolha nem sempre tem relação com a proximidade (da residência ou trabalho), mas com as relações que são estabelecidas com o grupo. É mais comum encontrarmos a comunidade árabe mais presente em uma determinada área. No entanto, verifica-se, no período das festas, uma maior circulação, tanto de árabes quanto de brasileiros. A festa é um momento de encontro e de reencontrar amigos e parentes. Mas, antes de entrarmos propriamente na etnografia da festa, segue um "*Calendário das festas islâmicas*", inspirado na tabela proposta por Magnani (1999, p. 63), a fim de que o leitor possa acompanhar, mesmo que sucintamente, outros momentos de sociabilidade existentes entre os muçulmanos no Estado de São Paulo.[8]

Periodicidade	**Tipo**	**Exemplos**
Anual Fim do Ramadã	Eid al Fitr (Festa do desjejum e festa caridade) Depende do calendário lunar, em 2003 aconteceu em 6 de dezembro. Em 2004 foi em 13 de novembro. Em 2005 aconteceu em 3 de novembro	Vide etnografia da festa. As pessoas se comunicam por telefone com o sheik ou pela Internet para saber o dia exato da festa. A festa também tem este nome de Festa da Caridade, porque neste período cada muçulmano deve fazer uma doação, seja ele pobre ou rico, no valor de R$ 7,00, por pessoa da família, o que pode equivaler a 5kg de arroz. Se a família tem cinco membros, deverá pagar o equivalente a 7x5 = 35 reais[8]. O dia é celebrado com: oração, presentes e comidas.

8 Esses valores foram repassados a mim, por Sheik Ali Abdouni, em 2005.

Anual Acontece mais ou menos 2 meses e 10 dias após a festa do *Eid al Fitr*.	*Eid al-Adhha (Festa do Sacrifício)* Em 2005 a festa foi em 20 de janeiro. A festa dura quatro dias.	Matança de carneiros Vide etnografia da festa. Neste período os muçulmanos procuram fazer o *hajj* – peregrinação a Meca. O dia é celebrado com oração, presentes e comidas[9].
Anual Festejada no dia 12 do mês De *Rabi al-Awwal*	Milad al-Nabi (Aniversário do profeta) Em algumas mesquitas (São Bernardo do Campo/ Brás/ Santo Amaro).	Geralmente em uma das sextas-feiras acontece uma comemoração pelo aniversário, mas é tão discreta que muitos não sabem dizer quando acontecerá[10].
Noite do dia 15 do mês de Shaaban	*Lailat al-Baraat* (a noite do Destino)	15 dias antes do Ramadã acontece *al-Baraat de Lailat* ou a noite do Destino, quando os muçulmanos julgam que Allah determina um período de reflexão. Neste dia, muitos muçulmanos visitam seus mortos no cemitério.
Dia 27 do mês do Ramadã. Esta data é a mais provável, mas pode ser dia 21, 23, 25, 27 ou 29 do mês do Ramadã.	*Lailat al-Qadr* (a Noite do Poder)	Conhecida também como noite do Decreto. Dia em que o profeta recebeu a primeira mensagem do Alcorão.

9 Ver vídeo Sacrifício, 13 (Ferreira, 2007).

10 Nos anos de 2006 e 2007, só soube da realização da festa de aniversário do Profeta na Mesquita de Santo Amaro, o que demonstra que, comemorar o aniversário do Profeta, não é algo que a comunidade realize como um todo, mas considero importante ressaltá-la.

Anual	Festa Caipira-árabe[11] Esta festa, como o nome já indica, é uma festa com comidas juninas típicas, quadrilha etc. O que a diferencia das demais é que acontece dentro do salão da Mesquita de Santo Amaro e por isso não há bebida alcoólica. No entanto, homens e mulheres dançam a quadrilha (prática não comum em outras mesquitas) e, logo em seguida, o Dabik (uma dança tipicamente árabe).	A festa aconteceu em 7 de julho de 2002. Nesse mesmo ano recebi um convite que anunciava: "Festa Caipira-árabe – Não perca!!! 07/08/2002" No ano seguinte, ela não aconteceu, pois, a sua organizadora se afastou da mesquita.
Sem data determinada	Casamento O casamento é sem dúvida um momento de grandes festas. Festa do noivado, da assinatura do contrato e do casamento religioso[12].	A festa de casamento tem características diversas, de modo geral, homens comemoram separados das mulheres. Há momentos coletivos e momentos separados. Há também a prática do "chá de panela", mas tudo dentro dos fundamentos da religião (sem bebida alcoólica ou comida proibida, como a carne de porco)

11 Uma das justificativas que recebi para esta festa é de que ela proporciona uma maior união dos muçulmanos, sejam eles árabes ou brasileiros. A comunidade de Santo Amaro é a que apresenta um número maior de brasileiros. Há também o Carnaval Islâmico, realizado nesta mesquita. Neste ano, acompanhei inúmeros scraps no *Orkut,* de muçulmanos de outras mesquitas criticando a realização desta festa, como sendo algo haram, e não permitido pela religião.

12 Vale dizer que no Islã o noivado já é considerado casamento, apenas não é feita a consumação deste, que só ocorre com a festa do casamento. Neste período, é possível desistir do casamento.

Sem previsão	Moulid As mulheres organizam um chá com o pretexto de comemorar o aniversário de um dos filhos, nascimento dos primeiros dentinhos da criança, ou para pagar uma "promessa" que fizeram ao Profeta.	As mulheres telefonam às amigas e parentes e marcam um chá em sua casa, em geral, no período da tarde. Não há presença de homens. Nesses eventos elas dançam, cantam, tiram os véus e casacos. (Festa muito comum no Brás)

Como é possível constatar na tabela, a vida nas comunidades islâmicas é intensa e repleta de símbolos. Neste sentido, reforça a ideia de adaptação ao tempo islâmico, que é prescritivo e deve ser seguido, mas é possível destacar, ainda, a animação com que essas festas e encontros são preparados. Esses encontros liberam as capacidades humanas de cognição, afeto, criatividade etc[13].

O ESTADO LIMINAR (COTIDIANO) DO JEJUM NO MÊS DO RAMADÃ[14]

> Na décima sétima15[11] noite do Ramadã de 610, o anjo pede que Muhammad recite, ele se recusa e diz: "Não sei recitar!", achando que o anjo o havia tomado por *Kahin*, um adivinho da Arábia. Mas o anjo apenas "envolveu-me num abraço até que atingisse o limite de minha resistência", afirma o profeta. Então ele disse as primeiras palavras: "Recita em nome do teu Deus que te criou, criou o homem de sangue coagulado... (Armstrong, 2002, p. 97).

13 Cf. Turner, 1974a.

14 O termo *limen* em si, do latim "liminaris", selecionado por Van Gennep (1978) para aplicar a "transição entre" (Ver Turner, 1982).

15 Armstrong (2002) e Pace (2004) também se referem ao décimo sétimo dia, mas informações da comunidade falam em vigésimo sétimo dia.

Se perguntarmos a qualquer pessoa leiga sobre o Islã, sobre o que ela sabe a respeito dos muçulmanos, ela provavelmente irá se remeter às guerras, às bombas, ao terrorismo, ao fundamentalismo, ao Talibã e ao jejum do mês do Ramadã. O Ramadã é o nono mês do calendário islâmico, mês em que o Alcorão foi revelado ao Profeta Muhammad.

Reorganizando o material de campo (fitas de vídeo, em sua maioria), percebi que o momento do Ramadã tem sido um dos mais privilegiados por mim, durante a pesquisa. Desde 1998, acompanho de várias formas esse período especial para os muçulmanos, filmando as orações ou participando da quebra de jejum, como a da casa de Malac, em 2002[16].

O jejum do Ramadã corresponde a um dos pilares da religião e deve ser praticado por todos, a partir do momento que já conheça o seu significado. As únicas pessoas que podem se abster do jejum são mulheres que estão no período do resguardo (pós-parto) ou menstruadas, e pessoas adoentadas, que fazem o jejum em outro período do ano.

> A razão para tal restrição deve-se ao fato de que essas pessoas encontram-se fragilizadas, seu sistema imunológico não apresenta uma boa resistência. No pós-parto a pessoa está se recuperando, retomando as energias gastas no parto. As mulheres devem em outro período compensar os dias perdidos durante o jejum. As pessoas com doenças crônicas, que não podem ficar sem comer, no período do jejum, se tiverem condições, devem alimentar uma pessoa por dia, desta forma não estará em falta com a sua obrigação religiosa (Nadia Hussein, entrevista em 18/04/07).

---

16 No mês do Ramadã, Malac convidou-me a quebrar o jejum em sua casa, oferecendo-me um jantar especial, como forma de retribuir à gentileza pelo convite; foi a única vez que fiz jejum durante a pesquisa (Ferreira, 2001).

Em quase todas as falas recolhidas sobre o Ramadã, ao longo da pesquisa, podemos verificar que se trata de um período de purificação. "O jejum deixa o fiel mais forte; é como um escudo, algo que o protege do dia a dia", como afirma Sheik Salah Sleiman. O muçulmano demonstra a sua fé e o quanto pode resistir, ficando sem comer e beber do nascer ao por do sol. Nesse período também é proibido manter relações sexuais.

É no jejum que podemos observar a experiência religiosa mais forte. Conviver horas com um muçulmano durante esse período é, para qualquer não muçulmano, um desafio também. O período do jejum é um momento de liminaridade para o muçulmano. É um momento de suspensão, como afirma Turner (1982). Segundo o autor, a própria ausência de sexualidade é uma característica de momentos liminares. Podemos verificar esse período como algo que escapa à ordem, está fora da estrutura social, e, no entanto, é fundamental para o fortalecimento da religião. A *communitas,* com seu caráter não estruturado, representando o ângulo [...] o "vazio do centro", que é indispensável ao funcionamento da estrutura da roda (1982, p. 155). Mais do que uma experiência liminar é, sobretudo, uma experiência de treinamento dos sentidos. É comum um fumante deixar de fumar neste período, assim como as pessoas deixam de comer e beber durante o dia.

A festa do *Eid* é o ápice da *performance*, momento em que podemos dizer: "algo aconteceu", e que alguns expressam como um momento de satisfação, de felicidade por terem conseguido cumprir o jejum. Nesse sentido, podemos ir além, e dizer que os muçulmanos foram *transformados e transportados,* usando as expressões de Richard Schechner.

É a isso que os sheiks se referem, quando falam que é preciso sentir fome para experimentar os que sentem fome. A experiência da *communitas ramadânica* permite esta vivência de forma mais profunda. E quando a pessoa retorna à estrutura, ou seja, a seu "cotidiano normal", passa a dar mais valor a esses momentos. Por isso, ao final de todo Ramadã, acontece também uma festa, na qual os fiéis podem comemorar o tempo que conseguiram ficar em jejum.

Quando encerram o jejum, voltam diferentes, pois cada um vivencia a fome de uma forma diferente, dando sentido à estrutura: comer e não comer; quando comer; como comer; o que comer; com quem comer – todos estes aspectos ajudam, de certa forma, a pensar o modo como o alimento insere-se na vida daquele que jejua.

> Zarra: Deixar de comer é como se estivesse "limpando o organismo. O intestino fica diferente. Muda todo metabolismo da gente.
> Mussaab: O nosso estômago parece que fica mais limpo[17].
> Sheik Jihad: Quando vamos fazer exame de sangue devemos ficar sem comer, para que nada interfira no resultado do exame. O jejum é esta limpeza, faz bem para saúde também (Notas do Caderno de Campo, no período do Ramadã, em 2005 e 2006).

É interessante pensar na ausência da comida assim como na ausência de sexo como uma limpeza do próprio corpo. Não é momento de concluir, mas adianto que, o corpo entregue a Deus, deve ser um corpo limpo das impurezas, sejam elas físicas ou espirituais, e assim os pensamentos e atos devem ser vigiados, pois o estado de "pureza" é fundamental para o sagrado.

Um dos momentos mais fortes do cotidiano de um jejuante é a noite, durante a oração, tanto a noite que antecede quanto a que se sucede à quebra de jejum. Durante a *performance* da oração na mesquita, os fiéis se sentem ainda mais fortalecidos, por terem cumprido mais um dia de jejum. Podemos, então, nos remeter às fases da *performance*, propostas por Schechner (1995), quando tratamos do mês do jejum, porque este é o caminho para se chegar às festas. Há toda uma preparação para celebrar a vitória de se ter cumprido um pilar da religião. Quero entrever que a preparação da *performance*

17 Ver vídeo Allahu Akbar. Zarra (Zahra, seu nome foi registrado incorretamente) e Mussaab são comerciantes, ambos frequentam a comunidade de Santo Amaro.

das festas se dá no *Ramadã*, a *performance* em si, na oração do *Eid*, realizada na mesquita, e os desdobramentos podemos verificar na festa realizada na chácara e nos dias que seguem.

Não tenho dúvida de que os jejuantes são pessoas liminares, isto é, estão suspensos, abstêm-se de determinadas atividades, vivem momentos de preparação, de mudança de status. Eles estão se preparando, para isto é preciso avaliar o que já foi feito e como foi feito etc. O sheik diz: estamos fazendo um curso, quem faz um curso se prepara para realizar algo, ou receber algo.

> O Ramadã é um curso que nós fazemos. Intensificamos as nossas orações. Neste mês vamos intensificar que a *Paz* reine no mundo todo... O jejum é como um hóspede que você se prepara para receber [...] é preciso se arrepender dos pecados. Se arrependendo dos pecados será possível começar uma vida nova...O jejum é um escudo para o jejuante. Durante o jejum ele vai deixar de praticar um monte de coisas erradas. O mês do jejum protege as pessoas de caírem em tentação (Sheik Salat, em entrevista, realizada em 16/11/2001, na Mesquita Brasil).

O muçulmano que está em jejum se sente fortalecido, assim como é definido por Turner (1982): a liminaridade pode ser vista como um depósito de possibilidades, não uma montagem aleatória, mas um processo de gestação, de fertilidade. Além disso, a liminaridade envolve uma sequência complexa de episódios no espaço-tempo sagrado, como podemos perceber com a construção do calendário islâmico.

Compreendo o período do jejum do mês do Ramadã não só como um momento liminar, mas, sobretudo, como um momento de restauração do comportamento dos muçulmanos. Nesse período é possível identificar a "fase preliminar" (usando a terminologia de Van Gennep, 1978) da *performance*, entendida aqui como ensaios e oficinas etc. Para Richard Schechner (1985, p. 36), é nesses momentos que se estabelece o vínculo entre as *performance*s ritual e estético-

-teatral. Nesse sentido, temos que, para o autor, o comportamento restaurado apresenta um esforço de transmissão e aprendizado, e é nesse comportamento restaurado, o fazer, o refazer, que podemos também observar o comportamento simbólico expresso no cotidiano islâmico, seja no jejum, nas orações ou nas relações familiares.

> O Sheik falou no sermão de sexta-feira: Cuidado para não passar fome à toa. Feche a boca, não fale mal dos outros. É um mês de louvor a Deus, então cuidado com que falamos, com o que vemos, com o que ouvimos... (Moumtez, 6/12/2002).

Sabe-se, portanto, que no período do jejum, os fiéis devem prestar atenção no que fazem, ouvem, falam, comem e etc. É, sobretudo, um período onde os sentidos[18] estão sendo retrabalhados pela simbólica religiosa.

Se, por um lado, verificamos o *jejum como um momento liminar*, por outro, podemos considerá-lo como algo do *cotidiano*. Sem retirar-lhe o caráter liminar, pois, a partir do momento em que se vive um determinado "ritual", prescrito no calendário etc., ele passa a fazer parte de um cotidiano. Assim, para quem o pratica, não há nada de extraordinário, pois faz parte da sua cultura, da sua religião. Muitos me respondiam que não tinham dificuldades em realizar o jejum, pois faziam isto em nome de Deus, e tudo aquilo que se faz por Deus não é sacrifício. Noutras palavras, o jejum tem algo de extraordinário, ao mesmo tempo em que encerra algo de *cotidiano extraordinário.* Parei para pensar sobre isto, em uma determinada situação.

> Em 2001 convidei Sheik Jihad, Sheik Ali e Magda para ministrarem uma palestra a jovens de uma escola. Como era Ramadã tratei de informar as demais pessoas para não comerem e nem beberem, e muito menos oferecerem aos

18 Sobre os sentidos, ver o capítulo 7.

> palestrantes algo para comer ou beber. Saindo de lá, o comentário de Sheik Jihad chamou minha atenção. *Disse-me que eu fui muito gentil em não lhe oferecer água, sabendo de sua obrigação religiosa. Disse a ele que era a primeira vez que não oferecia algo aos meus convidados sem ser considerada mal-educada (notas do Caderno de Campo).*

Sabendo das prescrições, tentei poupá-los, mas a partir daí passei a compreender que não se trata de algo que seja difícil para eles cumprirem, porque já faz parte do próprio cotidiano. Porém, mesmo assim, pode assumir um caráter renovador, de suspensão, de mudança de status, como requer o estado liminar, embora não se descarte o cotidiano. Nesse sentido, o liminar faz parte do cotidiano, pois é nele que se renovam os valores e a crença.

A NOITE DO PODER, A NOITE DO DECRETO

> *al Cadr*
> Em nome de Deus, o Clemente, o Misericordioso
> Sabei que o revelamos (o Alcorão), na Noite do Decreto.
> E o que te fará entender o que é a Noite do Decreto?
> A noite do Decreto é melhor do que mil meses
> Nela descem os anjos e o Espírito (Anjo Gabriel), com a anuência do seu Senhor, para executar todas as Suas ordens.
> Ela é paz, até o romper da aurora! (Surata 97)

Nos últimos dez dias do mês do Ramadã, os muçulmanos intensificam as boas ações, as orações e procuram passar a noite, em dias ímpares, rezando na mesquita. Conta-se que foi nos últimos dias desse mês que o Profeta Muhammad recebeu a revelação do Alcorão. Alguns sábios apontam ser no vigésimo sétimo dia, portanto este dia é chamado de Noite do Poder ou Noite do Decreto.

Ouvi de vários muçulmanos que, nessa noite, Deus envia sinais. Perguntei que tipo de sinal, e muitos deles me contaram que, em geral, se dá um clarão na madrugada, as árvores param de balançar e nenhuma folha se mexe – estes são sinais de que aquele é o dia do Poder. Dia em que se comemora a revelação do Alcorão. Esses sinais são recebidos como uma graça, por isso, nessa mesma noite, que ninguém sabe ao certo quando é, mas acredita ser no dia estipulado pelo calendário, os muçulmanos aproveitam para fazer seus pedidos. Mussaab, da Mesquita de Santo Amaro, conta-me que numa "noite do poder", ele pediu para que sua tia de 46 anos tivesse filhos gêmeos, e seu pedido foi atendido. Como podemos ler no texto a seguir:

> Alguns exegetas situam a *Noite do Decreto* – a noite em que o Alcorão foi revelado ao Profeta Muhammad (*s.a.a.s*)[19] – na 25ª ou na 27ª noite, mas outros admitem qualquer um dos dez últimos dias ímpares deste mês e não há um consenso sobre isso. O fato histórico comprovado é que foi durante o retiro espiritual do Ramadan do ano cristão de 610, na caverna do monte Hira, que a primeira surata (a 96 – *O Coágulo*) foi revelada. Os cinco versículos da surata 97 (*O Decreto*) alertam para a inutilidade de se discutir sobre o assunto: *"Sabei que o revelamos (o Alcorão), na Noite do Decreto. E o que te fará entender o que é a Noite do Decreto? A Noite do Decreto é melhor do que mil meses. Nela descem os anjos e o Espírito (o arcanjo Gabriel), com a anuência do seu Senhor, para executar todas as Suas ordens. (Ela) é paz, até o romper da aurora"*. O significado místico é evidente. Uma vez que a *Noite do Decreto* não pode ser fixada com precisão no calendário nem comparada corretamente com as medidas humanas do tempo, ela empresta a todo o mês do Ramadan uma santificação especial[20].

19 Abreviação de "A paz de Deus esteja com Ele".

20 http://www.geocities.com/islamicchat/cpeixoto_ramadan.html, consultado em 24 agosto de 2005.

É possível concluir que a experiência do sensível, por meio do sagrado, é percebida de modo significativo nessa noite. Deus se revela em sinais que aumentam a comunicação entre ele e os fiéis. Dessa forma, a ideia de que o Islã é uma religião puramente racionalista, nos moldes de Max Weber, não se sustenta por inteiro, pois a "magia", os efeitos mágicos e extracotidianos são expressos, quando nos referimos à noite do poder. Podemos aqui arriscar uma interpretação de que após vinte e sete dias de jejum, o muçulmano se encontra num momento especial do seu jejum, já passou a fase crítica, que é a primeira semana, e a adaptação, que é a fase seguinte, estando, portanto, nos últimos dias de jejum. Assim, se a intenção é a entrega a Deus, só pode ser neste momento que a entrega se torna mais intensa. O corpo já está adaptado, os pensamentos estão todos voltados ao divino, até porque passam a noite rezando na mesquita. É nesse momento que o contato é feito. Momento mágico de suspensão desse coletivo para se transformar em experiências individuais. Quem consegue vivenciar essa experiência intensa e mesmo aqueles que conseguiram realizar o jejum preparam-se para a recompensa, para o pódio, como me disse Sheik Jihad, para o Eid.

EID "AQUILO QUE RETORNA"

Eid Al Fitr (Festa do Desjejum)

> Acordei às 6h, pois queria estar às 7h na mesquita para acompanhar a primeira oração do dia. Cheguei acompanhada do meu filho mais velho Gabriel, que insistiu em ir à festa para fotografar, experiência que ele já realizou na festa do Sacrifício de 2004. Nesse ano (2005), o espaço das mulheres dentro da mesquita era outro, pois construíram um mezanino, com uma escada anexa à mesquita para subida das mulheres. Em geral, nos templos, igrejas, sinagogas, impera o silêncio, o respeito ao sagrado, ao divino, na

mesquita, as crianças estavam ocupadas demais com suas roupas novas, óculos coloridos, para se preocuparem com isto, mesmo porque estavam certas de que logo mais se divertiriam e receberiam presentes.

Às 7h30, chega sheik Ali Abdouni que faz o sermão em árabe. Não entendo o árabe, mas com tanto barulho, será que alguém conseguiu ouvir o sermão? Sheik Ali fala baixo e isto talvez tenha dificultado mais ainda. Logo depois sheik Jihad Hassan faz o sermão em português, o som do seu microfone está mais alto, todos ouvem e as crianças dão uma trégua (Notas do meu caderno de campo).

Em dias como este, a mesquita fica cheia. As pessoas usam as melhores roupas. As meninas estão com enfeites nos cabelos, usam roupas que brilham, sapatos novos. As mulheres estreiam seus novos véus. Dia de festa é dia de roupa nova. Neste dia não se faz jejum, ao contrário, come-se o tempo todo.

As orações nas festas do *Eid* constam de duas genuflexões, nas quais o imam faz a leitura em voz alta. Não há chamada do Muázin, nem oração voluntária, antes ou depois do ritual. Seu horário começa após o nascer do sol e prolonga-se até o meio-dia[21]. Após a obrigação do jejum (Ramadã), os muçulmanos comemoram durante três dias. Rezam pela manhã bem cedo, depois de terem tomado banho e vestido a melhor roupa, quebrando o jejum com algumas tâmaras apenas. No Brasil, é mais comum quebrar jejum com o café da manhã tradicional. O sermão deve falar a respeito do *Eid* e sua importância para o Islã. O sheik lê a surata de Al fátiha e a do altíssimo também.

Nesses dias, a oração é feita antes do sol despontar totalmente. Em seguida, inicia-se a festa e a entrega de presentes[22]. Nas duas

21 Sobre a oração (*salat*) ver capítulo 6.

22 A entrega de presentes e o almoço, lembram muito o Natal cristão. Aqui também podemos nos remeter a Mauss (ano): dar, receber e retribuir. Um corpo que se dá, recebe sinais e retribui com presentes e comidas aos amigos e familiares.

festas, as mulheres devem participar, inclusive as menstruadas[23], que devem ouvir as orações do *Eid*, mesmo não podendo recitá-las com o grupo, como as outras mulheres.

Quando entramos na mesquita, escutamos os homens recitando sem parar:

> *Allahu Akbar, Allahu Akbar, Allahu Akbar.*
> *La Ilaha Ila Allah. Allahu Akbar Allah Akbar. Wa Lilahi Al Hamdu.*
> *Allahu Akbar, Allahu Akbar, Allahu Akbar*
> *La Ilaha Ila Allah. Allahu Akbar, Allahu Akbar Wa Lilahi Al Hamdu.*
> *Allahu Akbar, Allahu Akbar, Allahu Akbar ...*

---

23 Mulheres menstruadas não entram na mesquita. Aqui cabe uma breve reflexão para tal estado de "impureza" atribuído à mulher menstruada. Segundo René Girard: "a menstruação deve ser considerada no quadro mais geral da efusão do sangue. A maioria dos homens primitivos toma precauções extraordinárias para não entrar em contato com o sangue. Qualquer sangue derramado fora dos sacrifícios rituais, em um acidente, por exemplo, ou num ato de violência, é impuro... basta que a violência se desencadeie para que o sangue se torne visível... o sangue menstrual tem relação direta com a sexualidade... a sexualidade faz parte do conjunto de forças que dominam o homem com uma facilidade ainda mais soberana pelo fato de que ele pretende dominá-la" (p. 48-49). Por toda essa simbologia ligada à violência, podemos considerar que no contato com o divino, este caráter violento e impuro que suscita o sangue atrapalha a ligação com o sagrado. No interior do Nordeste, sempre ouvi que mulheres menstruadas não deviam se sentar na cama de uma mulher de resguardo, porque isto poderia secar o leite materno (que é puro, limpo), tamanho é o tabu com o sangue menstrual. Segundo Nadia Husseim, no Islã, o significado é outro, a mulher não é vista como se estivesse ou fosse impura, mas trata-se de uma restrição para pessoas que estão em jejum, como já apresentei e, para as mulheres na oração, pois, na oração, a mulher deve estar abluída (ablução), assim como qualquer muçulmano. Se a pessoa não está abluída, a oração não tem validade. Em uma mulher menstruada, por mais que tome banho ou se higienize, o fluxo é contínuo, não permitindo uma limpeza completa. No capítulo 6 tratarei especificamente da limpeza corporal para as orações (Entrevista em 18/04/07).

Recitar esta oração é uma forma de estabelecer o contato com o divino, de agradecer e de pedir a Deus que tenha misericórdia deles. Logo depois, entra o sheik, em geral, vestido com uma roupa especial, cumprimenta as pessoas que estão na mesquita, tira os sapatos e sobe para fazer o sermão:

> Nós ontem estávamos de jejum e éramos obrigados a ficar por mais que quiséssemos deixar de fazê-lo, você estava proibido. Hoje é o contrário, por mais que pessoas te obrigassem a jejuar, você hoje não deve jejuar. Quem determina é Deus todo poderoso. Deus está dizendo: venha! Hoje você é meu convidado a quebrar o jejum. Como você sabe que o seu jejum foi aceito? Quais são os sinais? Se você se preocupou com a outra vida e não com esta. Nós devemos saber procurar as coisas que são necessárias para que Deus aceite o nosso jejum. A primeira delas é *fazer boas ações*, este é o primeiro sinal; a segunda coisa é ter conhecimento, quem não tiver conhecimento vai fazer de forma errada. A terceira coisa é *divulgar aquilo que você aprendeu*. A quarta coisa é *se preocupar com o próximo*. Ver aquele que precisa de você, que não tem a mesma inteligência que você. A outra coisa é *o arrependimento*. As pessoas devem se arrepender dos seus atos. Se você tem essas qualidades Deus irá aceitar as suas ações (Tradução do Sermão – Montez. Eid Fitr de 3 de novembro de 2005).

Neste sermão, o sheik retoma o que cada muçulmano deve fazer para ter suas ações reconhecidas por Deus. Só é possível a *dádiva*, quando as *prestações são executadas e, assim, Deus pode reconhecer os atos dos fiéis. No Islã, os sheiks falam, repetidamente,* que a fé sem a prática de nada adianta. Aprender a executar tais prestações é o que chamo de comportamento restaurado.

No Islã, repetir a oração cinco vezes ao dia, fazer boas ações, buscar conhecimento, transmitir o conhecimento aprendido e arrepender-se implica uma reformulação diária do comportamento dos muçulmanos. Mas é no término do mês do jejum que eles se sentem mais fortalecidos, por terem conseguido jejuar como dizem "da melhor forma possível", e, portanto, realizando o sacrifício de ficar sem comer e sem beber. O muçulmano modifica o seu estado de pessoa, consagra-se por ter conseguido fazer aquilo que é prescrito pela religião, restaura o seu comportamento e isto será passível de verificação, nos desdobramentos do seu cotidiano.

> Após o sermão os muçulmanos voltam a rezar, em seguida se abraçam e vão fazer mais uma refeição, um lanche comunitário na própria mesquita, antes de seguir para Chácara Sultan. Nesse dia se deve quebrar o jejum. Esta é a festa do *desjejum*. No salão da mesquita crianças e mulheres se aglomeram para servir-se de salgados, doces e refrigerantes. Convidam-me para comer com elas. Os homens vão para a porta da mesquita, lá estão os alimentos que eles vão se servir. Abraços e beijos entre eles são comuns. Uma fila grande foi formada para o cumprimento aos Sheiks presentes.
> São 9 horas da manhã e a festa está só começando. Em todos os *Eid* reencontro alguns muçulmanos que normalmente só vejo em dias de festas. Isto demonstra também o quanto pode ser fluída a ocupação desses espaços, muitos circulam entre as mesquitas. Depois de conversar com algumas mulheres sigo em direção à chácara, pois lá quanto mais cedo se chega, melhor, pois depois fica impossível estacionar ou se locomover. A festa ganha proporções gigantes. A chácara localizada em Riacho Grande parecia menos cheia do que de outras vezes, mas aproveitei para confirmar a minha hipótese, de que não havia só muçulmanos que frequentam a mesquita de São Bernardo do Campo, com isto acabei levantando outro dado importante para pensar. O de que as pessoas que lá estavam e que não pertenciam a São Bernardo eram em sua maioria brasileiros reversos que frequentam outras mesquitas.

A festa é um momento privilegiado, não só para os muçulmanos, mas também para a pesquisadora, que se beneficia com a quantidade de muçulmanos para conversar, ouvir ou simplesmente observar. Os que já me conhecem, apresentam-me a outras pessoas, ou perguntam sobre o meu trabalho, se eu já terminei a tese, se eu já me reverti. A sociabilidade é intensa, tanto na mesquita, quanto na Chácara, na qual há a possibilidade de se reunir um número bem maior de muçulmanos, e é justamente isto que acontece: muçulmanos de outras comunidades aproveitam este momento na chácara para poder reencontrar amigos e parentes.

Para compreendermos a segunda maior festa do Islã será preciso, entretanto, apresentar o quinto pilar da religião – o *hajj* – a peregrinação a Meca, que é o ritual que prepara para a festa do *Eid Al-Adhha*, assim como o jejum prepara para o Eid Fitr.

Espaço energizado e concêntrico – Meca

> [...] A peregrinação à Casa é um dever para com Deus, por parte de todos os seres humanos, que estão em condições de empreendê-la; entretanto, quem se negar a isso saiba que Deus pode prescindir de toda a humanidade (Surata 3: 97).

A cidade sagrada do Islã é sem dúvida Meca. Foi lá que o Profeta Muhammad recebeu os primeiros versículos do Alcorão e para onde se dirigem mais de dois milhões de muçulmanos, vindos do mundo inteiro, para participarem do *Hajj*. Quinto pilar da religião, deve ser cumprido pelo menos uma vez na vida, se a pessoa tiver condições físicas e financeiras. Essa peregrinação acontece durante o décimo segundo mês islâmico (*dhu al-hijjia*). Como bem afirma Pace (2005, p. 144), Meca celebra a unidade da comunidade dos crentes e, portanto, é um lugar de afirmação da identidade muçulmana. Não só a Pedra Negra, mas o núcleo histórico da cidade é considerado sagrado: *al-haram*. O perímetro sagrado se estende por cinco quilômetros de largura, contados a partir do templo onde se guarda a Pedra Negra (o Cubo, a Caaba)[24].

O *Hajj* é um ritual marcado por uma série de regras e comportamentos que devem ser seguidos à risca pelos peregrinos. Uma das determinações é que o peregrino deve empreender o *Hajj* com dinheiro lícito, sem dívidas, e após ter suprido as necessidades da sua família pelo período equivalente ao que irá ficar fora, devido à peregrinação. Os rituais da peregrinação baseiam-se em atos praticados pela família do Profeta Abraão, quando foi incumbido por Deus de reconstruir a Caaba, juntamente com o seu filho Ismael.

Segundo os muçulmanos, a peregrinação é um atendimento ao chamamento que o Profeta Abraão dirigiu a todos os homens, obedecendo à ordem de Deus[25]. Não basta mudar de roupa, como assim o fazem homens e mulheres que adotam a vestimenta branca, como modo de estar igual a todos, perante Deus. É necessária uma maior introspecção, neste período, que dura cinco dias, quando as pessoas não podem se preocupar com questões que não sejam referentes a Deus. A vestimenta masculina deixa a descoberto o braço direito. Este ato de mudança de roupa e de comportamento é chamado *al ihram,* e, durante a viagem, o muçulmano repete várias vezes: *labayaka allahumma*[26]. Para ilustrar melhor, descrevo abaixo as etapas do *Hajj*[27].

No primeiro dia, os muçulmanos (*Mutamatti*[28]), e antes de começar a *tawaf (*caminhar à volta da Caaba, dando sete voltas),

---

24 Este espaço é reservado aos muçulmanos, portanto no passaporte deve estar carimbado "em visita religiosa". Há postos que controlam os documentos.

25 Conforme site da wamy (colocar o site), consultado em 21/2/07.

26 "Eis-me aqui, ó Deus, estou pronto, estou a teu serviço".

27 Parte das informações sobre o hajj, podem ser conferidas no "Guia ilustrado para o Hajj, A Umra e Ziára" – (Samir El Hayek).

28 É o peregrino que usa o *ihram* com a intenção de fazer o *hajj*, e aproveita a ocasião para fazer também a *Umra* (uma peregrinação menor, sem necessidade de visitação a Arafat e arremesso de pedras).

deverá fazer o *ghusl*[29] e a *wudhu*[30], vestir o *ihram*, cumprir uma oração de duas unidades (*rakkat*)[31] pelo *ihram, pronunciar a intenção de cumprir o hajj* e *recitar a fórmula de Talbiya*[32]. *Os atos que devem ser feitos* durante este dia são: 1. recitar o Alcorão; 2. recitar o *Talbiya*; 3. recordar-se de *Allah*; 4. praticar orações voluntárias; 5. fazer preces (du'a); 6. alimentar as pessoas. Por outro lado, não podem: 1. brigar; discutir e argumentar; 2. envolver-se em conversas vãs; cometer pecado; olhar para mulheres proibidas[33].

A *Tawaf* tem início na Pedra Negra, repetindo, com isso, o que foi feito pelo Profeta Abraão e seu filho Ismael. Os muçulmanos consideram este ato como se fosse uma réplica, aqui na Terra, do que os anjos fazem constantemente no céu, circundando o *Trono de Deus, orando e adorando-O.* Depois, os peregrinos dirigem-se a dois pequenos montes, percorrendo a distância entre os montes de *Al Safa* e *Al Marua*, sete vezes, e repetindo, com isso, o que foi feito pela segunda esposa[34] do Profeta Abraão, quando procurava água para o seu filho Ismael. Este ritual é chamado de *Al SaI*. Neste dia, os muçulmanos passam a noite em Mina.

---

29 Tomar banho.

30 Limpeza de algumas partes do corpo.

31 Prostração.

32 Labbaika Allahumma Labbaik – Eis-me aqui, ó Deus, eis-me aqui.

33 Esses atos devem ser realizados antes de entrar no *Micát*, isto é, nos limites dos locais sagrados: *Zuh Hulaifa* – é o micát mais distante, para aqueles que vêm de Medina, estando situado a 450 km ao norte de Meca; Zátul Irq – é o micát para os iraquianos e para os habitantes dos países que estão na direção do Iraque, situado 94 km a nordeste; *Al Ju'hfa* – é o micát dos sírios, egípcios, turcos, dos países do Ocidente, Portugal, Espanha, Brasil e as Américas em geral, fica a 204 km de Meca. Carnul Manázil – fica a 94 km de Meca, conhecida como Saili Kabir. É o micát dos habitantes de Najd e de todos os países que vêm daquela direção, por exemplo, os que vêm do Golfo Pérsico; e Yalamlam, montanha situada a cerca de 54 km ao sul de Meca, para os que vêm do Iêmem, Índia, Paquistão e da África Austral.

34 Alguns escritos apresentam Agar (Hagar) como a escrava dada por Sara a Abraão, para que este tivesse um filho.

No segundo dia, o muçulmano deve ir para a *Masjidun Namira*, ouvir o sermão, um *azan* deve ser feito depois das *Zawal, Zuhr e Asr*[35] que devem ser cumpridas com dois *icámat* durante o *Zuhr*, e a pessoa deve passar uma grande parte da tarde em du'á, em pé, e de rosto voltado para a quibla. Se a pessoa não pode se manter de pé, poderá sentar-se; a pessoa deve recitar repetidamente o *takbir*, o *tahlil*, o *talbiya* e se engajar em *du'á* e *ibáda*. Após a alvorada, dirigem-se para o *vale de Arafat,* único local da peregrinação em que todos os peregrinos ficam juntos num mesmo lugar. Os muçulmanos, além de rezarem, pedem perdão a Deus. Consideram esse momento especial, pois é nele que o fiel pode ter uma ideia, uma visão de como será o Dia do Juízo Final. Em seguida, seguem para passar a noite em *Muzdalifah*, depois do pôr-do-sol, e não se deve praticar a oração do *Maghrib* e de *Ichá* no caminho. Parte da jornada é ocupada a *apanhar pequenas pedras*[36] para serem utilizadas na etapa seguinte do *hajj*. Em Muzdalifa, o muçulmano deve passar a noite em adoração, *zikr, talbiya*, e praticando orações voluntárias. A parada em Muzdalifa começa na alvorada e indo até o nascer do sol. O tempo, durante a parada, deve ser utilizado em du'á.

No terceiro dia do Hajj, regressam a Mina, após o nascer do sol e vão aos três pilares de pedra que assinalam o lugar onde o "Demônio tentou fazer com que Abraão desobedecesse a Deus". Lá, atiram as pedras coletadas, simbolizando sua rejeição ao demônio. *A peregrinação termina com uma cerimônia em que são imolados animais (Jamrat).* Este costume é mais uma vez reportado à memória de Abraão, a quem Deus ordenou que imolasse o filho. Quando Deus poupou Ismael, Abraão sacrificou um cordeiro em seu lugar. Deste modo, os peregrinos sacrificam uma ovelha, uma cabra, uma vaca ou um camelo, para comemorar o ato. É uma forma simbólica de mostrarem a sua boa vontade, despojando-se de tudo o que

---

35 Orações do meio-dia, da tarde e da noite. Ver capítulo 6.

36 Encontrei uma referência que diz que se devem recolher quarenta e nove pedrinhas.

possuem de valioso, em louvor a Deus. Os peregrinos comem parte dessa carne, mas a maioria é dada aos pobres. O rito do sacrifício termina com uma cerimônia particular: o corte do cabelo, os homens raspam a cabeça e as mulheres cortam apenas um cacho do seu cabelo.

No quarto dia, depois de Zawal, devem-se apedrejar os três *jamarat* com sete pedras cada. Primeiro o menor depois o médio e então o maior; no final deve-se retornar para sua tenda ou hotel.

O quinto dia do hajj, depois do Zawal, apedreje três *jamarat* com sete pedras cada. Primeiro o menor, depois o médio e então o maior; fazer o *du'á* de rosto virado para a quibla, depois de apedrejar o pequeno *jamarat*; no final retornar a Meca. Por fim, os peregrinos contornam a Caaba, uma vez mais, e os que podem vão até **Medina**, visitar o local onde o Profeta está sepultado, *AL Masjid AL Haram (a mesquita sagrada),* onde fazem suas orações.

Assim como Pace (2005, p. 148), considero que o percurso do *hajj* prefigura *tempos, símbolos e gestos*. Esses elementos todos podem consubstanciar o rito como *performance* religiosa, pois determinam um tempo que se repete, como apontou Leach (1971), repleto de símbolos e de gestos, o que torna o muçulmano um *outro*, após participar deste ritual. Fazer o *hajj,* torna-se um *hajji,* é mudar de vida, assim como podemos verificar nas transformações apontados por Schechner (1985), quando fala do desdobramento das performances. A certeza de que "algo aconteceu", no final do percurso. A fala de *Sheik* Jihad pode nos ajudar a esclarecer um pouco mais sobre esses significados.

> Sheik Jihad: Por quê os homens usam duas peças de roupa? E somente isto? A mulher não, essa por questões de intimidade. Os homens usam duas toalhas, na realidade usam duas mortalhas, dois panos. Ai eles se reúnem em determinado lugar em determinada época. É como se ela (pessoa) *tivesse renascido*. Esta assembléia simboliza o dia do Juízo Final... e elas estão perante a Deus, todos iguais. Todos voltados a Deus. O *hajj* nada mais é que este simbolismo[...]

> um dia eu estarei perante Deus, faz com que a pessoa em vida volte atrás... no dia do Juízo Final, não tem como.
> Franci: Espera que um *hajji* (peregrino) seja um pouco melhor? Ouvi que uma pessoa não iria fazer o *hajj*, por não se sentir preparada.
> Sheik Jihad: Eu não quero me arrepender. O que é estar preparado? Eu não quero me arrepender. Na realidade, o profeta Muhammad (SAW) diz as pessoas estão dormindo, quando elas morrem, elas acordam. Quando ela morre toda aquela ilusão se vai... tem uma outra vida depois desta primeira. Quando a pessoa faz o *hajj* é uma maneira de sacudir essas pessoas.
> [...] Por mais pobre que a pessoa se sente ela se sente confortável em sua casa...O *hajj* não é um passeio é um sacrifício, tem que caminhar. Tem que suportar o sol. É um *sacrifício espiritual* ela tem que perdoar, teve que se controlar, ser humilde... ela tem que...tirar toda roupa e usar duas toalhas, ficar junto com as pessoas... centenas e milhares de pessoas. Eu lembro que quando eu fiz o *hajj* pela primeira vez, eu não senti o chão. Muitas vezes de muito apertado que é, as pessoas te carregam... [...] Toda a peregrinação é simbólica. Por que dos rituais? Por que esta via sacra? Na verdade, nós revivemos os lugares que Abraão passou. Então ele foi passando em certos lugares onde o Satanás... (grifos meus).

Após observar de perto o período do jejum, de conhecer as etapas e os significados do *hajj* e das festas, considerei que se trata de um Sacrifício. O jejum e o *Hajj* são etapas duras de serem cumpridas, e que, ao serem realizadas, provocam uma experiência difícil de ser descrita, especialmente para quem não é muçulmano. Nesse sentido, como diz Geertz (1989), sempre estamos analisando de segunda e terceira mão, pois só o nativo tem a possibilidade de descrever os sentimentos que mobilizam a sua prática e a sua fé.

Esses rituais vividos pelos muçulmanos implicam um total despojamento, necessário para reconhecer que o homem é nada perante Deus. Ele, sim, é mais importante que tudo e todos.

A ideia de sacrifício é interessante do ponto de vista do antropólogo que constrói a análise, mas, do ponto de vista dos nativos, nem sempre é assim. Realizei uma pequena pesquisa quantitativa e uma das perguntas pedia que eles apontassem o que era mais difícil de cumprir no Islã: o jejum, as cinco orações diárias, a oração de sexta-feira etc. Os homens, em sua maioria, afirmavam que nada é difícil, já as mulheres, assumindo o mesmo discurso, diziam que nada era difícil, mas, quando perguntadas uma segunda vez, passaram a responder que era o jejum. Cabe dizer, que são elas que, na maioria das vezes, fazem a comida, atividade complicada para quem está de jejum, ou, se não o fazem, alimentam os filhos que ainda não têm idade para cumprir o jejum.

René Girard afirma que há duas teses quando se trata de sacrifício, a primeira *remete o ritual ao mito*, isto é, busca no mito as práticas rituais; a segunda remete ao ritual, não apenas mitos e deuses, mas a tragédia e outras formas culturais gregas. Para ele, Mauss (2005) e Hubert (2005) aderem a esta segunda tese, o que implica fazer do sacrifício a origem da divindade (Girard, 1998, p. 117). É claro o incômodo de Girard, com a não investigação da origem do sacrifício.

Porém, como esta discussão está apenas se iniciando, vale a pena continuá-la a partir do "sacrifício" concreto realizado pelos muçulmanos: o sacrifício do carneiro. Se, no período do jejum, o sacrificado é a pessoa, que se torna melhor a partir dessa experiência, agora o carneiro ocupa este espaço, trazendo outros significados à dinâmica religiosa.

Eid Al-Adhha: o sacrifício do carneiro

> Ó meu filho! Por certo, vi em sonho que te imolava. Então, olha, que pensas disso? Ismael disse: Ó meu pai! Faze o que

te é ordenado. Encontrar-me-ás entre os perseverantes, se Allah quiser (Surata 37, versículo, 102).

Deus solicita a Abraão que sacrifique seu filho primogênito, em prova de amor e obediência. No momento em que sacrificaria o próprio filho, Deus intercede e diz a Abraão para sacrificar no lugar dois carneiros. Este ritual é relembrado todos os anos durante o Hajj – peregrinação a Meca, quinto pilar do Islã[37]. Pilar este que todo muçulmano deve realizar se tiver condição física e financeira para isto. A matança dos carneiros compreende o último dia do Hajj, marca a segunda maior festa no Islã – Eid Adhha – Festa do Sacrifício.

Depois de anos de pesquisa em comunidades islâmicas sunitas, busquei compreender os sentidos atribuídos à matança dos carneiros realizada anualmente. A inspiração para esta análise é fruto das aulas de Antropologia que ministrei para os alunos do curso de Psicologia de uma universidade particular em São Paulo e do debate intenso que venho estabelecendo no Napedra – Núcleo de Antropologia da *Performance* e do Drama desde 2002. A reflexão aqui apresentada é sem dúvida uma troca, no sentido *maussiano* de reciprocidade: dar, receber e retribuir, pois se trata de uma devolutiva a esses alunos que me ouviam atentamente durante as aulas e que muito me ensinavam sobre o *objeto transicional* e aos colegas que trabalham com as temáticas islâmica e da performance.

Sobre o pedido de Deus a Abraão, ainda é preciso apontar as divergências que encontramos nos textos sagrados como a Bíblia, a Torá e o Alcorão. Para os muçulmanos, o filho a ser sacrificado era *Ismael*, e não Isaac, como na religião judaico-cristã, que considera Ismael o filho bastardo da escrava Agar[38]. Sarah, não podia ter filhos,

37 São cinco os pilares do Islã: A *shahada* – professar que não há Deus se não Deus e o profeta Muhammad é seu mensageiro; fazer cinco orações diárias; pagar o *Zakat*, que equivale a 2,5% da renda anual; Fazer o Jejum do mês do Ramada; *Hajj*- peregrinação a Meca.

38 Agar ou Hagar. Em alguns textos, podemos encontrar a referência de que se trata da segunda esposa de Abraão. No Islã, o homem pode ter até 4 esposas, mas

deu de presente a Abraão uma escrava. Quando esta engravidou e deu à luz ao filho primogênito de Abraão, Sarah, então, pediu-lhe que levasse a escrava e o filho para longe. Este acontecimento marca a separação que conhecemos entre os povos árabes (Agar) e judeus (Sarah). Essa "inversão de papéis", ou melhor, dizer, de "atores" é interessante para se entender a lacuna preenchida pelo Islã nos seus primórdios. A divisão entre os seguidores do Islã e do Judaísmo tem raízes profundas nesta separação entre Ismael e Isaac, o primeiro constituindo a linhagem árabe-islâmica e o segundo a judaica.

A ideia que os muçulmanos querem transmitir é que Abraão foi capaz de se sacrificar[39] por Deus e que eles também têm que fazer o mesmo. Matar o carneiro e distribuí-lo aos amigos, aos parentes e aos pobres faz parte da atitude esperada[40]. Cabe aqui uma analogia entre a matança do carneiro e o sacrifício vivenciado pelo muçulmano para tornar-se melhor a cada dia.

Como bem afirma Tariq Ramadan (2002, p. 210), a *shahada* islâmica "Não há Deus senão Deus e o profeta Muhammad é seu mensageiro" não é uma simples afirmação, ela contém uma concepção profunda da Criação, tanto para o indivíduo quanto para a

---

a primeira esposa deve autorizar esses casamentos. No Brasil, muitas moças formalizaram em documento que não aceitam que seus maridos tenham mais esposas. Cabe dizer que o homem que tem mais de uma esposa deve mantê-las igualmente.

39 Neste capítulo a palavra *sacrifício* assume dois sentidos que se complementam: o primeiro em relação ao sacrifício como *entrega* deste muçulmano à religião e o segundo, refere-se ao sacrifício do carneiro realizado por Abraão que é rememorado durante a Festa do Sacrifício – *Eid Adhha*.

40 O sacrifício do carneiro, assim como os jejuns e o sacrifício ritual da carne para alimentação - *halal/kosher* têm suas raízes no Judaísmo e ganha força no Cristianismo, com a ideia de Jesus como *agnus Dei*. Um exemplo de sacrifício no judaísmo [marroquino] é apresenta por Lins quando trata do ritual das *kaparot,* trata-se do sacrifício de um frango às vésperas do Dia do Perdão (*Yom Kipur),* para que os pecados e faltas cometidas durante o ano judaico que se encerrou sejam expiados através do sacrifício (2008, p. 26). Segundo Lins, existem dentro do próprio judaísmo muitas controvérsias a respeito deste costume, uns consideram o ritual das *Kaparot* legítimo da cultura judaica, e também necessário do ponto de vista religioso, outros fazem uma analogia deste costume aos rituais pagãos.

sociedade. É vínculo permanente com Deus, a certeza de que a ele pertencemos e a ele voltaremos. Ramadan prossegue dizendo que a identidade islâmica passa pela convicção de que Deus é superior a tudo, portanto qualquer pedido ou algo relacionado à sua adoração (oração, jejum etc.) é feito como forma de devoção e de entrega a Deus. O autor afirma ainda que o testemunho de fé – *shahada* –, vem antes do parentesco (Ibid., p. 212), restabelecendo que Deus é mais importante que os pais, a família.

Ao pensar na relação estabelecida entre Deus e o homem é que proponho o carneiro como *objeto transicional* entre eles. A cada Festa do Sacrifício, portanto, se revive o mito, se religa o homem a Deus por meio do "objeto-carneiro", que simboliza a ação do amor dos homens para com o divino, estabelecendo, portanto, a fantasia[41] e a realidade. Ocorre aqui a capacidade de reconhecer nesse objeto o *não-eu*[42], que é uma das características do *objeto transicional*, segundo, o psicanalista inglês, Donald Winnicott. A intenção não é psicologizar a temática, mas ampliar a reflexão fazendo uso de outros instrumentais analíticos que dão conta da experiência individual e, de certa forma, geram desdobramentos no coletivo islâmico.

Para iluminar o argumento aqui proposto valerá a pena percorrer (I) os conceitos de autores da psicanálise e da antropologia [performance]; e (II) a etnografia da Festa do Sacrifício – *Eid Adhha.*

I – Autores "atores" entre a psicanálise e a antropologia [performance]

Donald Winnicott define objetos transicionais como sendo "metade" objeto, "metade" fantasia, no sentido de que a transição está entre a pura projeção e a percepção de mundo. A expressão "eu" e o "não eu" foi cunhada pelo psicanalista, quando este refletia

41 Para usar o termo de Winnicott.

42 O carneiro que ocupa o lugar do homem simbolicamente.

sobre a relação da mãe e seu bebê. O bebê, por não ter o seu *self* constituído, funde o seu ao de sua mãe. Por meio da relação da mãe com o bebê é que ele vai conhecendo o mundo e passa a separar o "eu" e o "não eu". Esse objeto carrega a fantasia, por meio desse objeto transicional ela reencontra a onipotência. Os exemplos clássicos apresentados pelo autor são: um ursinho de pelúcia, um travesseiro, que as crianças carregam como se fossem parte delas e que não deve ser trocado ou lavado[43].

Winnicott (1975, p. 19) diz que o *objeto transicional* abre caminho para o processo de se tornar capaz de aceitar diferença e similaridade. Assim, dá o exemplo da hóstia consagrada da comunhão, que simboliza o corpo de Cristo, sendo, para os cristãos, o *corpo* e, para os protestantes, um *substituto*, algo evocativo. Para o autor, os dois são símbolos.

Como diz Safra:

> trata-se de uma concepção do campo simbólico que vai considerar importante não tanto o significado de um determinado símbolo, mas fundamentalmente sua possibilidade de veicular uma experiência, uma vivência. É a função simbolizante que permitirá ao indivíduo seu atravessamento nas diferentes modalidades de estar no mundo: do estado subjetivo à realidade compartilhada (2004, p. 23-24).

Simbolizar é, sobretudo, a capacidade de experienciar. A experiência carrega sua força nos símbolos e ritos que são propostos culturalmente, mas que cada um vivencia conforme a sua forma de estar no mundo. Turner, inspirado em Dilthey, considera que as experiências que interrompem o comportamento rotinizado e repe-

---

43 Cabe dizer que o autor deixa claro que não se refere exatamente ao ursinho da criança pequena ou ao primeiro uso que o bebê dá a seu punho (polegar, dedos). Não está estudando o primeiro objeto das relações de objeto. Está interessado na primeira possessão e na área intermediária entre subjetivo e aquilo que é objetivamente percebido (Winnicott, 1975, p. 15).

titivo, iniciam-se com choques de dor ou prazer que invocam precedentes e semelhanças de um passado consciente ou inconsciente. O autor afirma que é estruturalmente irrelevante se o passado é "real" ou "mítico", "moral" ou "amoral", pois o que interessa é se diretrizes significativas emergem do encontro existencial na subjetividade (cf. Turner, 2005, p. 179).

A ideia emblemática do *não eu*, cunhada por Winnicott, foi posteriormente desenvolvida por Richard Schechner, na elaboração do *não não eu (not himself/not not-himsef)*, que expressa, segundo este autor, a possibilidade de ser outro(s) que é, sobretudo, uma característica do humano, seja no teatro, nos rituais etc. Desse modo, em nosso caso, o carneiro é como aquele que simboliza os sentimentos humanos. Pois, quando os muçulmanos sacrificam o carneiro, "colocam-se" no lugar deste, estabelecendo o *não não-eu* proposto por Schechner (1985). Para o autor, a experiência performática permite a transformação. Nesse sentido, o sacrifício transforma os muçulmanos, tornando-os *outros*, – o *que* não significa que se abandonem –, por isso que retomar o mito do carneiro é fundamental para a *performance* islâmica. O carneiro reconstrói a noção de pessoa muçulmana, uma vez que faz relembrar aos muçulmanos quais são os sacrifícios cotidianos que devem enfrentar para se tornar bons muçulmanos e, no dia do Juízo Final, receber sua recompensa.

Richard Schechner afirma que *transformation* é uma experiência temporária que, às vezes, torna-se status permanente, por exemplo, a situação de liminaridade do performer, e *transportation* seria qualquer tipo de evento performático que apresente "eficácia ou entretenimento". Participar de uma *performance* envolve um deslocar-se e, em outras palavras, tornar-se um outro. A expressão "não não eu" será usada por Schechner para se referir aos papéis assumidos pelo ator[44]. O ator, em cena, assume o não-eu, isto é, assume outro

---

44 Ver capítulo 5.

papel, que desencadeia uma transformação tanto nos demais atores em cena, se houverem, quanto no público e nele mesmo[45].

É para atuação do fiel islâmico que se pretende chamar atenção: o que significa matar o carneiro no lugar do filho? Em seu próprio lugar? O que está por trás do sacrifício? Devemos entender o conceito de *performance* como um dado completo e não fragmentado, como se a própria ação fosse um começo e um fim encerrados em si mesmos. A *performance* estabelece uma relação com o outro, por isso, ela nunca é isolada, individual; *e* se é relação ocorrem desdobramentos. Nesse sentido, para a construção de um *círculo hermenêutico* islâmico performatizado, faz-se necessário separar elementos essenciais da *simbólica religiosa*, que inunda os muçulmanos e o Islã, no contexto estudado, como diz Geertz (1989, p. 133), mas não significa deixá-los desconexos, pois, quando se trata de um ritual é preciso verificar os entornos dessa ação e interligá-los.

Como mencionado, deve-se chamar atenção para compreensão do termo *sacrifício* e o modo como ele é experenciado pelos muçulmanos até os dias de hoje. O sacrifício, segundo René Girard (1998, p. 17) sempre foi definido como uma mediação entre um sacrificador e uma "divindade". Por outro lado, ele diz que a função do ritual é "purificar" a violência, ou seja, "enganá-la" e dissipá-la sobre vítimas que não possam ser vingadas (Ibid., p. 52). Girard retoma a ideia de que o mito fundador do sistema sacrificial dos muçulmanos é o carneiro já sacrificado por Abel[46] e que Deus envia a Abraão[47].

---

45 Winnicott's ideas mesh nicely with Van Gennep's, Turner's, and Bateson's in whose "play frame" (...) "transitional phenomena" take place (...) When such performance actualities are played out before audiences, the spectators have a role to play. Winnicott puts into his own terms an audience's "willing suspension of disbelief" (Schechner, 1985, p. 110).

46 Vale ressaltar que Caim, o irmão invejoso, mata seu irmão Abel, aquele que oferecia seus carneiros a Deus.

47 Cabe pontuar que o autor comete uma incorreção em sua exposição, quando afirma que o filho oferecido por Abrão é Isaac. Isto é fato para cristãos e judeus, mas não para os muçulmanos, como revelei há pouco.

Ainda sobre as reflexões de Girard a respeito de *festa e sacrifício,* observamos que, para o autor, há na festa uma *antifesta*, o que implica que os ritos de expulsão sacrificiais irão coroar um período de austeridade extrema, e, portanto, a comunidade tomará cuidado em evitar a recaída na violência recíproca. A festa, segundo ele, baseia-se em uma interpretação do jogo da violência que pressupõe a continuidade entre crise sacrificial e sua resolução (Girard, 1988, p. 155). Trata-se de *resolução*, e aqui podemos recordar a quarta fase do *ritual de passagem*, de Turner (1987)[48]: a reagregação. Isto sugere que a festa carrega tensões que são resolvidas ou que devem ser ali resolvidas.

A experiência da festa é reagregadora, após a tensão de ter de oferece-se, entregar-se. A reagregação é necessária para que a festa aconteça. É preciso passar pelo sacrifício para se chegar à festa. Basta observar a descrição do *Hajj* e as etapas que os muçulmanos devem cumprir. Assim, é possível fazer a seguinte analogia: se, no final do *hajj*, o muçulmano não se entrega "concretamente", "materialmente" a Deus, entrega-se por meio do carneiro. A matança dos carneiros é um ato simbólico de entrega desse fiel a Deus, marca também o final do *hajj*, final de um "sacrifício" pessoal que se revela em um sacrifício explícito: o carneiro imolado substitui o homem. Esta experiência, que se atribui ao mito é incorporada no ritual:

Filho (Ismael) — Carneiro — Muçulmano

II – Notas etnográficas durante um Eid Adhha

Oh! aqueles que ouvem, que dia é este?
Deus e seus mensageiros sabem mais que nós.

48 Os dramas sociais, segundo Turner se apresentam em quatro fases: 1. separação ou ruptura; 2. crise e intensificação da crise; 3. ação remediadora; 4. reintegração/reagregação (que pode levar a cisão social ou fortalecer a estrutura). Importante destacar que foi Van Gennep (1977) que desenvolveu inicialmente um modelo de estudo dos "ritos de transição" (ritos de passagens), sendo, portanto, fonte inspiradora para elaboração de "drama social" para Turner.

Hoje não é o dia do Sacrifício? Que mês é este? Que cidade é esta? Aqui não é a cidade sagrada, eles disseram. Os seus bens e de sua família são sagrados para vocês. Não voltem à idolatria depois disso, não façam intrigas. É da confiança de vocês para que vocês discursem. Todos falam: *Allahu Akbar*. Você sabe o que isto significa? Você está dizendo: Deus é o maior e está acima de tudo. Mais do que sua família, filhos... É uma grande palavra de um grande significado. É um dia que eu não desagrado, eu não faço nada em desacordo com Deus. Você fez a preparação, vem para confraternização. Depois de ter adorado a Deus, vem para confraternização. Vocês viram todos os peregrinos vestidos de branco, todos são iguais. Você já entendeu o branco? Porque um dia você vai por a mortalha e ser enterrado. Você será questionado sobre o que fez na sua vida...

Do que você tem medo? Que eu não venda! Que falte mercadoria. Tenho medo de chegar a hora da morte e ter desobedecido a Deus.

Quantas mulheres morrem e não estão com o lenço. Quantos homens morrem e não estão rezando. Precisamos estar acatando as ordens de Deus. O profeta Davi disse: No prato na balança cabe o céu e a terra. O tamanho que ele é, ele representa. O primeiro céu representa um grão de areia no mar. Na outra vai ser a balança. Oh Davi! Oh David! Se você der uma única tâmara por Deus, se você fizer não porque é para que os outros saibam, mas porque Deus encheu o outro prato da balança. O que você fez para merecer o paraíso? Eu li cem vezes o Alcorão, fiz vinte peregrinações, rezei sessenta anos sem parar. E o que mais? Eu não fiz mais nada. Eu dependo da sua clemência. Deus ouviu as palavras sinceras e o recebeu no paraíso.

Honra o Islã

Toda vez que passava um funeral ele dizia: "Louvado seja Deus"... *Dia do Sacrifício não é só cortar a garganta de um animal. Nós temos que fazer sacrifícios.* Nós levantamos de manhã

> e vamos fazer a oração ... O que você deseja Abraão? Perguntou Gabriel (anjo). Não quero nada. Deus sabe da minha situação. Deus disse: "Que o fogo seja brando com meu filho Abraão". Numa batalha o Profeta disse: "Nem pense que o paraíso vem de graça"...o que agrada mais a Deus é quando uma pessoa vai batalhar pela causa de Deus. Nós temos que nos sacrificar... Então irmãos, temos várias formas de nos sacrificar. Vamos pedir perdão a Deus (grifos meus).
> (Sermão do *Eid Al-Adhha*, de 20 de janeiro de 2005 na mesquita de São Bernardo do Campo).

O que está explícito neste discurso é que o muçulmano tem que se *sacrificar*[49] *(entregar-se)*, porque o paraíso não vem de graça. O sermão apresenta vários pontos em que o comportamento restaurado aparece. Fazer o que é correto, não implica apenas ter fé em Deus, mas praticar. A prática religiosa é de suma importância para os muçulmanos; quem não pratica não é considerado um muçulmano completo. O que fazem, o que falam, o que comem, faz parte de um ciclo que deve ser vivenciado pelos muçulmanos. *Não basta cortar a garganta do animal é preciso fazer sacrifícios,* isto é, é preciso entregar-se a Deus; no momento de festa é preciso refletir sobre o verdadeiro sentido de ser muçulmano e dessa forma reavaliar o modo como cada um *se entrega, se* "sacrifica".

> [...] ser devoto não é estar praticando algum ato de devoção, mas ser capaz de praticá-lo (Geertz, 1989, p. 110).

---

49 Aqui cabe uma nota para explicitar que neste capítulo a palavra sacrifício toma dois sentidos que se complementam: o primeiro em relação ao sacrifício como *entrega* deste muçulmano à religião e o segundo, o sacrifício quando nos referirmos à Festa do Sacrifício e, portanto, a festa que rememora o sacrifício proposto a Abraão por Deus. Vale esclarecer que embora o Sheik tenha usado a palavra "sacrifício" em seu sermão, muitos dos muçulmanos com quem conversei não consideram a sua prática religiosa como sacrifício.

É preciso chegar bem cedo se se pretende acompanhar os detalhes desta festa, por volta das 6h30, horário em que os primeiros fiéis aparecem para a oração. Aproximadamente às 7h00 começa a oração. Terminada a oração, faz-se um lanche rápido, com a comida trazida pelas mulheres, e segue-se para a chácara Sultan, em Riacho Grande (São Bernardo do Campo – SP).

Na festa de 2005 dei carona para quatro muçulmanos reversos. Um deles, D. Cleusa, empregada doméstica, revertida há oito anos, contou que com a sua reversão seus filhos foram, pouco a pouco, "abraçando a religião". Perguntei a ela como lidava com o tempo islâmico, se não se atrapalhava com o calendário.

> Fui aprendendo aos poucos, hoje já conheço um pouco de árabe, sei ver o calendário e não me perco. A gente aprende. Deus mostra o caminho e a gente segue. Como venho semanalmente à mesquita sei de tudo que está acontecendo e vou acompanhando. Agora estou ensinando ao meu filho que é recém-revertido (dona Cleusa).

O filho de dona Cleusa, um rapaz de mais ou menos vinte e cinco anos, também foi conosco no carro. Logo vi que se tratava de um muçulmano recém-revertido, pois, ao entrar no carro, estendeu a mão para me cumprimentar. Não é comum um muçulmano estender a mão a uma mulher que não seja da sua família. Disse isto a ele, que sorriu e disse: "É, ainda estou aprendendo como me comportar". As falas dele e de sua mãe corroboram a ideia de que se aprende a ser muçulmano, assim como se aprende o tempo e o modo correto de lidar com as questões temporais.

Ao chegar à chácara Sultan, avistamos balões pendurados com frases do Alcorão referindo-se à festa. Uma área de lazer, com brinquedos, tinha sido montada para as crianças. O sol do mês de fevereiro deixava a festa ainda mais bonita. As mesas já estavam fartas de comidas salgadas, doces e frutas. No balcão, era possível se servir de saladas. Na churrasqueira da chácara já sentíamos o cheiro dos primeiros pedaços de carneiro sendo assados. Já era quase meio-dia.

Fui estimulada pelas mulheres a buscar os meus filhos para se divertirem junto com as outras crianças.

Chegando à chácara, meus filhos sentiram-se livres e animados com tantos brinquedos disponíveis e vários amigos novos para interagirem. A novidade ficou por conta das meninas que usam véu; eles ficaram preocupados que o véu se rasgasse ou caísse em meio a uma brincadeira.

Enquanto conversava com alguns fiéis e tentava gravar alguns depoimentos, tinha como ajudante meu filho Gabriel, que ficou fascinado pela contribuição que estava dando à mãe antropóloga. Enquanto eu filmava e entrevistava as pessoas presentes na festa, ele tentava manter o *set* em silêncio. Tentava tirar as pessoas que passavam conversando por perto, tarefa impossível, uma vez que a chácara estava cheia de gente. Havia barulho por todos os lados. Era festa. E, como em qualquer festa, barulho e movimento são uma constante. Observei que era comum aparecerem muçulmanos de outras comunidades: Mogi das Cruzes, Guarulhos, Jundiaí, Santos etc. Em um dos espaços da chácara, viam-se os tapetes reservados para as orações, que aconteciam em meio a pessoas conversando e crianças brincando. Isto mostra que para um muçulmano em oração, pouco importa onde esteja, pois o melhor sempre é cumprir sua obrigação religiosa.

Cabe esclarecer que, em países de predominância muçulmana, o Dia do Sacrifício é marcado pela matança de carneiros e de outros animais – trata-se da execução de alguns animais para a alimentação segundo os preceitos religiosos. Os muçulmanos só comem carne *halal*[50], isto é, carne sem sangue, o qual consideram impuro e ilícito. Há regras para o abate do animal, a principal delas é que o animal não deve sofrer ao ser sacrificado.

50 Sobre comida *Kosher* ver Topel, 2003.

17º. Hadiz (hadith)[51]

Relato Abu la´La, Shaddad Ibn Aus – Dios esté complacido con él –, que el Mensejero de Dios – la paz y las bendiones de Dios sean con él – dijo:

"Ciertamente, Dios prescribió la benevolencia en todos los asuntos; entonces, si matáis matad bien, y si degolláis, degollad bien. Así pues que cada uno afile su cuchillo y no haga sufrir al animal que mata" (lo transmitió Muslim).

Observei de perto esse ritual, marcado pela oração de homens, em volta do animal até ele ficar calmo. Uma pessoa especializada corta o pescoço do animal com um único golpe. No momento de se desferir o golpe, alguns dizem: "Em nome de *Allah, Allah* é Maior (Allahu Akbar), ó *Allah*, isto é, de Ti e para Ti, ó *Allah*, aceita isso de mim" (Muslim: 3/1557), relembrando que só Deus está acima dos homens, dos animais e de todas as coisas – ou simplesmente repetem o refrão *Allahu Akbar*!

No Islã é permitido alimentar-se da carne de um animal que tenha levado mais de um golpe para morrer. Espera-se o sangue escorrer, depois o animal é destrinchado para ser temperado, cozido (assado) e servido na própria festa. Uma parte dos animais sacrificados naquele dia vai para o açougue de comida *halal*, que vende carne aos muçulmanos.

Durante o sacrifício dos animais é possível ver a presença maciça de homens; são poucas as mulheres que vão olhar os animais. As crianças, curiosas que são, rodeiam o tempo todo, mas aprendem a respeitar o evento, mantendo-se quietas diante de uma cena que "parece bárbara", mas que, ao mesmo tempo, carrega um simbolismo religioso fundamental na crença islâmica. Neste momento, sacrificam-se carneiros e vacas. Outros animais, como o frango, são hoje sacrificados, de forma islâmica, pela empresa Sadia, que tem

51 *Hadith* são os ditos e falas do profeta Muhammad que devem ser seguidos pelos muçulmanos.

um grande mercado de exportação de frango, principalmente para o Oriente Médio. Quando o muçulmano se alimenta de frango, ele tende a comprar desta marca, pois considera que o animal foi abatido dentro das regras islâmicas.

> A matança dos carneiros significa, para mim, que Deus me ama e que eu não posso esquecer do sacrifício de Abraão. Devemos ser melhores a cada dia. Allahu Akbar (Deus é Maior) só ele sabe, só ele vê. Devemos adorá-lo e fazer o melhor sempre. Todos os anos nós recordamos o sacrifício do Profeta Abraão, assim lembramos que temos que fazer os nossos sacrifícios. Que devemos honrar a Deus, fazer o jejum, as orações, devemos ser muçulmanos melhores do que fomos no ano passado. (Rosângela, revertida).

Nessa festa consegui fazer algumas imagens discretas do evento, pois me foi solicitado que não se filmasse o animal morrendo ou pendurado, apenas os homens de costas, rezando. Havia a preocupação de que as cenas pudessem ser usadas para transmitir uma imagem negativa da cultura muçulmana, como outras pessoas já tinham feito. Antes de ir à festa, conversei com Sheik Jihad sobre a possibilidade de filmar o sacrifício, mas ele alertou-me que a comunidade não gostaria. Mesmo que por ele não houvesse problema, pois eu tinha muitos créditos com ele[52], o Sheik afirmou que não gostaria de forçar alguma coisa que a comunidade não se sentisse à vontade de mostrar. Anos depois ao assistir ao vídeo *Sacrifício* (cf.

---

52 Desde o início da minha pesquisa, em 1998, percebi que os muçulmanos eram bastante arredios por acharem que se tratava de uma jornalista. A sensação que eu tinha é que, a todo tempo, eles quisessem se ver livres daquela "intrusa" que queria entender tudo, saber tudo e que às vezes ficava horas em silêncio, anotando, observando. Todo esse distanciamento foi sendo quebrado durante a pesquisa. Fiz fotos, vídeos de alguns eventos, publicações e repassei a eles. Tenho tido por hábito consultar o sheik para esclarecimento de dúvidas. Na época das festas, algumas pessoas me ligam para saber se estarei no Brás ou em São Bernardo.

Ferreira, 2007, vídeo), disse estar satisfeito com a forma diferente de contar o *Hajj* e o *Eid Adhha*, mesmo tendo registrado o carneiro. No seu entender, esse vídeo conta corretamente os significados atribuídos a este ritual.

OBSERVANDO OS CIRCUITOS ENERGIZADOS – ALGUMAS CONSIDERAÇÕES

Alguns pontos são importantes para concluir este capítulo. Em primeiro lugar, vale a pena retomar o calendário para a compreensão do tempo vivido. O tempo que renova o mito no ritual. É o tempo que se insere na vida dos muçulmanos, sejam eles árabes ou brasileiros. Esses últimos aprendem o tempo e vivenciam-no intensamente nos rituais, confirmando a ideia do tempo marcado pelas relações sociais. Tempo e espaço são categorias importantes para a análise do Islamismo e do modo como engendram a sua simbólica religiosa. O tempo da festa, o tempo do *hajj,* a Meca como espaço sagrado e concêntrico, para onde todos se voltam, a importância da mesquita na vida da comunidade. A vida prescritiva dos muçulmanos faz com que o tempo seja elemento constitutivo e recorrente da prática cotidiana. Da mesma forma, o espaço. O espaço sagrado da mesquita, no qual as pessoas se submetem a Deus, prostrando-se diante dele, em sinal de devoção.

Se tempo e espaço fazem parte da estrutura do ritual, ainda podemos destacar outras festas [rituais] que estão pautados de acordo com a comunidade. O Brasil é considerado *Dar-al-Muahadah* (terra de tratado)[53] e talvez por isso, ressignifique suas festas como é o caso

---

53 Há três expressões árabes que definem as relações estabelecidas entre as comunidades islâmicas e determinados territórios: *Dar-al-Islam* (terra do Islã), *Dar-al-Harb* (terra de guerra) e *Dar-al-Muahadah* (terra de tratado). O primeiro diz respeito a territórios regidos por Estados Islâmicos, o segundo se refere a regiões onde os muçulmanos são perseguidos por meio de violência ou de leis. Nesse sentido, o Brasil, foi *Dar-al-Harb* no período das rebeliões escravas, pela dificuldade de exer-

da festa *caipira-árabe* realizada na comunidade de Santo Amaro, que adicionam elementos de festas árabes, com as danças coletivas – *dabke* – e quadrilhas realizadas em festas juninas.

Marcus (1991) já chamava nossa atenção para a problematização do espaço: *Quais são as identidades que se aglutinam?* E aqui a problemática é mais complexa, pois não se trata de uma única identidade, mas de identidades que se aglutinam, como a dos árabes e brasileiros que ocupam seus lugares na mesquita.

Em segundo lugar, vale pontuar que as festas intensificam os circuitos energizados. O circuito, conforme nos aponta Magnani (1999, p. 68-69), apresenta:

> implicações metodológicas: oferece um princípio de classificação aplicável em diferentes níveis de abrangência, permitindo distinguir tantos planos quantos sejam necessários para estabelecer um conjunto homogêneo e comparável.

Nesse sentido, creio eu, é interessante pensar os dois Eids (as duas festas) como capazes de estabelecer um circuito energizado, ou seja, que apresenta características homogêneas, como pude expor neste texto, e que, por isso, também, capazes de vitalizar os muçulmanos de várias comunidades que, nesses dias, procuram se encontrar em espaços determinados, transformando esses encontros em verdadeiras *communitas ramadânicas e do sacrifício.* São nesses momentos – *de communitas* – que as pessoas podem se ver, frente a frente, como membros de um mesmo tecido social. É nos dramas sociais e nos rituais que suscitam (rupturas socialmente instituídas) ou que deles emergem (como ação reparadora) que é possível acontecer uma ruptura ou um fortalecimento da estrutura. É ainda possível dizer que,

---

cerem suas práticas religiosas. E hoje, é *Dar-al-Muahadah*, pois a prática da religião e dos costumes islâmicos é permitida no nosso território, não havendo perseguições ou outro tipo de discriminação, mesmo os muçulmanos sendo minoria religiosa.

a cada festa islâmica e em cada ritual, os elementos do cotidiano se reconfiguram e se recriam universos sociais e simbólicos.

No entanto, vale destacar alguns elementos que apontei nas descrições das festas: o primeiro deles nos remete ao fato dos muçulmanos reversos (brasileiros), que não são de família muçulmana, reunirem-se em dia de festa com outros muçulmanos. Constatamos que a chácara faz parte de um circuito que se inicia em alguma mesquita (São Bernardo, Guarulhos, Brás etc.), mas que, passado o momento da oração, é o espaço da festa, da comemoração. O calendário refaz a experiência do Profeta, mesmo que o espaço seja na metrópole, a "aldeia libanesa" é reconstruída, reelaborada para dar significado aos signos religiosos. O *circuito* apresenta pontos mais energizados, mesmo sendo em São Bernardo do Campo ou em São Paulo, pois todos estão voltados para Meca. É Meca que energiza São Paulo e outros tantos espaços islâmicos.

Quando o espaço de encontro é a chácara, o circuito é ampliado, e assim muçulmanos reversos e árabes compartilham de uma grande festa coletiva. Isso não quer dizer que exista uma convivência próxima entre eles, pois percebo, a cada ano, que o espaço é o mesmo, mas a sociabilidade é mais fluida, brasileiros reversos e árabes não estão, necessariamente, se relacionando. É possível identificar isso pelas mesas. Há mesas de amigos, em geral reversos, há mesas de famílias árabes, parentes próximos ou distantes, e há mesas onde reversos brasileiros se misturam com os árabes. No entanto, todos estão lá, fazendo parte da mesma festa, da mesma *communitas.*

A ampliação do olhar, vendo o mundo muçulmano como algo transversal a SBC, Brás, Santo Amaro etc., indo além desses espaços. Pois o circuito durante as festas toma um outro sentido, que não é o mesmo das orações de sexta-feira. Na *salat jum'a*[54], também há uma "certa" circulação de muçulmanos, falta descobrir se também ela apresenta esse mesmo caráter que se observa nas festas.

54 Oração de sexta-feira.

Outro ponto interessante a ser percebido são os momentos liminares observados durante o período do jejum. Aquele que jejua modifica a sua vida, pois intensifica suas ações positivas, tais como as orações, os pensamentos etc. O jejum altera o cotidiano islâmico, fazendo com que a comida e o sexo sejam suspensos, e o fiel esteja voltado integralmente para Deus, enquanto o Sol esteja presente. O jejum é visto, apenas por Deus, afirmam os muçulmanos, pois somente Ele realmente sabe se você está ou não em jejum. Estabelece-se, portanto, uma relação direta entre o homem e Deus, assim como prescreve a própria religião, sem intermediários.

O terceiro e último ponto refere-se ao sacrifício do carneiro, como *objeto transicional.* Na relação estabelecida entre o homem e Deus (Homem-Carneiro-Deus), o carneiro simboliza essa intermediação. Já não é mais preciso oferecer o meu filho em nome do amor a Deus, mas é preciso colocar algum objeto no lugar deste sacrifício. Este objeto é o carneiro.

Se Abraão foi capaz de se sacrificar, os muçulmanos devem fazer o mesmo em sua prática com o jejum e, na evocação simbólica, com a matança dos carneiros. Isto implica dizer que a vivência da religiosidade islâmica está no cotidiano e no extracotidiano, pois as expressões religiosas, o modo de construir seu comportamento, devem ser uma atuação do cotidiano que se transforma em extracotidiano. A ação extraordinária, como é o caso da matança dos carneiros, tira o muçulmano do seu dia a dia para observar/vivenciar a matança, como ficou explícito no sermão do Sheik: "nós temos que nos sacrificar", referindo-se às atitudes que devem ser assumidas pelos muçulmanos.

Cabe notar que o ritual vivido pelos muçulmanos implica uma relação profunda com o sagrado, que invoca repetidas vezes a soberania divina – *Allahu Akbar*, Deus é Maior, que os fiéis repetem em especial no dia do sacrifício dos carneiros. Tariq Ramadan afirma em seu texto o quanto a identidade muçulmana passa *pela fé, prática e espiritualidade.* A fé dá sentido à prática islâmica do abate do carneiro como símbolo, como modo de recordar o pedido de Deus. A fé estabelece, segundo o autor, o vínculo direto com Deus sem vinculá-lo a nada. A unicidade de Deus como fonte de verdade. A fé toma o corpo, e a prática que se estabelece (a oração, o jejum, o zakat etc.) é prova dessa entrega. A espiritualidade, por fim, faz do muçulmano aquele que conserva viva a fé e intensifica a sua prática, por meio dos rituais (Cf. Ramadan, 2002, p. 258).

Se, no período do jejum, por exemplo, o sacrificado é a pessoa (muçulmano), que se torna melhor por meio dessa experiência, agora o carneiro ocupa este espaço, apresentando outros significados à dinâmica religiosa. Os muçulmanos atribuem à matança do carneiro uma forma de acionar experiências do passado (reais ou não) na religiosidade do presente. Retomar o mito de Abraão é fortalecer o sentido religioso do sacrifício coletivo da comunidade.

Vale lembrar as palavras de Turner (1982, p. 3), de que a antropologia da *performance* é uma parte essencial da antropologia da experiência. *Performance* que deriva da palavra *parfournir*, completar ou realizar inteiramente. Cabe dizer que, para Turner (1982) é essencial a "abertura" e por isso o seu não acabamento essencial e a atenção do autor aos ruídos, aquilo que escapa à ordem, aquilo que escapa à construção e à apresentação da *performance*. Os muçulmanos quando se referem a sua prática dizem que estão aprendendo a cada dia, a cada ano. Para eles, o aprendizado, e daí o sacrifício, é uma preparação que se renova e se aprimora. O muçulmano a ação amorosa de Deus quando este pede para sacrificar o carneiro e não o filho. O carneiro é elemento energizador da estrutura do ritual islâmico, provocando mudanças no fiel, fazendo que ele perceba que necessita ser melhor a cada dia; é recordar cotidianamente o sacrifício de Abraão.

Este capítulo deixou entrever o carneiro como *objeto transicional* na relação fiel e Deus. Se o carneiro é o *não não eu* da relação estabelecida, é também o desvio da própria estrutura, uma antiestrutura acionada para dar sentido a vivencia religiosa. A importância de se compreender a experiência individual e coletiva que gera interpretações diversas sobre o significado do sacrifício pessoal e coletivo. Foi possível aproximar a antropologia [*performance*] de um referencial específico da psicologia, pois nos ocupamos de apontar o contexto da experiência ritual no qual são atribuídos significados, sem deixar de lado, a experiência individual de Abraão que se reproduz como mito fundador da relação entre o fiel e Deus e que gera anualmente a Festa do Sacrifício, a reflexão individual e coletiva dos muçulmanos.

Para finalizar é importante ressaltar que o espaço da festa é primordial para a convivência e a sociabilidade de adeptos do Islã, assim como o tempo determinado pelo calendário, sejam esses adeptos brasileiros revertidos ou árabes. Se para uns, a festa amplia o contato com outros muçulmanos, para outros, a festa reforça os laços já estabelecidos. Espaço e tempo fazem parte de um meio de comunicação e não podem ser compreendidos independentemente da ação social. As festas têm momentos delimitados de tempo e espaço das *performances*, o que quer dizer que têm tempo e lugar para acontecer.

Outros elementos da simbólica religiosa como o jejum do mês do Ramadã e o *hajj* alteram o estado da pessoa, tanto física, quanto espiritualmente, como revelaram vários muçulmanos, e como bem disse Mauss (2005, p. 58): o sacrifício *modifica o estado da pessoa,* e esta transformação é que dá sentido à construção das *performances*, das ações que serão estabelecidas. A experiência é constitutiva do ritual, mesmo que simbolicamente, tal qual o espelho mágico de uma experiência liminar, a sociedade muçulmana pode ver-se a si mesma a partir de múltiplos ângulos, experimentando, num estado de subjuntividade, com as formas alteradas do ser, do não eu[55] dando significados ao sacrifício do carneiro e ao seu próprio.

55 Ver Victor Turner, 1987a, p. 22 e Dawsey, 2005, p. 165.

CAPÍTULO 5

A Teatralização do Sagrado Islâmico: a palavra, a voz e o gesto[1]

Nós devemos ter sempre em mente
que Deus não precisa da nossa oração,
porque Ele está livre de qualquer necessidade.
Nós, pelo contrário, é que precisamos dela,
pois ela nos traz inúmeros benefícios,
como o de estar imprimindo a organização,
a disciplina, a perseverança e a ordem na nossa vida.

O objetivo deste capítulo é apresentar um dos elementos performáticos da religião islâmica: a *salat* (oração islâmica), para isso, discorro sobre o aprimoramento do muçulmano por meio do *comportamento restaurado* e levo em consideração o conhecimento da *palavra*, o uso da *voz*[2]e o *gesto*. O capítulo também suscita uma aproximação recorrente entre teatro[3] e antropologia. Nesse sentido, é importante frisar que vários antropólogos já se debruçaram

1 Este capítulo foi publicado inicialmente na Revista Religião e Sociedade vol. 29, n. 1, 2009, p. 95- 125. Agradeço e dedico este capítulo a *Sylvia Caiuby Novaes*, pelas infinitas leituras, correções e estímulo ao meu trabalho.

2 Vocalidade [Paul Zumthor, 2001].

3 Conforme nos aponta Dawsey (2007, p. 34) a etimologia da palavra teoria, assim como teatro, remete ao "ato de ver" (do grego *thea*); daí a aproximação do *lugar olhado das coisas na antropologia da performance*, fortemente inspirado por Barthes que chama o teatro, de um cálculo do lugar olhado das coisas (1990, p. 85).

sobre essa temática dando enfoques diferenciados sobre o conceito de *performance, ritual e teatro* na antropologia (Turner 1982, 1986; Schechner 1985; Goffman 1974; Tambiah, 1985; Grimes 1995). Esses autores ampliaram o modo de ver não só os rituais, mas as experiências religiosas e o fazer teatral de sociedades diversas. De certo modo, considero que a minha participação (durante muitos anos) no Núcleo de Antropologia, Performance e Drama contribuiu para uma maior reflexão a respeito do processo realizado por atores e o processo de constituir-se muçulmano. Ambos ensaiam, treinam a sua *performance*: o muçulmano, pelo modo de vivenciar a religião, pautada pela repetição cotidiana da palavra sagrada, e o ator, ao construir uma *persona*, uma personagem. Temos ainda, a experiência de ser o *outro*, assumir um papel e transformar-se, como é o caso do ator, mas também do muçulmano, por acreditar que a sua religião é fruto da última revelação enviada por Deus e que, por isso, é a promessa de mudança definitiva do homem, tornando-o diferente dos demais seres humanos. Com esta aproximação, não pretendo essencializar o "ser muçulmano", ao contrário, busco uma outra forma de fundamentar a constituição do *ritual da prece* numa outra perspectiva, a da antropologia da *performance,* que compõe o que se convencionou chamar de *antropologia das formas expressivas.*

O leitor pode estranhar a aproximação entre *ator e muçulmano,* entre *teatro e Islã,* mas este estranhamento se esvai quando lemos Victor Turner (1982, 1986). Esse autor argumenta que a antropologia da experiência encontra, em certas formas recorrentes de experiência social – entre elas, os dramas sociais –, fontes de forma estética, incluindo o drama de palco. O ritual para Turner deriva do coração subjuntivo, liminar, reflexivo e exploratório do drama social, onde as estruturas de experiência grupal (*Erlebnis*) são copiadas, desmembradas, rememoradas, remodeladas. Ainda para Turner o mundo do teatro é o da reparação, reparação como processo ritual[4]. Aqui também será possível evidenciar a oração como mo-

4 Turner (1987, p. 76) aponta sua divergência em relação ao pensamento dele e

mento de reparação entre o fiel e Deus. A importância da oração e do seu significado em comunidades muçulmanas já foi explicitado por Mahmmod (2001), Henkel (2005) e Bowen (1989) em suas etnografias sobre as comunidades islâmicas do Egito, da Turquia e da Indonésia respectivamente.

Durante a pesquisa de mestrado realizada na comunidade do Brás, as mulheres me relatavam a dificuldade que tinham de fazer a oração da tarde quando estavam no trabalho ou na escola, ou quando tinham crianças pequenas para serem cuidadas. Os homens, por outro lado, não "expressavam" nenhuma dificuldade, a não ser cumprir a oração de sexta-feira, que é obrigatória aos homens, pois muitos são donos de loja. A frequência às orações de sexta-feira difere de uma comunidade a outra, conforme exponho a seguir.

Na Mesquita Brasil, a maioria presente nas orações de sexta-feira, são homens. Com a construção da Mesquita do Pari, o número de mulheres que frequentam a oração de sexta-feira aumentou significativamente. Na Mesquita de Santo Amaro é comum encontrar um número maior de brasileiros. Nesta comunidade, a frequência nas orações de sexta-feira não é significativa em número de mulheres, ao contrário dos homens. Por fim, na Mesquita de São Bernardo do Campo – constatamos que a maioria dos frequentadores é de origem libanesa (assim como na maioria das comunidades sunitas em São Paulo) e encontramos um número maior de mulheres que participam da oração coletiva.

A partir desta breve descrição, é possível apontar alguns elementos relevantes para iluminação do contexto da pesquisa: 1. a comunidade do Pari e de SBC apresentam um número maior de mulheres na oração de sexta-feira, isto não quer dizer, que as mulheres das outras comunidades rezam menos ou apresentam uma adesão menor a religião, por não frequentarem a mesquita. 2. Na mesquita do Pari, nos últimos

---

o de Erving Goffman. Goffman se apresenta como observador do teatro da vida cotidiana, Turner se interessa pelos momentos de suspensão de papéis, ou seja, pelo meta-teatro da vida social, que para ele é o drama social.

anos, houve um aumento do número de jovens que se reverteram ao Islã, mas há muitas muçulmanas de ascendência árabe que residem na região e que criaram o hábito de frequentar a mesquita. Em SBC é grande a presença de mulheres e crianças. A frequência feminina se deve, entre outros motivos, ao modo como essas são orientadas (preparadas) pelos Sheiks, seja em aulas semanais na mesquita, seja em acampamento islâmico organizados pela comunidade, no qual se destaca sempre o discurso "tradicionalista"[5] da religião, conforme já relatei nos capítulos 1 e 3 respectivamente. Além disso, é muito comum ouvir desses muçulmanos nas comunidades que pesquisei e também nas comunidades virtuais do Orkut as seguintes expressões: "Eu retornei ao Islã"; "Eu me reverti"; "a cada oração se faz melhor"; "a cada jejum se faz melhor". Essas expressões reforçam, no meu modo de ver, a ideia de *comportamento restaurado* proposto por Richard Schechner, pois embora se saiba que a perfeição é inalcançável, o empenho e a repetição em cada pilar do Islã são fundamentais.

Para compreensão da teatralização da *salat* islâmica, será necessário compreender a escritura islâmica (palavra), a voz (vocalidade) e os gestos que instauram a estética necessária à apresentação do modo como o *comportamento restaurado* se realiza no cotidiano islâmico, no cotidiano extraordinário da oração[6].

Uma questão se coloca: será que, em contexto islâmico, existe uma linguagem *ritual* e outra do *cotidiano*? A dúvida é: como essa separação pode ser possível, se o muçulmano deve rezar cinco vezes ao dia e, portanto, a religião está no cotidiano? Arrisco dizer, portanto, que nem tudo é só ritual ou só cotidiano. Em se tratando de Islã, esses significados são compartilhados: ritual e cotidiano se confundem, se misturam, mesclam-se, assim como o próprio linguajar. Aquele

---

5 Entende-se por "tradicionalista" aqui aqueles que seguem os fundamentos religião.

6 Aqui percebo a oração como cotidiano extraordinário, porque ela faz parte do cotidiano islâmico e carrega consigo elementos do próprio ritual, torna o cotidiano extraordinário, especial, não é um mero cotidiano. Como será possível desenvolver mais adiante: a linguagem ritual está presente no cotidiano islâmico.

que realmente vivencia a religião, "no sentido pleno"[7], adere às palavras e ao comportamento do ritual até mesmo em seu cotidiano, e os rituais apenas intensificam esses momentos habituais. Outros muçulmanos realizam-se nos rituais, e há ainda casos de pessoas que não praticam a religião, no entanto, são incapazes de burlar alguns de seus elementos, tais como comer carne de porco e/ou ingerir bebidas alcoólicas. Como em qualquer religião, cada um se apropria dos elementos da simbólica religiosa como acha que deve, ou como considera mais cômodo para o cotidiano no qual está inserido.

O argumento aqui não diz respeito apenas à confirmação do fato de que se aprende a ser muçulmano, mas se refere àquilo que se aprende (*ao que se apreende)* e ao *sentido deste aprendizado*, que se repete [recupera] a cada dia e a cada oração. É preciso ter em mente a ideia de Geertz (1989, p. 104-105; 110) de que o sistema de símbolos atua para estabelecer poderosas, penetrantes e duradouras disposições e motivações nos homens e, além disso, que ser devoto não é estar praticando algum ato de devoção, mas ser capaz de praticá-lo. Para o autor, qualquer ritual religioso envolve a fusão simbólica do *etos* com a visão de mundo, e resulta nos rituais mais elaborados e mais públicos. É nesse sentido que penso as revertidas que irei apresentar mais adiante: elas podem não conhecer profundamente os passos da oração, mas já apresentam disposição para repetir a ação religiosa. No entanto, considero que o sistema religioso [islâmico] não é meramente constituído por aqueles que praticam a religião, mas também por quem tem a *disposição* para atuar nesse sistema simbólico[8]. Por isso reafirmo a importância de pensar esta dispo-

---

7 Isto é, segue os pilares da fé e da prática.

8 Reginaldo Prandi argumenta que "a religião que se professa hoje já não é aquela na qual se nasce, mas a que se escolhe. A religião que alguém elege para si hoje, selecionada de uma pluralidade em permanente expressão, também não é necessariamente mais a que seguirá amanhã. O religioso é agora um ser pouco fiel. Mais de um quarto da população adulta da região metropolitana de São Paulo professa hoje religião diferente daquela em que nasceu, são convertidos, muitos tendo experimentado sucessivas opções" (2005, p. 242).

sição por meio da teoria da *performance*, pois é por meio de uma repetição corporal que se dá a *salat*.

PERSPECTIVAS TEÓRICAS DA ANTROPOLOGIA DA PERFORMANCE (RITUAL)

> [...] Mostrar-se fazendo é performar: apontar, sublinhar e demonstrar a ação. Explicar ações demonstradas é o trabalho dos *Estudos da Performance*" (Richard Schechner, 2003, p. 26, grifos do autor).

Richard Schechner, diretor de teatro, manteve um diálogo profícuo com Victor Turner e "propôs-se a elaborar um modelo original de investigação e de análise antropológica de eventos performáticos". Seu foco é o teatro [performer e audiência] a fim de evidenciar a conexão entre "rito" e "teatro". O autor estabelece que *não existe distinção entre esses dois termos*, pois são da mesma natureza: são *performances* (Silva 2006, p. 48, grifos meus).

Para pensar rito (islâmico) e teatro tomo emprestado do autor o conceito de *comportamento restaurado [recuperado]*, que é o processo chave de todo tipo de *performance*, no dia a dia, nas curas xamânicas, nas brincadeiras e nas artes (Schechner, 2003, p. 25). Neste sentido, podemos afirmar que o *comportamento restaurado* é uma das características principais da *performance*, que, por sua vez, se integra à antropologia da experiência. Para o autor o comportamento restaurado pode ser de longa duração como dramas e rituais e de pequena duração como os gestos, danças e mantras.

O autor ainda supõe uma distância entre o/a performer e as "tiras de comportamento" (*strips of behavior*)[9] por ele/a restauradas,

---

9 Em *Frame Analysis* Goffman usa o termo "strip of activity" diferentemente de Schechner que usa "strip of behavior".

também sugere possibilidades interessantes para a análise de como se constroem, alteram ou decompõem identidades. Em "Magnitudes da performance" Schechner explora os diferentes níveis de manifestações corporais, desde "eventos cerebrais" a "dramas" e "macrodramas" para discutir "magnitudes de performance". Deste modo, proponho que a *salat* islâmica se constitui dessas "tiras", desses pequenos frames [enquadramentos] pelos quais podemos compreender a constituição de *performance* como recriando a própria ação simbólica que mobiliza diretamente o universo sensível, com a repetição da ação e impregna a restauração.

A repetição da oração no Islã é verbal e corporal, instaura, um *comportamento restaurado,* pois a própria *performance*, que não se caracteriza apenas pelo ato em si, inclui também o *processo*, como ação performática, pois, como bem, colocou Schechner, a *performance* é um paradigma do processo (Turner, 1987, p. 8). O termo *performance* deriva do francês parfournir, "completar" ou "realizar inteiramente", é o momento de expressão, no qual se completa uma experiência. No entanto, cabe ressaltar que para Turner é essencial a abertura, isto é, o seu não acabamento, a *performance* como processo constante e aberto. Temos então, na obra de Turner, um percurso que vai do *ritual ao teatro* e na de Schechner um movimento contrário do *teatro ao ritual.*

Num outro registro, Paul Zumthor (2000, 2001) ao tratar questões de literatura oral, prefere a noção de voz [vocalidade] à de oralidade, justamente para enfatizar as dimensões corpóreas da *performance.* Estudioso da poética da voz em contextos medievais, Zumthor em seus textos, apresenta-nos a "literatura" como a poética do corpo, do gesto, da voz e dos ritos. Proponho pensar a oração dos muçulmanos, *como uma poética do corpo*, ou seja, não é algo que está restrito à recitação de palavras, mas às palavras que cadenciam os movimentos do corpo. O gesto ganha vida pela voz, há um *comprometimento do corpo.* O sensível é exposto ao extremo, de modo a criar uma *estética/poética* do corpo.

Zumthor fala em *recepção, conservação e reiteração.* "A 'recepção' se faz pela audição acompanhada da vista [o muçulmano ouve o chamado da oração], uma e outra tendo por objeto o discurso assim performatizado: é, com efeito, próprio da situação oral que transmissão e recepção constituam um ato único de participação, copresença, esta gera o prazer. Esse ato único é a *performance*". Quanto à "conservação" e à "reiteração", Zumthor ajuda a compreender o campo da memória e o modo como a recriamos: incessantes variações, recriadoras, que ele chamou de *movência*. Ele ainda faz uma observação que abre espaço para a escrita. Ela, hoje, facilita a transmissão. Na verdade, muitas dessas transmissões são feitas por intermédio da escrita e o leitor está entregue ao visual, ficando a conservação a cargo dos livros e da biblioteca [muçulmanos decoram suras do Alcorão balançando seus corpos]. Se a caligrafia se apresenta como uma imagem, como diz Zumthor (2202, p. 86), "caligrafar é recriar um objeto de forma que o olho não somente leia, mas *olhe*", a recitação é a construção da imagem corporal (da *performance*), do movimento das mãos, da curva feita pelo corpo, da genuflexão, da prostração de quem pronuncia a palavra de Deus. É como se Deus fosse tomando corpo na voz do fiel.

REVERTIDAS (OS) E O SISTEMA SIMBÓLICO ISLÂMICO A SER APRENDIDO

> jum'a[10], sexta-feira, 16 de janeiro de 2004, enquanto conversava com algumas muçulmanas dentro da mesquita, aguardando o início da oração, observei a entrada de duas senhoras. As duas não usavam véu. Ao se aproximarem, pediram que eu pegasse dois véus, pois só assim poderiam entrar no espaço de oração. Antes da aproximação, já havia notado que "não eram muçulmanas". Primeiro, porque não sabiam onde colocar os sapatos; segundo, porque pareciam apreen-

10 Oração de sexta-feira, obrigatória para os homens e facultativa para as mulheres (Alcorão 62:9-11).

sivas e não se sentaram junto à parede, como costumam fazer as demais muçulmanas. Não mencionam o Assalamu Aleikum, frase que muçulmanos falam quando se encontram. Conversando com elas, descobri que eram brasileiras recém-revertidas (notas do caderno de campo, Mesquita Abu Bakr al-Sadik, em São Bernardo do Campo).

Os itens assinalados me fizeram crer que não eram muçulmanas: não estar de véu, não saber onde colocar os sapatos, sentar separadas das mulheres e não pronunciar *assalamu aleikum*. Ao saber que eram recém-revertidas passei a considerar com mais acuidade o aprendizado islâmico. Há sim um aprendizado, e passei a argumentar se, no caso, se tratava de "atores" que aprendem o papel que devem desempenhar. Por outro lado, da mesma forma que considerei essas moças como "não muçulmanas", elas me tratavam *como se* eu fosse muçulmana, talvez por estar de véu e sentada junto às mulheres.

Aisha[II], 36 anos, publicitária:

> Mudei minha vida, meus hábitos, meus costumes, só assim é possível estar com Deus. Estou feliz, porque eu já fui católica, espírita, tudo isso...

Khadija, 45 anos, desempregada:

> É tudo muito novo para mim... a reza, o jejum... O jejum eu ainda não fiz. Mas estou feliz, estamos felizes [refere-se à amiga], porque eu tinha necessidade de uma religião mais regrada. Fizemos novas amizades... É a primeira vez que rezamos em comunidade. O Sheik disse que não é obrigatório a mulher rezar na mesquita, mas que é bom.

II Aisha e Khadija foram os nomes adotados com a reversão. Mudar de nome, mesmo que simbolicamente é uma demonstração de separação do mundo anterior.

Essa observação de campo me levou, como destaquei há pouco, a refletir sobre a possibilidade do aprendizado de uma postura: de um "ser" ou "tornar-se" muçulmano. As fases propostas por Schechner: *ensaio* (aprende-se a ser), *performance* (o ato em si – o processo) condiziam perfeitamente com o que se imaginava inicialmente: aprende-se, performatiza-se a oração. Há um comportamento esperado, ou nas palavras dos muçulmanos "há regras de comportamento" que devem ser ensinadas e repetidas constantemente, principalmente durante a oração.

Os brasileiros revertidos são vistos pelos árabes como aqueles que melhor seguem a religião, por frequentarem com assiduidade a mesquita, participarem das aulas de religião etc. Ramos (2003, p. 182) afirma que o revertido brasileiro não quer ser confundido com o árabe, embora acentue sua identidade como muçulmano. A reversão é vista também como um processo, pois as mudanças vão acontecendo gradativamente. Segundo o autor, o contato com a comunidade árabe acarretou diversas reações nos revertidos, de modo a se firmarem como brasileiros e reivindicarem ter efetuado uma conversão para a "cultura islâmica", e não para o "*etos* árabe". Seus entrevistados relataram encontrar respostas "lógicas" e "racionais" para aquilo que buscavam.

Vera Marques (2000, p. 87-88) em sua dissertação de mestrado abordou várias comunidades em São Paulo, inclusive São Bernardo do Campo e apresenta os seguintes pontos na biografia dos revertidos: (a) a falta de uma identidade religiosa; (b) o estímulo ao estudo; (c) experiências dramáticas e/ou desorganização familiar; e (d) a dúvida sobre a existência de Deus. Para Marques, a segurança é o que move o revertido a participar de um grupo religioso e, mesmo com a consciência de que essa relação de confiança envolve riscos, ele passa a fazer parte, psicológica e espiritualmente, do grupo. Trata-se de uma forma de construir sua autoestima, sua identidade e ideologia, mas é uma busca religiosa que está atrelada à ideologia, uma postura étnico/política (Ibid., p. 95).

Vários são os motivos que levam brasileiros a reversão: a militância de esquerda (movimentos sociais); continuidade de luta social na religião, estímulo ao estudo [religioso e social], "resgate" étnico ou aceitação de outra cultura que não a sua, ateísmo, experiência dramática [desorganização familiar, morte, problemas de saúde], predestinação ao Islã (Ibid., p. 95).

Uma outra perspectiva para pensar questões relacionadas à identidade árabe ou islâmica é apresentada na tese de doutorado de Montenegro (2000) e de Cristina Castro (2007, p. 225) ao pesquisar as comunidades de Campinas e Pari (SP). Castro constatou que os conflitos internos são aqueles que estão relacionados aos árabes e brasileiros conversos[12] pela definição da "identidade muçulmana local", em São Paulo, e entre árabes e indianos (estes também considerados conversos, pois todo *não árabe* é considerado converso, segundo a autora) em Campinas.

> ...como em um campo religioso como o islâmico, os "convertidos", sejam eles indianos ou brasileiros, reafirmam sua retidão e rigor na observância dos preceitos islâmicos, em contraste com os árabes, como forma de angariar maior capital dentro do campo, uma vez que o capital simbólico ligado à tradição de fundação da religião não lhes é, nem nunca será acessível (Castro 2007, p. 225).

Como foi possível deixar entrever nessas análises há tensões entre revertidos *não árabes* e os nascidos muçulmanos (ascendência árabe). Essas tensões, esses dramas como prefere Turner, terão maior ou menor (intensidade) dependendo de qual comunidade nos referirmos. Para este texto, em particular, é importante frisar que essas divergências exigem estratégias diversificadas de manutenção e negociação da identidade étnica.

Vale agora cotejar a ideia proposta por Schechner, em *Between Theatre and Anthropology (Entre o Teatro e a Antropologia)*, a respeito do – treinamento e do aprendizado – com os dados de campo,

12 A autora adota o termo conversão.

pois, em se tratando de "nascidos muçulmanos", este aprendizado vem desde a tenra idade. As crianças no vídeo *Allahu Akbar*[13] são bons exemplos desse aprendizado. As crianças, os adolescentes e os adultos são ensinados de modos diversos, pois o aprendizado da religião está associado à idade do aprendiz, mas também é preciso considerar a cultura na qual está inserido este muçulmano. O jejum, por exemplo: a criança é treinada a fazê-lo até a hora do almoço; as orações são imitadas, ensaiadas ao lado dos pais – são performances preliminares de quem está aprendendo. Por outro lado, sabemos das dificuldades de alguns muçulmanos para cumprir o horário de sua oração, muitas vezes porque o trabalho ou o local no qual se encontram não são apropriados à sua realização. No entanto, ressalto que, apesar das dificuldades que alguns encontram para cumprir a oração, ela é um aprendizado constante que envolve treinamento e ensaio, que reforça a *performance* islâmica.

Há um aprendizado do *sistema simbólico por esse muçulmano revertido.* Para compreender esse sistema, faz-se necessário apresentar alguns elementos que circunscrevem a oração: a *palavra sagrada*, a *purificação* (para usar os termos deles), o tempo da oração, os horários predeterminados da reza; estar direcionado para Meca (voltar-se para a Caaba), o *Adan* (chamado para reza), a figura do *muázin*, a intenção da oração e o vestir-se adequadamente: homens não podem estar de bermuda e as mulheres devem cobrir-se até a cabeça.

Palavra... Em nome Deus, O Misericordioso, O Misericordiador[14]

A oração é o segundo pilar da religião e não foi transmitida pelo Arcanjo Gabriel, como os demais versículos do Alcorão. Segundo

---

13 Vídeo de 29' Lisa/USP, 2006.

14 Não pretendo neste capítulo problematizar as fontes islâmicas, mas vale registrar que as fontes aqui citadas foram indicadas pelos próprios muçulmanos.

os muçulmanos, a transmissão do Alcorão se deu no céu e foi feita diretamente por Deus a seu mensageiro, nos eventos conhecidos como *Al Isrá* (A viagem noturna; andar a noite) e *Al Mi'ráj* (A ascensão)[15]. Em uma das notas de rodapé do Alcorão em português, temos o seguinte comentário: "É afirmação da unidade profética, a proclamação da identidade das mensagens divinas, transmitidas por todos os profetas, nomeadamente, por Abraão, Moisés, Jesus e Muhammad [...] A esta viagem terrestre sucedeu, na mesma noite, a outra, mais importante: *al mi'ráj* ou ascensão aos céus, onde Muhammad não só encontrou, em cada um dos céus, alguns dos profetas anteriores a ele (Noé, Abraão, José, Moisés, Jesus), mas testemunhou todas as maravilhas invisíveis do Universo".

"Muhammad, finalmente, contemplou a Deus com os olhos do espírito" (Nasr, 2005, p. 441). O próprio "mito" narrado pelos muçulmanos já nos leva a indagar sobre a importância da oração: se para recebê-la o Profeta teve que estar diante de Deus, talvez isso já possa significar que, ao fazê-la, cada muçulmano se sinta em contato direto com o divino.

Os muçulmanos não aprovam a "tradução" do Alcorão, para evitar "deturpações" do texto sagrado; é o "original" que contribui para um retorno constante *ao Centro, à Palavra, a Deus.* O sagrado só em árabe, porque foi nesta língua que Deus se comunicou com o Profeta. Na verdade, o que pretendemos expor é que não há tradução que ocupe o lugar do texto em árabe, mas há aproximadamente cem idiomas nos quais o texto foi traduzido. Os muçulmanos não consideram o Alcorão traduzido como o Alcorão sagrado, pois a tradução não tem validade para a recitação.

O texto alcorânico apresenta cento e catorze suratas (suras), seis mil e trezentos e quarenta e dois versículos, setenta e sete mil e novecentas e trinta palavras e trezentas e vinte e três mil e seiscentas e

---

15 www.islamicchat.com.br consultado em 18 de julho de 2004. Ou Alcorão em português (Cf. Nasr, 2005) 17a. Surata (Al Isrá) e 70a. (Al Ma'arij, As vias de Ascenção).

setenta letras na língua árabe. Sua revelação se deu em Meca e Medina. Durante os cinco primeiros anos, a revelação se deu em Meca, período considerado como de iniciação da fé; durante oito ou nove anos, período marcado pela violência de pessoas contra a religião [vale frisar que os versículos revelados em Meca[16] dizem respeito às pessoas em geral e os de Medina são dirigidos aos crentes], a revelação continuou sendo em Medina; depois da Hégira [saída de Meca para Medina], o Profeta passou a receber as revelações em Medina, por dez anos. A surata mais longa é *Al Bakharah* "A vaca", esta foi a primeira a ser revelada após a Hégira. Das suratas, a mais recitada, sem dúvida, é *Al-Fatiha* (abertura).

Se o Alcorão é a revelação divina, a *Sunna* é a inspiração divina produzida pelo Profeta. Um exemplo do Alcorão *ab-rogando* a *Sunna:* nos primeiros anos os muçulmanos rezavam em direção à Mesquita de *Al Aksa;* em Jerusalém, o Alcorão muda a direção para Meca (Surata 2, versículo 144).

> Deus se manifesta escrevendo e o homem se aproxima de Deus lendo aquilo que está escrito. Deus está encarnado na leitura (...) Deus está encarnado na letra. A letra e a escrita são o aspecto fenomênico e compreensível de Deus. Deus escreve. A palavra árabe que significa escrever consiste das letras 'K-T-B'[17] e estas letras denotam a atividade divina. Denotam, com efeito, o próprio fundamento da realidade que cerca o homem. Aquilo que é, é porque 'assim está escrito'. Estar escrito é o seu destino. Mas o homem transcende a sua realidade pela capacidade da leitura. A realidade é um livro a ser lido pelo homem (Lauand, 1994 *apud* Hanania, 1999, p. 37).

16 Toda surata que tem uma prostração de recitação no seu curso é considerada de Meca (Fares, 1988, p. 23).

17 Vide a palavra árabe Maktub (está[va] escrito).

Esta citação, proposta por Hanania, leva-nos a destacar dois pontos importantes: Deus se manifesta escrevendo, portanto o que Deus escreve é sagrado e ao encarnar na escrita, encarna-se naquele que lê [recita]. Ele está encarnado na leitura. A leitura, por sua vez, é um modo do homem aproximar-se de Deus, de alcançar uma transcendência. Recitar é estar diante do divino. Aquilo que está escrito adquire forma ao ser lido e, mais ainda, ao ser recitado.

A Palavra é valorizada em contexto muçulmano. Ela é a *agência*[18] que estabelece as relações entre os muçulmanos e Deus. É por isso que ela molda o comportamento dos muçulmanos (no sentido de treino, ensaio), pois o que está na Palavra deve ser expresso no corpo e no gesto. A palavra tem força, impregna-se no cotidiano. É necessário prestar atenção às palavras proferidas. Um provérbio Magrebi ilustra bem a força que eles atribuem às palavras: "Nunca me he arrepentido de mis silencios, sino de las palavras que pronuncio apresuradamente". O cuidado com o que deve ser pronunciado é fundamental. Daí decorre um dos motivos para uma prescrição clara das orações no Islã, se o muçulmano reza cinco vezes ao dia, terá menos tempo para proferir coisas que não sejam adequadas, é o que de certa forma expressou Rami, um jovem muçulmano, que entrevistei pelo *Orkut*, em novembro, 2005[19].

> [...] Da fala surge a grande verdade, como também os grandes desvios da mentira... Através da fala do profeta (saas) foi revelado o Alcorão sagrado (o profeta teve sua comunicação divina com o anjo Gabriel.
> Através da fala dos companheiros do profeta (saas), foram recolhidos os ditos do profeta (saas)... alguns ditos são con-

---

18 Conforme observou Sztutman: Afirmar objetos como "agentes sociais" é afirmá-los como "outros" de uma relação, não necessariamente humanos". Penso a palavra recitada como agente que mobiliza a troca (doação, entrega) do corpo a Deus, pelo muçulmano.

19 Por meio do Orkut, consegui ter acesso a várias comunidades virtuais e conhecer um pouco dos discursos apresentados neste meio de comunicação (cf. Ferreira, 2007).

siderados como autênticos ou verídicos, e outros não são... (depende da linha islâmica) [...] mas temos de ter o controle sobre o que falamos e deixamos de falar... isso depende da maturidade do ser de saber discernir o que pode e o que não pode...

Os elementos grifados por mim delineiam a importância que há na palavra que foi revelada, como *a grande verdade*. Enfatizam igualmente a importância da transmissão e da Palavra e, portanto, a fala como algo essencial para revelar o Alcorão e transmiti-lo. Os estudos de oralidade e da *performance* oral [*verbal art*] contribuem significativamente para iluminar o terreno da *palavra [falada e escrita], da performance*. Walter Ong (1998, p. 91) afirma que "tentar construir uma lógica da escrita sem investigar em profundidade a oralidade, da qual emergiu a escrita e na qual a escrita está permanente e inevitavelmente enraizada, é limitar nossa compreensão...". Ele afirma que "as palavras são dotadas de grande poder. A palavra falada, proferida, detém poder". Quando se refere às culturas orais, Ong diz que elas "[...] produzem realizações verbais impressionantes, de um valor artístico ímpar, mas só com a escrita o homem pode atingir essa potencialidade, por isso, para ele, a oralidade está destinada a produzir a escrita" (Ibid., 1998, p. 23).

Alcorão significa recitação, ele existe para ser recitado. No contexto islâmico, nos lembra Geertz (1989, p. 171), não se escreve primeiro a poesia para depois recitá-la. Ela é composta, à medida que se declama. Assim foi feito com o Alcorão nos vinte e três anos de sua revelação: conforme ele ia sendo revelado, ia sendo recitado e depois registrado. O Islã é a expressão completa da arte composta de conteúdo e forma, apresentando sua estética performática que dimensiona o seu ser. Isto de certa forma nos remete a Richard Bauman (1988, 1977) que considera a *performance* como uma "experiência humana contextualizada", que comunica, pois inclui não só o narrador, mas a audiência e o contexto (espaço e tempo) do evento narrativo, valorizando os aspectos estéticos desta expressão. A Palavra-força no Islã carrega esta estética comunicável e representável de um *etos*. No Islã, esta força produtiva se encontra no ritual e no cotidiano e a recitação do Alcorão como um momento de arte, que transpõe não só a Palavra por meio da fala, mas a estética corporal que a acompanha. É, sobretudo, um modo de dar vida ao texto sagrado.

Outros exemplos etnográficos ajudaram-me a compreender um pouco mais a fundo a importância da palavra e da recitação. Quando perguntei a Thaís Jamyle, 22 anos, estudante de Ciências Sociais, o que mudou depois da reversão ao Islã, ela responde:

> O que mais mudou talvez tenha sido a fala. Antes de me reverter era protestante. Nada mais "desencantado". Com o Islã aprendi a importância da recitação de certas palavras e fórmulas na hora certa, como o cumprimento *(assalamu aleikum)* e a própria recitação do Alcorão. Rezo cinco vezes ao dia, e a recitação deve ser melhorada cada vez mais. Também há formulas a serem ditas antes de entrar no banheiro, antes de comer, de dormir, ao acordar... a palavra adquire um poder que não conhecemos no Ocidente (ou perdemos). Não quero dizer aqui que elas têm poder mágico, mas elas têm o poder de reforçar uma ideia, relembrar Allah e até de educar as suas ações.
>
> Essa concepção da força das palavras mudou completamente para mim. Talvez um revertido ex-católico tenha outra impressão porque os católicos têm mais de uma oração decorada além do Pai-Nosso.

Thais Jamyle apresenta dois dados importantes: o primeiro, que a recitação deve ser melhorada cada vez mais, isto implica *comportamento restaurado*, pela repetição, pelo ensaio; e o segundo: refere-se ao fato de que a recitação reforça a ideia de relembrar *Allah*, isto é, rezando, o muçulmano está sempre em contato com o Divino, como argumentei anteriormente. Se o Profeta recebeu pessoalmente a mensagem a respeito da oração, cada muçulmano, quando reza, recita o Alcorão, sentindo-se próximo de Deus, como se o estivesse contemplando.

Faltava ainda resolver um outro dado que me intrigava: o fato da oração ser em árabe independente de que origem é o muçulmano que reza. Deus só fala e ouve em árabe? Fiz esta pergunta ao Sheik Jihad Hassan Hammadeh.

> Deus pediu que recitasse na língua original. Na língua em que foi revelado o Alcorão. Deus fala e ouve em todas as línguas. Mas, mantendo o original, não há deturpações do texto sagrado. A mensagem é universal. Para fazer as orações sim [é preciso saber o árabe]. Você pode memorizar o árabe, mas para fazer súplicas, pedidos, não. Você pode fazer na sua língua. Em que língua Deus falou com Jesus? E com Moisés? Então, Deus fala várias línguas. É preciso recorrer ao original, à tradição (Notas do Caderno de Campo, em 23/4/07).

A fala de Sheik Jihad aponta para a necessidade de apego à tradição, aos valores imbricados na Palavra sagrada, pois é ela que liga o fiel a Deus, e isto deve ocorrer, não só na observação de quem está aprendendo a ser, mas da própria ideia de que o Islã atribui um *status* de pilar da religião à oração, assim como adorar a Deus, fazer o jejum, o *hajj*, pagar o *zakat*. Todos esses pilares, de uma forma ou de outra, retomam a tradição, ajudando a difundir o *ethos* muçulmano e marcando, assim, seu diferencial em meio às outras religiões universais. Esses rituais acontecem porque têm significados, estão atrelados a um determinado *ethos* e a uma *visão de mundo* (cf. Geertz, 1989).

Adan , a vocalidade do muázin e a prece

Paul Zumthor (2000, p. 97) afirma que a voz é o *lugar simbólico* por excelência, ela estabelece ou restabelece uma relação de alteridade; todo objeto adquire uma dimensão simbólica quando é vocalizado. Recordo-me do período em que editava o primeiro vídeo *Allahu Akbar* e o editor, ao meu lado, emocionou-se ao ouvir o chamado da oração, esse sentimento se deve à memória de uma viagem ao Marrocos, em que revela jamais ter esquecido um muçulmano que fazia o Adan [*aftermath – desdobramentos*].

A maioria das pessoas já deve ter ouvido falar do chamado à oração, seja através de jornais ou filmes que relatam o chamado do *Muázin*, feito dos minaretes das mesquitas. Esse rito lembra o badalar dos sinos da igreja católica chamando para o início da missa. Isso acontece principalmente às sextas-feiras, dia sagrado para os muçulmanos. O *Adan*[20] é um culto que precede a oração: é o primeiro chamado à oração e foi estabelecido no primeiro ano da Hégira. O *Muázin*[21] pronuncia:

> *Allahu Akbar* (Deus é o maior) quatro vezes
> *Ach-hadu na la iláha illah-lah* (testemunho que não há outra divindade além de Deus), duas vezes;
> *Ach- hadu an-na Muhammadan raçullah* (Testemunho que não há outra divindade além de Deus) duas vezes;
> *Haiya alas-salat* (vinde a oração), duas vezes;
> *Haiyá alal-falah* (vinde para a salvação), duas vezes;
> *Alláhu akbar*, duas vezes
> *La iláha illalláh* (Não há outra divindade além de Deus), uma vez[22] (cf. Assawaf, p. 52).

20 Em países islâmicos o *Adan* é ouvido ao longe, uma maneira do próprio muçulmano marcar o tempo de rezar. Cabe dizer que o uso do microfone, do alto-falante facilita a reverberação do som nas redondezas das mesquitas.

21 Anunciador, aquele que chama para a oração.

22 Somente na oração da alvorada é que o *muázin* intercala, entre a quinta e a sexta fórmula: *As-salátu Khair-on minan-naum* (a oração é melhor que o sono), duas vezes.

O segundo chamado para a oração *Icáma* começa quando todos já estão preparados para a oração. As pessoas devem ficar em pé, viradas para Quibla[23] (Meca). Inicia-se o segundo chamado[24]:

> *Alláhu akbar*, duas vezes;
> *Ach-hadu an la iláha illah-lah* – uma vez
> *Ach- hadu an-na Muhammadan raçullah* – uma vez;
> *Haiya alas-salat* – uma vez
> *Haiyá alal-falah* – uma vez
> *Cad cámatis-salat* (a hora da oração chegou), duas vezes
> *Alláhu akbar*, duas vezes;
> *La iláha illah-Iah*, uma vez.

Zumthor diz que a voz é uma *subversão* ou uma ruptura da clausura do corpo, ela desaloja o homem do seu corpo. Nas palavras dele, a voz *não é especular*; escutar um outro é ouvir, no silêncio de si mesmo, uma voz que vem de outra parte e exige de mim a atenção que se torna o meu lugar. O balanço do corpo do muçulmano e a recitação constante fazem com que o corpo se liberte, tamanha a concentração nas palavras vocalizadas repetidamente; assim como para quem ouve o som, pode-se dizer que ouvir nos faz mexer o corpo. O chamado para a oração é este primeiro envolvimento do sensível, o audível que é comunicado e reverbera pelos demais sentidos.

Zumthor (2000) insere a voz em várias terminologias: ela é *uma coisa*, pois possui materialidade, a voz que vem da boca, que estabele-

---

23 A "direção" para a qual se voltam os muçulmanos, durante a oração. Nos primeiros tempos, o quibla era Jerusalém; depois, Muhammad mudou-o para Meca (Armstrong, 2001, p. 265).

24 Segundo Assawaf, está na Sunna a indicação para que o *muázin* recite as fórmulas lentamente: faz-se uma pausa entre as partes diferentes do primeiro chamado, e se recita o segundo rapidamente, e sem falar no seu decurso. Deve-se estar voltado para a quibla, e elevar a sua voz ao máximo. As mulheres não são obrigadas a responder nenhum dos chamados. Aicha, uma das mulheres do Profeta, respondia os dois chamados entre as mulheres, segundo Al-Baihaky apud Assawaf (1992, p. 55-56).

ce a oralidade. Nesse sentido, defino-a como o *eu* e o *não eu*. A voz repousa no silêncio do corpo, mas também a linguagem humana se liga, com efeito, à voz, que se situa entre o corpo e a palavra. Ele observa que a voz *se* diz, e a palavra é memória de alguma coisa. As pessoas que conheceram mesquitas no Marrocos, Espanha, Paquistão etc. sempre me falavam das recordações sonoras e visuais desses espaços islâmicos.

Outras terminologias apontam para o fato de que a voz é *arquetipal*, ligada ao sentimento de sociabilidade. Ouvindo uma voz ou emitindo a nossa, já não estamos mais sozinhos; valores *míticos* – mitos sobre a voz sem corpo, perturbadora; e por fim a *voz implica ouvido* (aqui estabeleço a audiência). Mas há dois pares de ouvidos, daquele que fala e daquele que ouve.

Classifico, portanto, a voz do *muázin* como sendo aquela que se materializa, que se liga ao corpo, ao gesto, que gera o sentimento de sociabilidade, porque mobiliza os muçulmanos para a oração, repetindo:

> Deus é o maior (quatro vezes)
> Testemunho que não há outra divindade além de Deus, (duas vezes);
> Testemunho que não há outra divindade além de Deus, (duas vezes);
> Vinde a oração, duas vezes;
> Vinde para a salvação, duas vezes;
> Não há outra divindade além de Deus, uma vez.

Temos a vocalidade do muázim, mas temos também a palavra. A palavra carrega significados que são reproduzidos, verbal e corporalmente, seja na oração individual, seja na oração coletiva, porque, nos termos propostos por Mauss (1974), a prece é um ponto de convergência de um grande número de fenômenos religiosos. É um rito, um ato realizado diante de coisas sagradas. É uma *palavra-ação* pela qual o crente age e pensa. Para o autor, a *prece* só atua através da palavra; é o que há de mais formal no mundo (1979, p. 121). O Islã ensina o que vestir, o que comer, como fazer sua higiene pessoal etc., isso porque os muçulmanos consideram a religião como um sistema de vida completo.

Antes de passar aos elementos importantes para a realização das orações, é importante frisar que a oração é obrigatória para homens e mulheres, a partir da puberdade, mas para aqueles que gozam de saúde mental. Mulheres com gestação avançada e pessoas doentes podem realizar suas orações sentadas. Quando a pessoa estiver impossibilitada de fazer a oração (inclinar-se, prostrar-se), ela deverá fazê-la sentada e poderá rezar recostada, sempre na direção da Caaba; caso não possa realizá-la, em hipótese alguma, deverá fazê-la em outro momento. Os gestos da oração são os mesmos para homens e mulheres, o que vai diferenciar é o espaço reservado para as mesmas. As mulheres rezam atrás dos homens, ao lado, ou num mezanino especialmente construído para elas, isto vai depender da arquitetura da mesquita. A não realização da oração significa a não adoração a Deus.

O empenho da voz

Torna-se fundamental perceber a importância da palavra, da fala, pois não só a *voz* é a emanação do corpo; a voz liga-se ao gesto (Zumthor, 2000, p. 73).. Este movimento transparente é *visto e ouvido* promovendo uma audiência, pois a *performance*, tal qual pensada pelo autor, é presencial, carregada de poderes sensoriais. Os vídeos[25] que produzi durante o doutorado dão conta, guardadas as devidas proporções, de apresentar uma certa sonoridade e a plasticidade islâmica. Talvez um dos melhores argumentos para essa produção audiovisual seja o fato da própria *performance* ser *multissensorial* (Langdon; Hartmamm, p. 2004). e, neste sentido, é fundamental recorrer a outros elementos de expressão, e não apenas ao texto escrito. É possível verificar os discursos, o som do chamado da oração, ao final do vídeo *Allahu Akbar*, além dos próprios movimentos da

25 Allahu Akbar 29', Sacrifício 13' e Vozes do Islã 25' Lisa/USP 20006/ 2007.

oração, dos homens recitando em conjunto, de toda uma dinâmica permeada pela *voz.*

Durante a gravação do vídeo *Allahu Akbar* me surpreendi com vários meninos que me diziam saber recitar, dez, onze suratas, e muitos deles brigavam à frente da câmera para mostrar-me tal talento. Esse momento foi tão intenso, que resolvi deixar no vídeo uma das recitações que fizeram coletivamente. Cabe dizer que a recitação perfeita do Alcorão é algo almejado pelos fiéis. O aprendizado é dado em escolas especiais (Madrassas), nas mesquitas e em casa. Em São Bernardo do Campo há um alojamento que recebe crianças [meninos] que vêm estudar o Alcorão, além de frequentarem a escola normal. Essas crianças dormem nesses alojamentos conjugados à mesquita. Outras escolas em São Paulo, geralmente próximas às mesquitas, também têm atividades exclusivas para o aprendizado da recitação e dos significados do Alcorão.

Schechner (1985) estabelece outros pontos de contato entre antropologia e teatro: o *cool-down (esfriamento) e a aftermath (consequências, desdobramento)* – devem ser estudados, tanto do ponto de vista dos performistas como da audiência. A audiência vivencia a *performance* e é afetada por ela. Schechner ressalta que é fundamental saber o que fazem os performistas e a audiência, após a *performance*, pois estão ambas relacionadas. *Aftermath* são as longas consequências que se seguem posteriormente à *performance*, incluindo-se aqui mudança de status, fusão de um ator e o papel que vem executando por anos, reavaliações e críticas, e teorização. Os muçulmanos, que a cada oração sentem-se melhores, aprimoram o seu comportamento, as suas ações, como revelaram-me várias vezes. A religião é para eles um aprendizado constante, é um fazer de cada dia.

Regras da purificação

A sequência que os muçulmanos costumam seguir nas abluções – *wudhu* –começa pela lavagem das mãos (antes pronunciam: *Bismillahir rahmanir-rahim* – Em nome de Deus, o Clemente, o Misericordioso) e dos pulsos; depois enxáguam a boca três vezes e lavam o nariz e o rosto. Em seguida, devem lavar os braços até o cotovelo, passar as mãos molhadas na cabeça e nas orelhas e, para finalizar, lavar os pés até os tornozelos três vezes, começando pelo pé direito, lavando, inclusive, entre os dedos. Finalizada a ablução deve-se dizer: *"Ach hadu na la ilaha illallah wa ach-hadu anna Muhammadan raçulullah"* (Testemunho que não há outra divindade além de Deus e que Muhammad é o mensageiro de Deus).

Há determinadas situações nas quais é necessário o banho completo, como, por exemplo: quando ocorrer ejaculação (com ou sem contato físico); quando houver contato entre os órgãos genitais (homem e mulher), mesmo que não tenha ocorrido ejaculação; ejaculação durante o sono; a mulher, ao terminar seu período menstrual, deve banhar-se; mulher que deu à luz; quando ingressa no Islã, deve banhar-se depois de ter declarado sua conversão.

De acordo com Bouhdiba (2006, p. 65), tudo o que o corpo elimina é impuro e contamina o corpo. Não é o pecado que produz a impureza, mas é a existência do homem que implica contaminação. Purificar-se da contaminação é uma técnica, um prazer, uma arte, uma prática. Um homem impuro não pode recitar o Alcorão, nem os demais livros sagrados: Bíblia, Evangelho, Pentateuco, Tora. O homem impuro, portanto, encontra-se exposto a toda sorte de perigos: os demônios podem agir sobre ele, que não pode sequer pronunciar as palavras de proteção. É necessário restabelecer a ordem, o sistema de proteção. Esse é o papel do ritual que é, simultaneamente, purificação social, mágica e religiosa.

A menstruação é considerada impureza legal (Ibid., p. 75). Por essa razão a mulher fica dispensada de rezar e de fazer jejum, cumprindo essas obrigações em uma data posterior. Há também restrições para completar a *tawaf*[26] em torno da Caaba, assim como é proibido ler, recitar, escrever ou tocar o Alcorão e os livros sagrados. Aisha, 19 anos, relatou-me que o período da menstruação é um pe-

---

26 Ato de dar sete voltas na Caaba.

ríodo de purificação do corpo da mulher, por isso não se deve rezar. O contato com o sagrado só é possível por meio da purificação. A purificação é considerada o controle do corpo, fazer uso de anticoncepcionais é uma forma de exercer esse controle.

O tempo e a sociabilidade

> Cumpre a oração, do declínio do sol até a escuridão da noite, e cumpre a oração da aurora. Por certo, a oração da aurora é testemunhada pelos anjos. E, à noite, então, reza com ele, à guisa de oração suplementar para ti. Quiçá, teu Senhor te ascenda a uma louvável preeminência (Surata 17, versículos 78-79).

O tempo é *aprendido e apreendido*, por quem se reverte ao Islã, e essa compreensão da reversão não se refere apenas aos brasileiros provenientes de outras religiões, mas a qualquer muçulmano que tenha se afastado da religião, por algum motivo: mudança de país e/ou por ter assumido outros hábitos para se adaptar à nova cultura na qual passou a viver, e, por isso, talvez essa aproximação o tenha distanciado da religião de origem (Ferreira, 2007b). O tempo é estruturado e organizado pelos momentos rituais, como o jejum, o *hajj*, a matança dos carneiros, as festas, e contribui para a simbolização dos momentos ritualizados.

O muçulmano deve fazer cinco orações diárias. Além da oração diária, recomenda-se ao muçulmano ir à mesquita pelo menos uma vez na semana para participar da oração de sexta-feira (*jum'a*). Em relação às orações, o número de genuflexões soma, no total, dezessete para as cinco orações: duas, na oração da alvorada (Fajr); três, na do Crepúsculo (Maghrib); quatro nas do meio-dia (Duhr), da tarde (As) e da noite (Ichá).

São cinco os horários das orações:

1) Oração da Alvorada *(Fajr)* – quando surge a luz totalmente, que começa com o alvorecer do dia e termina ao nascer do sol [quem tiver completado uma genuflexão (*rakat*) antes do sol sair, terá feito a oração da alvorada no horário certo];

2) Oração do Meio-dia (*Duhr)* – aproximadamente às doze horas. Eles consideram o horário em que o sol atinge seu ponto máximo, com sombra em zero grau e termina quando a sombra estiver do mesmo tamanho do objeto;

3) Oração da Tarde *(Asr)* – começa quando a sombra de qualquer objeto alcançar um comprimento igual ao seu tamanho e termina quando a sombra se tornar o dobro do objeto. Não se deve atrasar a oração da tarde, quem o fizer intencionalmente reduzirá todas as suas obras a zero.

> Observai as orações, especialmente as intermediárias, e consagrai-vos fervorosamente a Deus (Surata 2, versículo 238).

5) Oração do Pôr-do-Sol – ou do Crepúsculo *(Maghrib)*, que começa com o desaparecimento total do disco solar da linha do horizonte e termina quando aquela luminosidade avermelhada desaparecer. Sua duração é mais curta;

6) Oração da Noite (*Ichá)* – começa quando se extinguir a última luz refletida do sol e termina com o raiar da aurora [quem tiver conseguido completar uma genuflexão antes do primeiro raio da aurora, terá feito a oração da noite no seu horário correto].

Jum'a – oração de sexta-feira

Quem conduz a oração coletiva são os imames (imam), em geral, pessoas que conhecem bem o Alcorão, que conhecem os *hadiths* do Profeta, e se todos tiverem o mesmo conhecimento, então quem for mais velho entre os fiéis deverá conduzir a oração. O imam fica à frente da comunidade e faz com os fiéis à oração e seus gestos nas orações são repetidos pelos fiéis. Os sermões de sexta-feira são lições nas quais os imames tratam, semanalmente, dos problemas que, neste período, surgiram na sociedade. A oração de sexta-feira só é válida se for feita na mesquita. O horário estabelecido é a oração de *Duhr (meio-dia)*. Antes de sentar-se na mesquita, fazem-se duas genuflexões voluntárias, como "saudação à mesquita". No livro de Assawaf (1982) está clara a ideia de que não se deve falar durante o sermão, pois qualquer palavra anula a oração da sexta-feira. Depois da oração de sexta-feira, é comum reunirem-se para almoçar.

É possível considerar que a sociabilidade islâmica é dada em grande parte pelos encontros no momento da oração, principalmente na *Jum'a*. Nesse sentido, reforçam-se os laços de amizade e de ajuda mútua, principalmente quando percebem que uma determinada pessoa deixou de comparecer à oração, sabendo de sua assiduidade. A comunidade reforça o sentimento de pertença, tão comum a quem segue alguma religião. A oração coletiva é sem dúvida um dos maiores ritos do Islã. Sabendo da obrigatoriedade da oração e dos procedimentos para a sua validação, é necessário observar agora os gestos que a compõem e os significados que eles têm.

Salat: gestos em direção a Meca, *ruku* e *rakaat*[27]

> Gestus est motus et figuratio membrorum corporis ad omnem agendi et habendi modum[28] (Hugues de Saint-Victor, *apud* Paul Zumthor 2001, p. 242).

Nos tópicos anteriores destaquei alguns elementos importantes para a escolha da *salat* e da antropologia da *performance* como instrumento de analise deste "ritual" religioso empreendido pelos

27 Rakaat: genuflexões; Ruku: inclinação (cabeça e costas devem estar no mesmo nível e as mãos abertas com os dedos separados sobre os joelhos).

28 "Um gesto é ao mesmo tempo movimento e figuração da totalidade do corpo".

muçulmanos. Mas, ainda cabe, explicitar outros pontos que contribuem para melhor compreensão e contextualização dessa *performance* ritual. Em primeiro lugar, deve-se esclarecer que o modelo normativo da *salat,* já exposto anteriormente, aqui será retomado por meio de desenhos, podendo ser possível a visualização das posturas corporais no momento da oração. A pergunta que ainda fica é: a *performance* ritual é sempre eficaz? Há dissonâncias entre as *performances*?

Podemos afirmar que as performances nem sempre são eficazes, pois, em se tratando da *salat,* torna-se necessário seguir os elementos *convencionais* (Tambiah, 1985; Mahmood, 2001, p. 834) e depende ainda de elementos como a *concentração*, na realização da *salat* conforme nos aponta Sheik Jihad:

> A oração é a forma como eu me ligo a Deus. O Alcorão é Deus falando comigo. Na oração eu falo com Ele. São cinco audiências formais com Deus, mas é a pessoa que vai determinar quanto tempo de audiência ela vai ter. É assim que eu vejo, talvez, não seja isto que eu sinto (sempre), porque durante a oração é necessário ter *concentração* e nem sempre conseguimos tê-la adequadamente. *A oração é uma questão de concentração, se não você perde a qualidade da audiência.* Se você tem conhecimento, se está de jejum, se conhece o valor da oração, tudo isto contribui, se fez a ablução corretamente, todos esses elementos nos remete a concentração, mas às vezes, a vida atribulada faz com que nos distraímos da nossa prática.

É certo que há uma variedade de significados atribuídos à *salat*, que podem ser espirituais, sociais, etc. Bowen (1989, p. 619) afirma que na Indonésia a *salat* serve entre outras coisas, como controle de emoções, por isso, ele a considere mais que um discurso, pois estabelece a ligação entre o fiel e Deus. A oração estabelece um reforço à atitude individual. A oração molda o *self*, conforme nos aponta

Mahommod (2001) ao apresentar sua etnografia do movimento de devotas feministas do Egito.

Quando Tambiah (1985, p. 131) escreve sobre ritual ele afirma que é um sistema de comunicação simbólica, constituído de sequências ordenadas e padronizadas de palavras e atos, em geral expressos por múltiplos meios. Para o autor, essas sequências têm conteúdo e arranjo caracterizados por graus diferentes de formalidade (convencionalidade), estereotipia (rigidez), condensação (fusão) e redundância (repetição). Em Schechner, a ideia de comportamento restaurado, guardada as devidas proporções, é muito próximo de Tambiah, pois estabelece processo de emoldurar, editar e pensar, o fazer e manipular tiras de comportamento. Neste sentido, a compreensão do comportamento humano está mudando, principalmente em relação à causa e efeito, passado e presente, forma e conteúdo, e assim por diante.

Essas pistas indicadas por Tambiah e por Schechner sobre a comunicação simbólica do ritual e o comportamento restaurado são boas para serem observadas nas etapas desses gestos acompanhados com os desenhos [da *performance*][29] da *salat e* para avaliação da *performance,* que não implica em dizer se é boa ou ruim, mas o que se recupera, o que se repete na ação. Como a oração tem uma série de passos, resolvi pontuá-los numericamente, para facilitar a identificação e a análise desses gestos.

29 Agradeço imensamente a Thais Jamyle, pelos desenhos. Ela que, além de interlocutora na pesquisa, também se dispôs a fazer os desenhos da oração.

(1) Ao pronunciar "Takbirat Al-Ihram" (o início da oração) deve-se dizer Allahu Akbar, que deve ser pronunciada em voz alta com as mãos próximas às orelhas. [As mãos na altura nas orelhas significam que, ao rezar, o muçulmano deixa tudo o que é mundano para trás. Nada deve atrapalhar esse momento]. Se tomarmos a ideia de audiência com Deus sem intermediários, esta postura corporal nos ajuda a ampliar este olhar.

(2) Depois, a mão direita é colocada sobre a esquerda, que repousa sobre o abdômen.

[Esse gesto para o muçulmano significa a primeira atitude de submissão, um gesto parecido com o de um soldado que está atento ao comando do seu líder. As mãos repousadas estão apontando, que naquele momento o muçulmano volta-se apenas a Deus e não se envolve com nenhum movimento brusco].

(3) Pronuncia-se a prece chamada de "orientação" e "abertura" da oração e recita-se alguns versículos do Alcorão. (*Allahumma baeyd bayni wa bayena khatayaya kama boadta bayena almashrik wa almaghrib*).

(Ó Deus afaste entre mim e os meus pecados, como afastaste entre o Oriente e o Ocidente)

(4) Pronunciada a evocação de abertura, antes de começar a leitura do Alcorão, eles "pedem refúgio a Deus contra o demônio, em nome de Deus, o Clemente, o Misericordiador";

(5) A primeira Surata do Alcorão (*Al-Fátiha*)[30] é recitada, e, a seu final, todos dizem âmin (amém).

(6) "É bom ler uma das suratas curtas do final do Alcorão" (Al--Asr etc.);

A oração é um modo de pôr em prática o que está no livro (Alcorão), e assim propagar ainda mais a religião. No momento da oração, é solicitado que ela seja feita em *voz alta*, destacando o valor que tem a voz, o som. Paul Zumthor (2000; 2001) relaciona os campos de interferência da voz e da escritura, abordando o papel da voz em instituições como a Igreja e a Escola, assim como no cotidiano e na vida cultural. Zumthor preocupa-se com "as maneiras de ler" ou "a voz do escrito", como nos delineia Jerusa Pires Ferreira no posfácio do livro do autor.

(7) Terminada a recitação, volta-se a dizer *Allahu akbar* e inclina-se até os joelhos com as mãos, a cabeça deve manter-se na mesma linha horizontal e, nessa posição, deve-se dizer três vezes: "Glorificado seja meu Senhor, o Ingente";

Esta posição é conhecida como *Ruku*, cabeça e costas devem estar no mesmo nível e as mãos abertas com os dedos separados sobre os joe-

30 Assim como a limpeza, a oração sem a *Fatiha* é inválida, segundo o *hadith* do Profeta.

lhos. Recomenda-se que o fiel se mantenha sereno e concentrado enquanto estiver inclinado. "Quando fizer o *ruku* você deve glorificar *O teu Senhor*, quando te prostar, você deve fazer a sua melhor suplica e pedir mais *d'Ele*, porque suas súplicas durante a prostração estão mais próximas de serem aceitas".

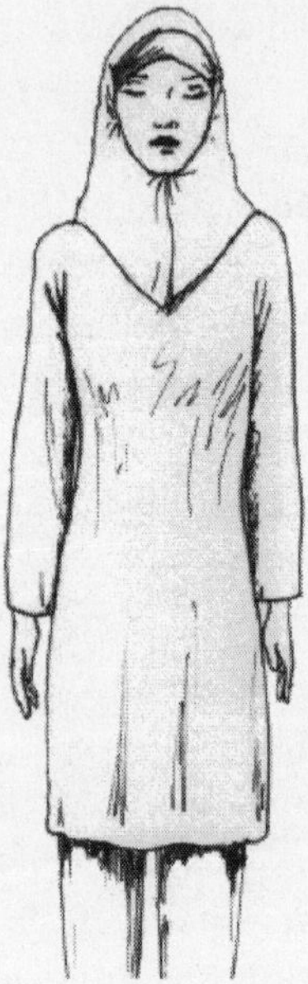

(8) então todos se erguem e dizem: "Deus escuta quem O Louva. Louvado sejas, Senhor nosso!" . Essa primeira inclinação é sinal de reverência a Deus. Ao levantar a cabeça após a inclinação, deve levantar as mãos à altura de seus ombros ou orelhas, salvo, no caso de ser *Imam*, e dizer: *"Sami'a Allahu liman hamidah" ou "Rabbana wa laka al hamd"* (Deus ouve aqueles que O agradecem) (Ó Deus, tens todo o nosso agradecimento).

(9) Depois da genuflexão, eles se prostram pousando os joelhos no solo, antes das mãos se for possível e dizer *Allahu Akbar*. Nesse movimento tem-se a total entrega do muçulmano a Deus, pois o fiel deve encostar no chão partes do seu corpo: a testa, a ponta do nariz, as palmas das mãos,

joelhos e dos dedos dos pés[31] e dizer: "Glorificado seja O meu Senhor, O altíssimo". [Por isso, durante as orações, é proibido alguém passar na frente de quem reza ou atrapalhar quem estiver em oração, pois esse momento é sagrado para o muçulmano, é quando ele está em contato direto com Deus].

(10) Após a prostração deve levantar a cabeça e dizer *Allahu Akbar*, colocar o peito do pé esquerdo no chão e sentar-se em cima dele, mantendo o pé direito erguido sobre os dedos, mantendo suas mãos sobre as coxas e joelhos dizendo: "Ó meu Senhor, me perdoe, tenha clemência de mim, me guie, me agracie, me fortaleça e me console".

(11) ao prostrar-se novamente, diz *Allahu Akbar* e repete durante a prostração o que disse na primeira.

(12) Então o fiel levanta a cabeça e diz *Allahu Akbar*, fica de pé, apoian-

31 Os braços não devem tocar no chão.

do em seus joelhos ou no chão, lê a Al-Fatiha e alguns outros versículos.

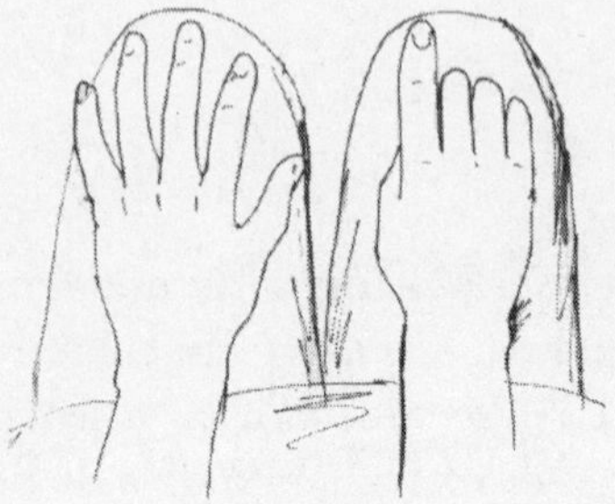

(13) Se a oração consistir em duas Rakaat (genuflexões), como a oração do "Fajr" (alvorada), a oração do "Eid" ou a oração da *jum'a*, o fiel senta-se depois da segunda prostração, na segunda genuflexão, sobre o pé esquerdo e com o direito ereto, coloca as mãos sobre os joelhos e todos os dedos da mão direita fechados, exceto o indicador, que é esticado como se estivesse apontando em direção a Quibla, no momento em que faz o testemunho da unicidade de Deus, como um sinal da crença em Deus único, os dedos, polegar e mediano se tocam formando um anel.

(14) O fiel lê o *Tashuahud* (testemunho) ao sentar e depois pede proteção de Deus de quatro tormentos: "Meu Senhor, eu peço Sua proteção do tormento do inferno, do tormento da sepultura, dos julgamentos desta vida e da aproxima, depois da morte e das tentações do Falso Messias". Ao terminar o fiel deve girar seu rosto para direita, sobre o ombro direito e dizer: "Assalamu Aleikum kum

wa rahmatu Allah"[32] (Que a Paz de Deus e a Sua misericórdia estejam contigo).

A palavra, a voz e o gesto

A *salat* islâmica é um bom exemplo, como argumentei no início deste capítulo da teatralização do sagrado. O texto [sagrado] produz o corpo, o gesto e a voz, que contribui para "teatralizar" a Palavra, tornando presente o próprio Deus. Ao ler repetidamente as suratas do Alcorão [*Al Fatiha*], o muçulmano além de criar uma cadência na voz, também a constrói no corpo, que levemente balança para frente e para trás. É como se o corpo fosse tomado pela Palavra (e para ele está!). O receptor lê e, ao ler, está na *performance*. A oração presentifica o sagrado.

Se *comportamento restaurado* são tiras de comportamento, frames, enquadramentos, os gestos da oração islâmica são exemplos claros disso, e que, auxiliam na composição da estética simbólica do sagrado islâmico. As mulheres revertidas, que observei inicialmente, repetindo essas tiras – orações –, vão assumindo esses gestos, as falas e elaborando a *performance* da oração, que é ação simbólica estabelecida, temporal e espacialmente, pelo Islã, reafirmando a ideia de que a *performance* é sempre constitutiva da forma (Zumthor, 2000, p. 34). O aprendizado delas passa pela repetição, quando se faz pela primeira vez, não é possível chegar a execução correta de todos os gestos expressos aqui, mas a repetição é fundamental para se chegar à "perfeição" esperada.

Acompanhe os movimentos das mãos na oração, primeiro elas estão à altura das orelhas, como se dessem início à medida do corpo; em seguida, elas descem ao abdômen, marcando a metade do corpo; depois, elas estão para baixo, como se indicassem o corpo inteiro até o próximo movimento que é o corpo prostrado. A quantidade

32 Cf. http://www.wamy.org.br/1428/oracao.htm acesso em 10 de março de 2007.

de genuflexões vai variar conforme o horário da oração, tudo isto deve ser aprendido. O revertido precisa observar os gestos. Nas palavras de Zumthor (2001), podemos identificar que: "naquele que observa o gesto, a decodificação implica fundamentalmente a visão, mas também, em medida variável, o ouvido, o olfato, o tato e uma percepção cenestésica"[33].

O argumento aqui é que os sentidos são refinados, remodelados, tanto na entrada, quanto pela permanência na religião, contribuindo para a constituição do corpo islâmico. É preciso ter em mente que a religião passa pelo corpo[34] e altera os sentidos e a corporalidade, pois é capaz de modificar as técnicas do corpo, a expressão dos sentimentos, a gestualidade, as regras de etiqueta, as técnicas de tratamento, as percepções sensoriais, as marcas na pele, a má conduta corporal (Le Breton, 2006) etc.

As orações mobilizam os ouvintes pela voz, pela vocalidade. A voz e o gesto projetam o corpo no espaço da *performance* (Zumthor, 2001, p. 243) e esse conjunto contribui para a compreensão de algumas dimensões desses significados. É como se a voz e o gesto se encontrassem num único movimento, que estabelece uma certa comunicação para quem vê, ouve, sente. O autor (p. 247) afirma que *gesto e voz*, regulados um pelo outro, asseguram uma harmonia que os transcende. A estética da oração desperta o interesse de quem a vê. Corpos alinhados, que sincronicamente se movimentam, respondendo ao ritual.

---

33 Cenestésico: relativo à cenestesia, que significa sentimento difuso resultante dum conjunto de sensações internas ou orgânicas e caracterizado essencialmente por bem-estar ou mal-estar (cf. Dicionário Aurélio, 1986, p. 380. Sinestesia é a relação subjetiva que se estabelece espontaneamente entre uma percepção e outra que pertença ao domínio de um sentido diferente (p. ex., um perfume que evoca uma cor, um som que evoca uma imagem etc.) (cf. Dicionário Aurélio, 1996, p. 1590).

34 Segundo Le Breton (2006, p. 92), o corpo é a interface entre o social e o individual, entre a natureza e a cultura, entre o fisiológico e o simbólico; por isso, a abordagem sociológica ou antropológica exige prudência particular e a necessidade de discernir com precisão a fronteira do objeto. Para Le Breton, o corpo é uma ficção cultural e a corporeidade é uma modalidade cultural incorporada.

O aprendizado da religião passa, sobretudo, pelo sensível, porque atravessa o corpo e o sentimento de pertencimento é assim adquirido. O sensível permeia o *comportamento restaurado*, impregna-se no cotidiano e no ritual dessas novas revertidas, pois o caminho da repetição da ação simbólica, estabelecida na oração, conduzirá à *transformação e à transportação* (Schechner, 1985). Vê-se que o aprendizado islâmico não é simples, requer muitas sutilezas e a compreensão de um universo repleto de restrições que permeia o cotidiano e o ritual. No entanto, todo esse universo islâmico deve ser inscrito em um lugar determinado: no *corpo* e [na alma] do muçulmano.

As etapas da oração constroem o universo islâmico de modo a deixar explícito que é o corpo que se entrega, mas não é qualquer corpo que se entrega, e, sim, um corpo preparado, recuperado, treinado. A simbólica religiosa islâmica necessita desse empenho, dessa dedicação que assistimos na arte de *representar, de experienciar.*

Todos os elementos tratados neste livro levam-me a responder às questões referentes *ao sentido de ser muçulmano*, mas creio que seja necessário voltar-me um pouco mais para o corpo, atrelado aos sentidos que se entregam a Deus, reelaborando a simbólica religiosa.

TÂMARAS

CAPÍTULO 6

Metáforas de Las Mil y una Noches

Dicen los árabes que nadie puede leer
Hasta el fine l Libro de las Noches.
Las Noches son el Tiempo, el que no duerme.
Sigue leyendo mientras muere el día
Y Shahrazad te contará tu historia.

(Jorge Luis Borges)

Corpos que se Entregam: os sentidos de ser muçulmano – algumas considerações finais[1]

Não existe maneira de compreender o mundo
sem antes detectá-lo por meio do sistema de radar de nossos sentidos
(Ackerman, 1996, p. 15).

Para finalizar este livro, é possível fazer uma analogia com a quebra de jejum, prática islâmica que intensifica as sensações corporais, incorporando hábitos. Vamos mobilizar nossos sentidos, reconciliando-nos com esse modo peculiar de experimentar o social, compartilhando tâmaras[2] neste momento final. Se os muçulmanos quebram o jejum com tâmaras, será preciso deliciar-se com elas, como em um banquete, uma confraternização dos homens com a matéria

---

1 Partes deste capítulo foram publicadas na revista *Ponto Urbe* n. 4, 2009.

2 Na página da internet http://br.geocities.com/forum_islamicchat/tamara.htm (acessada em 28/4/07), encontrei algumas definições sobre a importância da tâmara: "O Profeta Muhammad (SAWS) disse: Se alguém dentre vós jejuar, que quebre o jejum com tâmaras. Se não as tiver, então com água, porque na verdade a água é purificadora. O Profeta Muhammad (SAWS) costumava abrir o jejum comendo algumas tâmaras maduras e frescas, antes do Salatul Maghrib, e quando não houvesse, substituía-as por tâmaras secas e quando mesmo isso não existisse, bebia água. A tâmara na verdade é uma coroa de doçura, um alimento ideal, fácil de digerir e, em menos de uma hora após o seu consumo, o corpo fatigado readquire o seu vigor. (...) A tâmara é uma "mini-mina". É um alimento bastante consumido pelos árabes que a utilizam em diversas combinações gastronômicas. O Alcorão menciona várias vezes a tâmara e a tamareira. (...).

de sua natureza e uma oportunidade para celebrar este momento, despertando-nos para outros *sentidos* de nossas sensações.

Este capítulo está dividido em três proposições: *a primeira,* refere-se à reflexão das questões relacionadas ao corpo (que se entrega), discutindo como se dão as transformações corporais, ou seja, qual a gramática do corpo que podemos deixar entrever, quando falamos desse corpo que se entrega a Deus? Aqui o exemplo a ser explorado é o corpo feminino e a sua performatividade. A *segunda*, volta-se para os "sentidos", o despertar das sensações do corpo, buscando observar como eles são interpretados do ponto de vista religioso e, portanto, sua simbólica, seus *sentidos*. De que modo essas instâncias sensoriais – audição, paladar, olfato, visão e tato – são percebidas e simbolizadas por eles?

Rodrigues (2006, p. 95) afirma que "todas as experiências do homem são mensagens percebidas por intermédio dos sentidos e devem ser decodificados de alguma forma". O autor adverte que cada sociedade atribui pesos diferentes a estes códigos sensoriais especiais, sendo "[...] natural que algumas culturas enfatizem um determinado sentido em detrimento de outros, mas é bom esclarecer que entre os sentidos há uma certa colaboração".

A *terceira*, e última proposição, diz respeito à *avaliação das performances* apresentadas no livro. Schechner (1985, p. 25) nos propõe refletir a respeito de como são geradas e avaliadas as performances.

Avaliar uma *performance* seria apenas qualificá-la como boa ou ruim? Não creio. Por isso a importância de analisarmos as questões do corpo atreladas aos sentidos, pois, quando um muçulmano se prostra, há uma horizontalização do seu corpo e tudo vai ao chão: audição, paladar, olfato, visão e tato. Há uma entrega. Prostrar-se é entregar-se a Deus. A palavra "Islã", em árabe, significa *submissão*[3], entrega a Deus. O corpo islâmico vai, à contramão do corpo ociden-

3 No dicionário Aurélio, temos: entrega - ato ou efeito de entregar-se; rendição, capitulação, comprometimento, etc. A palavra submissão está relacionada a obediência, sujeição e subordinação.

tal, curvando-se até o chão, para o encontro com o divino. Corpo e sentidos se deslocam: o baixo corporal (ver Bakhtin, 1996) que, no homem verticalizado, ocupa um determinado lugar, horizontaliza-se, acompanhando a mesma linha do corpo prostrado sobre o chão.

Os sentidos são a porta de entrada para o mundo, e a postura vertical do homem fez com que ele percebesse o seu meio de um modo diferente. O homem em pé vê coisas, que curvado ou sentado, talvez não veja, mas a alteração na postura do corpo não apenas diminui ou amplia os sentidos, diferencia-os. Essa diferenciação, que se entrelaça a processos culturais variados, nos leva a compreender que as diferenças sensoriais de um grupo em relação a outro estão referidas a posturas que favorecem (ou não) outras significações, outros sentidos. O homem horizontalizado do Islã experimenta outras sensações e outros modos de sentir e transmitir o mundo, pois sua percepção concreta da vida, permeada pela religiosidade, aproxima instâncias que, para o homem ocidental, mantêm-se alheias ou pelo menos apartadas das práticas cotidianas.

É preciso olhar para o *embodiment* – como fez Csordas (1990), que se refere às múltiplas formas e manifestações da incorporação da cultura. Para ele existe um "vazio", entre o conjunto de referentes culturais e os imponderáveis da experiência, que se atualiza na disposição silenciosa dos corpos. A religião é para ele um bom modelo para pensar, não só o corpóreo, mas o incorpóreo dessas experiências de *estar-no-mundo*. O exemplo dado por ele é a glossolalia[4], fenômeno característico da religião carismática, pelo qual o fiel compartilha o não dito. Para o autor, é um modo do homem assumir um *estar-no-mundo* (Csordas, 1990, p. 40)).

O antropólogo David Howes (1991), em coletânea por ele organizada, dedica-se a pensar o corpo e os sentidos, no seu caso específico, muito mais os sentidos e como eles engendram a mudança no corpo de determinadas sociedades. "The drum is a body". Filósofos, antro-

4 É um fenômeno onde o indivíduo crê expressar-se em uma língua desconhecida.

pólogos, sociólogos[5] têm se dedicado a estudar as questões do corpo e dos sentidos, porém não pretendo fazer aqui uma exegese deste material, preferindo ocupar-me com as leituras que mais me auxiliaram neste processo de descoberta do corpo e das sensações dos próprios muçulmanos. Pelo corpo se lê a sociedade, se lê o indivíduo, pois o corpo é revelador das sensações e dos sentidos que nele se inscrevem.

Meu argumento é que os sentidos são refinados, remodelados, tanto na entrada, quanto pela permanência na religião, contribuindo para a constituição do corpo islâmico. É preciso ter em mente que a religião passa pelo corpo[6] e altera os sentidos e a corporalidade, pois é capaz de modificar as técnicas do corpo, a expressão dos sentimentos, a gestualidade, as regras de etiqueta, as técnicas de tratamento, as percepções sensoriais, as marcas na pele, a má conduta corporal (ver Le Breton, 2006) etc. Ao dizer isto, compartilho com Tim Ingold a ideia de que

> [...] a antropologia dos sentidos permanece totalmente comprometida com essa versão do dualismo mente/corpo cartesiano. Acontece que ela não se preocupa, no fim das

5 A classificação dos sentidos, proposta por Aristóteles, é bem interessante. Para ele, a hierarquia dos sentidos nos seres humanos está definida pela visão, audição e olfato, enquanto nos animais, essa hierarquia se define pelo *sabor- paladar e tato- toque* (cf. Synnott, 1991, p. 65). É possível pensar o corpo na concepção marxista pela qual o corpo e os sentidos do trabalhador estão submetidos à pressão capitalista (cf. Synnott, 1991). Ver também Csordas, 1990; Foucault, 1977.

6 Segundo Le Breton (2006, p. 92), o corpo é a interface entre o social e o individual, entre a natureza e a cultura, entre o fisiológico e o simbólico; por isso, a abordagem sociológica ou antropológica exige prudência particular e a necessidade de discernir com precisão a fronteira do objeto. Para Le Breton, o corpo é uma ficção cultural e a corporeidade é uma modalidade cultural incorporada. "La sociologie du corps est um chapitre de la sociologie plus particulièrement attaché à la saisie de la corporéité humaine comme phénomène social et culturel, matière de symbole, objet de representations et d'imaginaires" (Le Breton, 2004, p. 3). Neste texto há duas terminologias corporalidade e corporeidade, a primeira mais usada pelos antropólogos e a segunda usada por Le Breton em seus escritos. Quando estiver me referindo ao texto de Le Breton, estarei privilegiando a terminologia por ele utilizada.

> contas, com as variedades de experiência sensorial geradas no curso do envolvimento corporal prático das pessoas com o mundo ao seu redor, mas com o modo como essa experiência é ordenada e ganha significado dentro dos conceitos e das categorias de sua cultura[7].

A corporalidade está no centro dessas temáticas. A respeito da *corporeidade* movente dos muçulmanos, chamo a atenção para alguns elementos que embora não elaborados conscientemente pelos próprios fiéis, são perceptíveis na própria pesquisa e na finalização deste trabalho. Digo não conscientes porque muitos não pensavam sobre suas mudanças sensórias ou corporais, antes das minhas perguntas.

Christine Greiner (2006, p. 15) narra o caso inusitado de um contador que lhe relatou o quanto era difícil para ele se lembrar que tinha corpo, durante sua rotina diária, sentado à mesa de trabalho. Ela ressalta o fato de que uma dor de dente em pessoas sedentárias deveria fazê-las lembrar da existência do próprio corpo, mas não é o que acontece. Para muitas pessoas, sentir o corpo é coisa de atleta e de bailarino. É de fato o que pude constatar. Pensar no corpo e nas suas alterações, com a mudança de religião, ou mesmo para aqueles nascidos na religião, passa despercebido por muitos. Trata-se, para eles, de "algo que se faz e pronto", mas isso não significa que uma reflexão a respeito de algumas dessas mudanças não seja importante, ao contrário, é fundamental, quando se quer compreender essa entrega a Deus, o que é, sobretudo, a tarefa do antropólogo, buscar esse sentido.

O corpo islâmico apresenta peculiaridades que devem ser observadas, tais como os modos de rezar, comer e andar, moldando o comportamento. Neste sentido, o universo etnografado neste livro me permite, agora, fazer uma reflexão restrita ao corpo e aos sentidos, observando, ainda, que essas elaborações ou transformações modificam as *performances*.

---

7 http://n-a-u.org/pontourbe03/timingold.html. Acesso em julho de 2008.

Durante a pesquisa de campo, Rita de Almeida Castro[8], ao visitar a mesquita comigo, disse-me para tentar fazer os gestos da oração, como um modo de compreender as mudanças e os sentidos de se estar prostrado. Fiz a experiência de ritualizar a oração, cinco vezes ao dia, e tudo o que eu consegui foram algumas contraturas musculares e dores no joelho. Faltou-me alma. O que para mim foi um sacrifício, para o muçulmano, ao incorporar o sentido de uma entrega a Deus, é algo prazeroso, e não um sacrifício. Mesmo não conseguindo alcançar a mesma dimensão de um muçulmano, percebi que a mera reversão a essa religião também não pode ser considerada algo fácil, pois creio que é muito difícil modificar o corpo, mesmo quando se crê. Assim, as palavras de Sheik Jihad fazem sentido: *corpo e alma* devem ser conjugados, pois, o corpo está relacionado diretamente com os sentimentos que são expressos por ele; pelo *locus* no qual está inserido; pelas vivências e experiências que somos capazes de viver.

Temos, então, o corpo como um suporte de símbolos, mas um corpo que apresenta um sistema de expressão que não tem limites: que se gestualiza e compõe a *performance* que pode ser boa ou não, a depender do grau de intenção que é colocado, pelo indivíduo, em cada gesto ritualizado e na frequência com que o realiza. Neste sentido, retomamos aqui a concepção de comportamento recuperado [restaurado], de Schechner, apresentada no capítulo 5.

OS SENTIDOS SÃO "BONS PARA PENSAR"

> [...] A cada instante decodificamos sensorialmente o mundo, transformando-o em informações visuais, auditivas, olfativas, táteis ou gustativas. Assim, certos sinais corporais escapam totalmente ao controle da vontade ou da consciên-

8 Doutora em Antropologia Social pela USP, professora de Artes Cênicas da UnB.

> cia do ator, mas nem por isso perdem sua dimensão social e cultural (Le Breton, 2006, p. 55).

Passo agora aos significados dos sentidos do corpo. Segundo Bouhdiba (2006), o paraíso (islâmico) é o lugar onde acontece o banquete dos sentidos, seria a reconciliação do homem com a natureza, com a matéria. Tudo começa pelo olhar e tudo termina nele. O odor também é valorizado no paraíso, pois as fragrâncias recorrentes são o almíscar, o gengibre, o âmbar e constituem a base do solo do Éden e do corpo das *huris*[9]. A melodia universal que despertará a audição são as recitações de textos sagrados (2006, p. 110). O paraíso é o tempo do prazer interminável. O Islã, segundo Bouhdiba, não recalca a libido (p. 113), pois a paz do paraíso passa pela realização dos nossos desejos; mas, para se alcançar o paraíso e todas as delícias que advêm dele, é preciso ser um muçulmano exemplar. Se o muçulmano seguir todos os preceitos do Islã, é certo que, no dia do Juízo Final, será recompensado. Sugiro que o paraíso, tal qual é apresentado por Bouhdiba (2006), pode levar o muçulmano a de fato cumprir todas as suas obrigações religiosas, mas se deve ressaltar que só o fato de fazer a *Shahada* já indica merecimento deste paraíso.

Para ampliar a discussão sobre os sentidos coloquei um tópico em comunidades islâmicas do Orkut. Minha intenção, ao fazer isso, era aproximar-me de um número maior de muçulmanos, sabendo, é claro, que a grande maioria dos que se utilizam do meio virtual é formada por jovens. Mesmo assim valeu a pena, pois a partir de então, pude classificar melhor os sentidos e cotejar essas respostas com as que obtive, pessoalmente, em campo.

> A audição é o último sentido que morre no ser...
> É o poder da união entre os pais e o filho no útero da mãe

---

9 São seres femininos tanto quanto possível, suas feições são multicoloridas: brancas, verdes, amarelas e vermelhas. Seus corpos são feitos de açafrão, de almíscar, de âmbar e de cânfora, e seus cabelos são de seda bruta (Bouhdiba, 2006, p. 102).

> É a inspiração, ou a ligação dos anjos com o humano.
> A audição é também um pouco perigosa, pois não pode acreditar em tudo que se ouve (entre humanos) e o imam Ali (SAW) disse ... "a distância entre a verdade e a inverdade é quatro dedos" (distância entre o ouvido e o olho), por isso tenho de ter o poder de "filtrar" o que ouço... (Orkut, Rami, 15/11/2005).
> Em árabe, não ser capaz de ouvir significa absurdo (Ackerman, p. 215).

No Islã, a audição tem este poder de transubstanciação do fiel, pois Deus se comunicou com o Profeta através do anjo Gabriel. O anjo pede que o Profeta recite. É pelo ouvido que ocorre a comunicação. O Profeta ouviu a voz do anjo, que falava a voz de Deus. Ouvir estabelece uma relação com a fala.

Quando perguntei a Sheik Jihad qual sentido ele considerava mais importante, ele me respondeu que era a *audição*, porque ouvir é o caminho do coração, e o que entra deve ser alimento para alma. Deve ser armazenado para ser distribuído (transmitido), por isso, quando uma criança nasce, o sheik sussurra em seu ouvido *Allahu Akbar*. É pelo ouvido que se aprende a ver, tocar, estar no mundo. Na visão de mundo muçulmana, o uso das imagens pode enganar os homens, desvirtuá-los do caminho certo, da senda reta, que é a que leva a Deus, e não ao caminho inverso, ao da idolatria (cf. Ferreira, 2006). Ouvindo desde pequeno as palavras de Deus, o muçulmano vai armazenando o conhecimento, como diz Sheik Jihad, e assim poderá transmitir de forma correta o que aprendeu. Um exemplo disso é a recitação do Alcorão. Para aprender a recitar os versículos é necessário ouvi-los e pronunciá-los repetidas vezes, é o *dhikr* (repetição) por excelência, como afirma Hanania (1999, p. 13) e o árabe é fundamento de vida.

> A audição fica mais aguçada em relação a algumas coisas, como a recitação do Alcorão e do árabe. Aprendemos as diferenças entre uma recitação e outra e procuramos os defeitos para consertá-los. Uma amiga certa vez disse que até a

audição dela melhorou depois que começou a usar o *hijab*, mas às vezes eu penso que isso é impressão dela... (Thais Jamyle, notas caderno de campo, novembro 2006).

A audição envolve também a música, não só a palavra religiosa transmitida. No Islã não há uma liturgia pautada pela música, como no catolicismo, ou os pontos do candomblé. Mas é importante notar que há restrição aos instrumentos de corda, sopro etc., ficando apenas a percussão, como o som mais adequado de ser ouvido. Há alguns mais "radicais" que chegam a dizer que música é *haram* (pecado, erro). Perguntei a Mujahid (Alex), se no Islã música é haram (proibido):

> Não, na verdade não é a música que é haram, e sim os instrumentos, com exceção das que sejam acompanhadas de instrumentos de percussão, ou apenas cantadas. No Islam, temos os *anashids,* que são músicas islâmicas, no caso do funk, seria mesmo, por causa das letras, que induz ao pecado. Tem alguns *hadices* do Profeta que relatam sobre isso, quando era questionado por seus companheiros, a explicação é que estes instrumentos, através da música, vão tirar você do seu estado normal. E como tudo na religião, que tira você do seu estado normal é *haram*, com determinadas músicas, não seria diferente. (notas do caderno de campo em 3/11/06).
>
> *[...] o paladar é social (*Ackerman, 1996, p. 161).

Ackerman diz que o paladar é social, os seres humanos dificilmente escolhem jantar sozinhos. A alimentação possui poderoso componente social. Se queremos dar a algum acontecimento um significado emocional, simbólica ou misticamente, o alimento estará presente para santificá-lo e enaltecê-lo. As atividades do cotidiano também estão atreladas à comida, como "ganhar o pão de cada dia", ou "merecermos nosso sal", isto é, nosso salário. O jejum purifica o corpo, homens e mulheres rezam mesmo não comendo, pois, a melhor comida é a da oração. Come-se quando se reza. A palavra é alimento. Deixa-se de comer para sentir o que outro, que passa fome, sente[10].

Abro um parêntese para avançar em questões ilícitas, isto é, coisas proibitivas no Islã. Entre as coisas impuras ou proibidas, temos a carne de porco e as bebidas alcoólicas. A carne de porco é abominada por judeus e muçulmanos. O veto hebraico está descrito no Levítico (11.7), um dos cinco livros do Pentateuco, cuja autoria é atribuída a Moisés. O suíno é um animal impuro "porque tem a unha fendida, mas não rumina" (cf. Douglas, 1991, p. 71). No Alcorão (Surata 5, versículo 3), temos: "Estão-vos vedados: o morticínio; o sangue, a carne de suíno e tudo que tenha sido sacrificado com a invocação de outro nome que não o de Deus". Muitos acreditam que esta proibição está ligada ao fato do porco enlamear-se e devorar qualquer coisa, o que o torna repulsivo. Também se pode indicar a transmissão da *T.solium*, uma enfermidade parasitária contra a qual os povos antigos se sentiam indefesos. Outras explicações, como a do antropólogo Marvin Harris (1974), defendem que o porco não era compatível com a vida nômade, pois não sendo ruminante, ele necessita, regularmente, de alimento, tornando-se um animal economicamente prejudicial ao grupo.

Marshall Sahlins, em *La pensée bourgeoise*, analisa o modo como os povos lidam com os alimentos e com as vestimentas. Comer carne bovina ou de cavalo, vestir seda ou jeans, tem mais implicações do que podemos imaginar. Não só de ordem econômica, mas levando em consideração o *ethos* simbólico de cada povo. Os significados imbricados no consumo de determinados produtos, na comestibilidade, vão além do referencial econômico e social, estando também na esfera da cultura e dos valores atribuídos a determinados alimentos e produtos, de um modo geral. A produção, diz Sahlins (2003, p. 169): "é algo maior e diferente de uma prática lógica de eficiência material. É uma intenção cultural". Para o autor, existe um *locus*

10 Ver capítulo 5 e o vídeo *Allahu Akbar*.

privilegiado do processo simbólico, de onde emana um quadro classificatório imposto a toda cultura (p. 210).

Sobre as bebidas alcoólicas, a proibição estende-se a tudo o que é intoxicante. A palavra árabe *khamr* significa qualquer bebida inebriante que causa intoxicação, tudo que confunde a mente (p. 111). No Alcorão (Surata 5, versículos 90-91) temos:

> Ó crentes, a bebida inebriante, os jogos de azar, a dedicação às pedras e advinhação com setas de rabdomânica, são manobras abomináveis de Satanás. Evitai-os, pois, para que prospereis. Satanás só ambiciona infundir-vos a inimizade e o rancor mediante a bebida inebriante e o jogo de azar, bem como apartar-vos da recordação de Deus e da oração. Não desistireis diante disso?

Esses dois versículos associam essas práticas a ídolos e à procura de ajuda por meio da adivinhação, declarando-os abomináveis. Apontam o álcool como sendo o grande mal para os indivíduos, para a família e para a sociedade. É proibido também comercializar bebidas alcoólicas. Segundo Al-Karadhawi ([s/d], 116), o método islâmico é o de fechar todas as vias de acesso ao ilícito; também é ilícito um muçulmano vender uvas a alguém que irá fazer *khamr* com elas. É proibido dar e receber álcool. O muçulmano deve evitar ir a uma festa em que serão servidas bebidas alcoólicas.

Há o reconhecimento pelo parentesco de leite, assim como é com o sangue, portanto, os mesmos interditos em relação ao casamento, que ocorrem em relação à consanguinidade, ocorrem com os lactentes e as amas-de-leite e toda a sua família. Quem teve a mesma ama-de-leite é considerado como irmão e irmã, mesmo se não mamaram no mesmo período. As proibições do leite são idênticas às proibições do sangue, o aleitamento tem a mesma amplitude que a consanguinidade.

Ao apresentar o vídeo *Allahu Akbar*, pela primeira vez, ao Sheik Jihad, ele demonstrou muita alegria ao ver seu "irmão" de leite – Sheik Salat –, falando sobre o jejum. — Meu irmão, veja! — Seu irmão? — Sim, meu irmão, irmão de leite é a mesma coisa que um irmão de sangue.

Podemos ainda explorar a ideia da alimentação (paladar) relacionada ao tato: a amamentação do bebê deve ser observada pela mãe, explica Nadia Hussein a uma moça que acabara de ter filho. Só pode dar o peito enquanto o bebê estiver com fome, se ele estiver apenas fazendo manha no peito, não pode, porque isto é considerado *haram*.

> *Nada é mais marcante que um cheiro*
> (Ackerman, 1996, p. 25).

Segundo Ackerman (1996, p. 25), os odores denotam suavemente nossas memórias. O olfato é *sentido* mudo, o que não tem palavras, é o mais direto de nossos sentidos. Ela considera que as pessoas que comem carne cheiram diferente daquelas que são vegetarianas, assim como é diferente o cheiro de crianças e adultos. Durante a minha pesquisa, sempre fiz as seguintes associações: os muçulmanos só comem carne *halal*, carne sem sangue; fazem jejum e isto muda o metabolismo; não comem carne de porco; não consomem bebidas alcoólicas, vinagre, enfim todas essas restrições constroem um corpo diferente. Então, alguma diferença no corpo deveria haver.

> Vemos somente quando existe luz suficiente, degustamos o paladar quando colocamos coisas na boca, sentimos apenas quando tocamos alguém ou alguma coisa, ouvimos somente quando os sons são audíveis. Mas cheiramos o tempo inteiro, sempre que respiramos (Ackerman, 1996, p. 26).

A ideia de que respiramos o tempo todo e de que a respiração é importante, faz-me lembrar a aula de Aida Hanania (em outubro de 2006)[11], quando esta afirma que, para o calígrafo, a respiração é

11 No curso de Difusão ministrado por mim "Uma abordagem antropológica sobre o Islã".

fundamental. Em alguns momentos, é preciso prender a respiração para caligrafar determinados versos.

Ackerman (1996) afirma que culturas islâmicas descobriram para a rosa símbolos mais espirituais. Segundo a autora, Yunus Emre, místico do século XIII afirma que as palavras "Allah, Allah" devem ser pronunciadas cada vez que uma pessoa aspire seu perfume. Afirma que o Profeta Muhammad era grande devoto dos perfumes. As rosas misturavam-se bem com a água, servindo para a produção de delicados refrescos. A flor passou a ser importante condimento da cozinha islâmica, além de ser muito usada em aparatos perfumados. Outra novidade que apresenta é o fato de que a hospitalidade islâmica manda que um convidado seja aspergido na porta de entrada com água de rosas.

Com o olfato é possível perceber a limpeza corporal. Quem tira os sapatos para rezar não pode deixar que o outro sinta o cheiro do seu pé. É preciso estar limpo, mais que isso, é preciso estar purificado. Mulheres menstruadas se afastam, estão fora da sala de oração.

> Através dele consigo sentir a pureza da vida, ou a sua poluição, consigo sentir tudo que Deus (swt) criou de bom para sua humanidade...o olfato controla os meus sentidos que pode sentir apenas o que me é permitido... (perfume de mulher que por mim passa, cheiro de comida no mês de jejum...etc)
> Como percebemos.... em todos os sentidos tenho de ter controle sobre os desejos... pois o desejo está em todos os sentidos... (digo do desejo físico) e quando tenho controle sobre esses desejos, ai sim, estou mais no caminho correto do islam... (Rami, notas do caderno de campo, 15/11/2005).
> Dize às crentes que *recatem seus olhares*, e conservem seu pudor, e não mostrem seus encantos além do imprescindível, e que cubram o seio com seus véus (Surata 24, versículos 30-31).

Em artigo escrito para Cadernos de Antropologia e Imagem, considerei que ainda temos muito que aprender sobre o *lugar olhado das coisas.* Não dá para tentar enxergar os valores religiosos a partir de nossas referências. O Ocidente tenta ver com os seus olhos quando deveria tentar calcular o lugar de onde se olha [...] Para pensarmos as sociedades islâmicas, é preciso entender a sua organização que "originariamente" se dava em clãs, grupos familiares e nos quais a transmissão oral era e é um fato considerável na sociabilidade árabe, por isso a valorização dos recitadores, dos poetas. Nesse sentido, a sociabilidade está centrada na oralidade, assim como no Ocidente, a visualidade, como bem apontou Caiuby Novaes (2000, p. 2) está atrelada à individualidade: "quanto mais uma sociedade enfatiza a visão, menos comunitária ela será; quanto mais enfatiza a audição, menos individualista será". A visão é, sem dúvida, o sentido mais usado na atualidade. As pessoas têm necessidade de *ver para crer;* "*ver com esses olhos que a terra há de comer*". A visão remete ao conhecimento, a uma certeza. Visão: janela da alma, como nos apontou Chauí (1989).

Com o cuidado de não seduzir, as mulheres do Islã só devem deixar à mostra seu rosto e suas mãos[12]. A vestimenta, portanto, deve dissimular o corpo e marcar a diferença sexual. Temos o véu para as mulheres e a barba para o homem. Se a vestimenta islâmica passa a ser orgulho para as mulheres, a barba (pêlos) é orgulho de adolescentes e de homens maduros, que a portam como atração estética e como instrumento de sedução, de prestígio que carrega, ainda, uma significação religiosa e sedutora, segundo Bouhdiba:

> O profeta dizia: O zinà[13] dos olhos é o olhar; o zinà da língua é a palavra; o zinà da mão é o toque, o zinà dos pés é caminhar na direção de nossos desejos...também é proibido ao muçulmano deleitar-se com voz harmoniosa de uma mulher estrangeira (Bouhdiba, 2006, p. 59).

12 Sobre a relação do cabelo e da sexualidade, ver Bastide, 1959 e Leach, 1983.

13 Pecado capital.

Prostrado, o muçulmano olha para si mesmo, ao mesmo tempo em que olha para Deus. Segundo Bouhdiba (p. 57), olhar e ser olhado são objetos de um aprendizado precioso e minucioso; ser muçulmano é controlar seu olhar e saber subtrair, ao olhar do outro, sua própria intimidade; é viver incógnito. Em muitos momentos pude observar o modo como os muçulmanos homens olhavam para mim, sempre procurando não fitar os meus olhos, o que, com o tempo, percebi que se tratava de um *habitus,* algo adquirido e feito automaticamente e que varia muito, dependendo do grau de religiosidade ou de proximidade com a nossa cultura. Rami escreve no Orkut o que pensa da visão no Islã:

> Através da visão física ou moral posso me orientar no caminho do islamismo. A visão física ajuda-me a ler e aprender mais, também a ver os atos corretos ou errados meus e de outros seres, através da visão posso educar meu jeito muçulmano a ver o que posso e tampar minha visão ao que não posso ver, o islam é também a religião da verdade, e a visão é também o sentido da verdade da vida A visão moral (e acho que não é o caso da tua pesquisa), mas essa visão deixa-me mais atento com meus pensamentos a direcionar meu caminho na vida com a fé em Deus (SWT) (Em 15/11/2005; 07h11).

A visão[14], aqui, tem o sentido de que é através dela que se pode entrar em contato com as palavras do Alcorão e dos outros textos que ampliam o conhecimento do muçulmano. Ver para aprender. Aprende-se vendo. Thais Jamyle destaca a mudança de comporta-

14 Segundo Bouhdiba (2006, p. 87), a sociedade árabe, como muitas outras, sempre teve uma má disposição em relação aos caolhos: eles simbolizam a perda, mais ou menos bem merecida, do instrumento essencial do contato com a luz! Deus pune os maus, os indiscretos bisbilhoteiros, privando-os de um ou dos dois olhos. O caolho é aquele que é parcialmente atingido. A psicanálise trouxe à luz esse tema da punição simbólica pela perda de um olho.

mento e o fato de aprender a se policiar em relação ao olhar. O que *pode* e o que *não pode* ser visto:

> Assim como a visão: evitamos olhar diretamente para alguém do sexo oposto. Como sempre olhei as pessoas nos olhos, isso foi meio estranho pra mim, e acho que muitos muçulmanos tiveram outra impressão de mim no início. O meu marido, quando se reverteu, ia à mesquita e ficava olhando para as mulheres... não porque queria alguma coisa, mas por curiosidade. Era a primeira vez que via mulheres de véu tão de perto. E agora ele morre de vergonha de se lembrar disso. Também nos policiamos para não olhar para fotos. Eu não precisei mudar muito... Meu marido baixa os olhos quando passa em frente a uma banca de jornal, e quando há alguma cena imprópria na tv ele fecha os olhos e espera a cena passar... Se é uma mulher nua, eu o aviso, mas quando é um homem ele se dá ao trabalho de tapar meus olhos (notas de caderno de campo, novembro de 2006, Thaís Jamyle Pinheiro Dionísio).

Geertz (2003, p. 162), citando a pesquisa de Suzanne Brunner, afirma que a mudança no vestuário de jovens muçulmanas fez com que se modificassem os sentimentos a respeito de si mesmas e de seus atos. É um ser/estar no mundo que tenho verificado nas transformações dos comportamentos, considera Brunner (*apud* Geertz, 2003). Para ela, as mulheres que passavam a usar a vestimenta islâmica *jilbab*, apresentavam motivações diversas: religiosas, políticas e pessoais. Eram, em sua maioria, jovens universitárias residentes na região central javanesa, Jogyakarta e Surakarta[15]. A motivação dada como um beliscão é um *start* que mobiliza a pessoa a mudar de vida: o que estou fazendo da minha vida? Qual é a razão da minha exis-

15 Foi o que percebi no meu mestrado estudando a comunidade do Brás. Ver Ferreira, 2001.

tência? Embora não seja tema central deste livro a *reversão ao Islã*, é intrigante a motivação indicada para a busca desta religião e não de outra. Ouvi muitas vezes dos revertidos que foi a busca de respostas para a sua vida que os levou ao Islã. Muitos me diziam que no Islã encontravam respostas que não encontraram em outra religião. Diziam gostar das regras e do modo de vida islâmico.

> *Nossa pele é o que fica entre nós e o mundo*
> (Ackerman, 1996, p. 94).

Em *Uma História Natural dos Sentidos*, Ackerman (1996, p. 97) afirma que chamamos nossas emoções de sentimentos e ficamos satisfeitos quando alguma coisa nos "toca". Se os problemas são espinhosos etc., têm de ser enfrentados com luva de pelica. O toque nos ensina a diferenciar entre *eu e outro*, e que existe alguém além de nós. Tocar é tão terapêutico quanto ser tocado; a pessoa que executa a cura, a que fornece o toque, é simultaneamente curada. Tocar também é sinal de intimidade. Intimidade – essa palavra proibida no Islã, onde só os casais e familiares se tocam, ou pessoas do mesmo sexo, pessoas de sexos opostos, se são casados, só se tocam na intimidade.

Durante a pesquisa de campo, sempre tive o cuidado de não tocar nos homens estendendo a mão para cumprimentá-los, procurava sempre uma distância corporal deles, que impõem restrições ao contato entre homens e mulheres. O *con-tato* é restrito, é reservado. No entanto, não podemos nos esquecer de que o tocar é fundamental no Ocidente, principalmente em situações emocionais, quando tocamos de um modo que gostaríamos de ser tocados. Como afirma Ackerman (1996, p. 151), as mãos são as mensageiras da emoção.

> Thaís Jamyle: Bem, Franci, talvez seja melhor falar o que mudou no que falo, no que toco, no que como e no que ouço. Isso vem um pouco da nossa reeducação corporal. Primeiro aprendemos que não devemos tocar em homens desconhecidos ou que não são da família... Então tive que prestar

> atenção para não cumprimentar mais com beijinhos, ou dar a mão, às vezes, isso é um problema, porque somos pegos de surpresa e acabamos deixando...
> Ramy: O tato no islamismo é a diretriz, mas ao mesmo tempo é perigoso se não souber usar ele dentro da linha islâmica... posso tocar tudo que me é de direito, e também tenho de saber o que não me é de direito, e para mim tudo que me é de direito é aquele que me é permitido a ser meu íntimo... tanto íntimo no sentido masculino e feminino (digo humano) quanto íntimo no sentido de coisas materiais.

A sexualidade, ao contrário do que se possa imaginar, não está voltada apenas para a procriação. No Islã, o coito não é penetração no mundo do mal, mas do sagrado. A sexualidade tem um lugar importante e de outra natureza. O casamento, para ser válido, deve ser acompanhado de uma festa (*walimã*): cantos, danças, gritos de alegria. O casamento, portanto, é o ato que concretiza a ordem da existência e dá à sexualidade uma significação nova. O *nikãh* é o coito transcendido.

Há um *hadith* do Profeta que diz que um homem não pode ficar mais que quatro meses longe da sua esposa, isto é, sem manter relações sexuais com ela, isto implicou que os homens que iam para guerra voltassem às suas tendas quando este período se encerrasse.

> O *ilã'* é um juramento por meio do qual o marido torna ilícita sua mulher por um período dado. O Alcorão admite a validade de tal juramento, mas limita-o a quatro meses, ao fim dos quais o marido que não retorna ao leito conjugal está *ipso facto* separado definitivamente de sua mulher (Bouhdiba, 2006, p. 34).

É certo que no Islã o sexo é visto como algo natural e, portanto, necessário para homens e mulheres. O prazer é permitido tanto para um quanto para o outro, mas há regras estabelecidas, como a higiene, quando, com quem etc. O corpo é sinédoque do mundo e expressa o quente e o frio; o úmido e o seco (ver Foucault, 1984, p. 105).

Contato, *Tocar* o chão, o tapete — Cabe lembrar quando o anjo abraça o Profeta Muhammad e pede que ele recite. Este só o faz quando não suporta mais o abraço do anjo. O tato foi o momento de decisão que estabeleceu a comunicação do Profeta com Deus. No momento da oração, o muçulmano encosta a cabeça no chão. O contato com o chão o coloca na situação de entrega a Deus.

Essa discussão sobre os sentidos teve como propósito apontar os *sentidos* de ser muçulmano. Deve-se considerar que o *ser* e o *estar* no mundo estão repletos de símbolos e significados. Para serem entendidos, é preciso que se recorra a elementos básicos da constituição do ser, que são o seu corpo e os seus sentidos. Constance Classen (1993, p. 136-137) nos leva a ver que

> Sensory values not only frame a culture's experience, they express its ideals, its hopes and its fears. Justice and life are conceptualized in terms of temperature or smell. Death is a loss of heat or a loss of odour. Fertility and procreation are colours.
>
> As sensory values are social values, sensory relations are also social relations [...] Structures of power within a society can also receive sensory expressions in the differential allocation of sensory powers.

Compreender o modo de ser dos muçulmanos exigiu de mim mais do que a leitura de textos acadêmicos, anotações em caderno de campo ou produções videográficas e fotográficas. A percepção desses sentidos aguça o nosso modo de ver e de sentir. É a religião do corpo, e muitos podem considerar que todas as religiões são religiões do corpo, mas eu diria que no Islã o corpo deve ser ressignificado, para se tornar outro, para ser outro. Há uma reformulação desse corpo a ponto dele, de fato, passar para um outro lado que não o da simples reprodução do gesto. É um estar no mundo que é diferente. A mudança implica todos os sentidos; mudam-se os costumes alimentares, a maneira de tocar as pessoas, apura-se o olfato, a visão passa a ser direcionada de outra maneira, procura-se ouvir outras coisas que, antes da entrada na religião, não aconteciam para um revertido. Para um muçulmano de nascimento, esses elementos são trabalhados desde a infância, no entanto, é bom lembrar que mesmo nascendo em família muçulmana, muitos deles são brasileiros e, portanto, o modo de elaborar os sentidos é outro; e muitos devem ter ouvido que os brasileiros são sinestésicos, pois se abraçam o tempo todo. Educar uma criança nos moldes islâmicos não deve ser tão fácil assim, se a cultura onde vivem é tão diferente, mas também não impossível, como apresentei neste livro e nos vídeos.

Os sentidos são apontados como importantes e, ao mesmo tempo que são bons, são também perigosos. Existe um limite tênue no que tange à importância daquilo que se ouve, que se come, que se toca etc. Há uma vigilância, quanto ao que deve e ao que não deve ser feito pelo muçulmano, e isso implica entender os sentidos de modo mais amplo. Não basta valorizar a audição, é preciso saber que ela está próxima à boca e que isto pode ser perigoso, se mal administrado. Quando pensei no *sentido de ser muçulmano,* tinha em mente uma construção cotidiana desse ser. Tal questão levou-me a vários caminhos perceptivos, o primeiro foi entender que existe um processo de compreensão desse reverso, do seu próprio corpo e de sua existência, mas há também aqueles que são treinados (ou não), desde pequenos, e, grosso modo, pode-se inferir que há vários modos de aprendizado quando nos referimos ao corpo. Como nos ensina Ingold (2008):

> A lição a ser aprendida aqui é que convenções verbais de uma sociedade não aparecem prontas, nem são simplesmente sobrepostas à experiência de seus membros para que eles 'façam sentido' delas. Pelo contrário, elas estão sendo continuamente inventadas e reinventadas no curso dos esforços das pessoas para se fazerem entender – isto é, 'fazerem sentido' de si mesmas para os outros.

Por que corpos que se entregam? Porque o Islã é uma entrega, não só do pensamento, mas da própria experiência de ser *outro* neste mundo. O corpo e com ele os sentidos vão sendo remodelados a cada dia. E nesta remodelagem, podemos nos deter nas *performances* geradas e transmitidas que ajudam a transformar, individual e coletivamente, o homem muçulmano. É disso que fala este livro: de corpos (pessoas) que se entregam a uma religião que desenha sua entrega ao se prostrarem diante de Deus, tirando o efeito de dizer-se apenas submisso a Deus, é mais que isso, é uma *entrega* consciente de que Deus o está recebendo. Conforme nos apontou Geertz:

> Comunal, mas pessoal. A religião, sem interioridade, sem uma sensação "banhada em sentimento" de que a crença importa, e importa tremendamente, de que a fé sustenta, cura, consola, corrige as injustiças, melhora a sorte, garante recompensas, explica, impõe obrigações, abençoa, esclarece, reconcilia, regenera, redime ou salva, mal chega a ser digna desse nome. É claro que existe por aí uma grande dose de puro convencionalismo (2003, p. 159).

O que está em jogo é a experiência religiosa (individual e coletiva), é ela que trará a mudança ao corpo, ao gesto e aos sentidos. Não há mudança, se não acreditamos nela. A mudança está na fé, algo que psicólogos, antropólogos, sociólogos buscam explicar, mas já sabemos que as explicações, por mais aproximadas que sejam, serão sempre de segunda ou terceira mão. Devo, então, apresentar alguns dados que considero fundamentais, e que possam abrir caminho para uma compreensão do *ethos* islâmico, não com a pretensão de esgotar o assunto, mas com a finalidade de acrescentar outros parâmetros para outros estudos, a serem ainda desenvolvidos.

Parece óbvio afirmar que os sentidos no Islã são constituídos de modo diferente e, portanto, elaboram corpos diferentes. Mas vale caracterizar o que aponto como diferente e quais as diferenças que observei. A primeira coisa que devo destacar é a *visão:* se no Ocidente *ver* é o modo predominante, e, portanto, este é considerado o sentido mais fundamental, no Islã é a *audição*. Não é à-toa, que o Profeta ouviu o anjo. O muçulmano indica em vários momentos a importância da audição-fala. Ouvir para falar corretamente. Se a audição se destaca no Islã, o *tato* nem tanto, pois não se toca qualquer coisa, em qualquer lugar; há regras para o toque que acabam por modelar o corpo, mais explicitamente; se os homens não estendem a mão para cumprimentar as mulheres que não são da sua família, temos então um corpo diferente, um comportamento a ser apresentado. Aqueles que entram para a religião têm que aprender a não estender a mão, a demonstrar um recato no gesto, no olhar, na fala. Não há beijos e abraços, como estamos acostumados no Brasil. A não ser homem com homem e mulher com mulher, pois as relações, no Islã, são *homossociais*.

A comida, por sua vez, é algo central na cultura árabe, não se nega comida. Há sempre fartura à mesa. O comentário de Nadia Hussein no final do vídeo *Vozes do Islã*: "Eu não sou uma árabe exemplar, não é Franci?", ela estava se referindo ao fato de não ter preparado um lanche especial para receber-me em sua casa. Um simples chá para um árabe é motivo para um banquete e nisto, nós brasileiros, temos muito em comum com eles; aqui também, a fartura à mesa é algo valorizado culturalmente. A comida árabe desperta o *olfato*, o cheiro de esfihas e kibes é realmente de dar água na boca. Desperta o *paladar*. Seus aromas estimulam sensações, provocam memórias e despertam afetos. A cultura entra pela boca. Conquista-se pelo estômago. Nada mais natural que o jejum para fazê-lo pensar no "pão de cada dia". Não comer irá treinar ainda mais os sentidos, pois quanto mais fome sentirmos, mais despertos estarão nossos sentidos, e o comer no final do dia nos traz um prazer imensurável.

O *ver* e o *tocar* estão relacionados, ver desperta desejo, a própria libido. Cobre-se o corpo para não ser visto, para não ser desejado. Não ver para não ousar tocar. Se não vejo, não desperto o desejo que há dentro de mim, portanto, não tocarei. A distância toma conta, é preciso usar outros elementos para estabelecer a atração, ou desviar o olhar, como me diziam algumas moças no acampamento. "A gente finge que não está olhando". O certo é que quase tudo que é oculto desperta interesse, atração. Não ver, não significa que o desejo seja posto de lado, ao contrário, a possibilidade de não ver-tocar, desperta ainda mais o interesse pelo outro. Os mais religiosos desviam o olhar frequentemente, não estendem a mão, ficam constrangidos quando são obrigados a entrar em contato, porque estabelecem um profundo respeito com o corpo do outro. Tocar no corpo de alguém é como tocar a sua alma, é fazer parte do outro, é estar na intimidade. E isto só é possível nas relações matrimonias e familiares.

> [...] Elas são para vós vestimentas, e vós sois para elas vestimentas (Surata 2, versículo 187).

A conclusão primeira a que chego depois de tantos anos de pesquisa refere-se à ordem dos sentidos no Islã. Audição, paladar, olfato, visão e tato transformam-se nos seguintes pares de relação: audição-fala; paladar-olfato; visão-tato. São esses pares que modelam o corpo, estabelecendo a comunicação. Propor uma análise simbólica dos sentidos teve por objetivo responder *qual o sentido de ser muçulmano*. Para responder a isto, muitas vezes, em campo, senti que estava fazendo as perguntas erradas, mas, na verdade, hoje percebo que não se tratava de fazer as perguntas certas (ou não) e sim que, para os nossos "sujeitos" e no seu ponto de vista, algumas perguntas não têm a menor importância, pois conhecem a cultura e os seus respectivos valores. Consideramos especial, algo que, para eles, faz parte do dia-a-dia e por isso não se formulam questões nem pensam a respeito. Quando percebemos que eles sabem e conhecem de um modo diferente do nosso, achamos que estamos formulando as questões erradas. No entanto, estamos sim nos deparando com a realidade de sermos todos *antropólogos e nativos,* cada um a sua maneira e guardadas as devidas proporções. Como Viveiros de Castro nos estimula a pensar:

> Se, em lugar de admitir complacentemente que somos todos nativos, levarmos às últimas, ou devidas, conseqüências a aposta oposta - que somos todos 'antropólogos' (Wagner, 1981, p. 36), e não uns mais antropólogos que os outros, mas apenas cada um a seu modo, isto é, de modos muito diferentes? O que muda, em suma, quando a antropologia é tomada como uma prática de sentido em continuidade epistêmica com as práticas sobre as quais discorre, como equivalente a elas? Isto é, quando aplicamos a noção de "antropologia simétrica" (Latour, 1991) à antropologia ela própria, não para fulminá-la por colonialista, exorcizar seu exotismo, minar seu campo intelectual, mas para fazê-la dizer outra coisa? Outra coisa não apenas que o discurso do nativo, pois isso é o que a antropologia não pode deixar de fazer, mas outra que o discurso, em geral sussurrado, que o antropólogo enuncia sobre si mesmo, ao discorrer sobre o discurso do nativo?[16] (Castro, 2002, p. 115).

Quando optei por uma antropologia da *performance* islâmica, estava certa de que a abordagem performática ajudar-me-ia a com-

---

16 Reproduzo na íntegra a nota 4 do texto de Viveiros de Castro (2002, p. 141): Somos todos nativos, mas *ninguém é nativo o tempo todo*. Como recorda Lambek (1998, p. 113) em um comentário à noção de *habitus* e congêneres, "as práticas incorporadas são realizadas por agentes capazes também de pensar contemplativamente: nada do que 'não é preciso dizer' *[goes without saying]* permanece não-dito para sempre". Pensar contemplativamente, sublinhe-se, não significa pensar como pensam os antropólogos: as técnicas de reflexão variam crucialmente. A antropologia reversa do nativo (o *cargo cult* melanésio, por exemplo; Wagner, 1981, p. 31-34) não é a autoantropologia do antropólogo (Strathern, 1987, p. 30-31): uma antropologia simétrica feita do interior da tradição que gerou a antropologia não é simétrica a uma antropologia simétrica feita fora dela. A simetria não cancela a diferença, pois a reciprocidade virtual de perspectivas em que se pensa aqui não é nenhuma 'fusão de horizontes'. Em suma, somos todos antropólogos, mas *ninguém é antropólogo do mesmo jeito:* "está muito bem que Giddens afirme que 'todos os atores sociais [...] são teóricos sociais', mas a frase é vazia se as técnicas de teorização têm pouca coisa em comum" (Strathern, 1987, p. 30-31).

preender o *ethos* islâmico e as transformações necessárias para essa entrega, pois não daria conta de compreender esse universo, sem compreender a minha própria *performance*. O ver e o ser visto enriquecem qualquer etnografia, pois é preciso assumir o lugar do qual estamos falando, essa atitude *tensa* que pode nos levar às descrições densas do que pretendemos. É legítimo e necessário apresentar nossas proposições, dúvidas e por que não dizer nossos próprios "desvios", por isso produzi os vídeos, certa de que eles alcançam uma outra dimensão, apresentando uma outra voz, que não se destoa do texto, mas, ao contrário, constitui o próprio texto, apresentando as indagações, os recortes, os rituais, a voz.

Tomo a *performance* da pesquisadora como o primeiro elemento de mudança sensorial e corporal. Em outro momento afirmei que não saímos iguais da experiência de campo, somos *transformados e transportados*, como diria Schechner (1985). Aprendi a postura corporal deles, como rezam, como sentam, como se comunicam, a partir da observação de campo. A partir da observação de uma revertida entrando na mesquita, comecei a perceber que existe uma alteração nessa corporalidade-sensorial. Se eu, para ela, comportava-me como muçulmana e eu a olhava como uma estranha ali, alguma coisa de fato foi comunicada. Considero que o véu expressa visivelmente a religião, mas o corpo caminha junto, caso contrário, soa falso, estranho, como se estivesse fantasiada de muçulmana, como algumas chegaram a me dizer. No acampamento islâmico, sentia-me observada. Os que não me conheciam, consideravam-me como uma muçulmana qualquer. Os que me conheciam, não disfarçavam a felicidade ao me verem, pelo menos "aparentemente", como uma irmã. Mas tratava-se de uma *performance* necessária à compreensão dos adensamentos dessa religião, sem ela eu não seria aceita, e também não teria entendido uma série de coisas.

Neste livro foi necessário pensar os conflitos, as dificuldades de uma comunidade que se expande a cada ano e que, mesmo assim, permanece circunscrita a registros ainda insignificantes do ponto de vista do campo religioso no Brasil. Como discuti no capítulo 2, os "muçulmanos brasileiros" (reversos) apresentam discursos diferentes dos "nascidos muçulmanos" (árabes), mas essas diferenças são atenuadas no período do jejum, nos rituais estabelecidos pelo calendário que reforçam o *ethos* islâmico. Linhas pontilhadas de uma rede simétrica e sinuosa. Devo afirmar que os "muçulmanos brasileiros" têm que *treinar* muito mais o corpo, do que os "nascidos muçulmanos", mas isto não significa que os "nascidos muçulmanos" também não devam treinar, ensaiar sua *performance* religiosa, pois perfeito só Deus, dizem-me os muçulmanos. A mudança corporal e sensorial é cotidiana para esses muçulmanos, por isso, talvez, alguns conflitos ainda se mantenham, porque ainda permanecem as diferenças explícitas do corpo e dos sentidos. No entanto, cabe frisar que a mudança *corporal-sensorial* é possível, do ponto de vista da *teoria da performance* apresentada neste livro, tendo como eixos fundamentais as teorias de Schechner (1985) e Turner (1982, 1974).

Outro conflito abordado trata do papel do sheik, algumas vezes interpretado como mais um muçulmano, mas, em outros momentos, ocupando um espaço fundamental na simbólica da religião, principalmente nas ocasiões de *drama islâmico*, situações tensas, quando alguém precisa se colocar em nome da comunidade. A religião é entre o fiel e Deus, mas o sheik ensina o caminho desse *con-tato* profundo, ele é o livro, ele o lê, ele o transmite, é um receptáculo da Palavra sagrada. O sheik conhece a palavra, teatraliza-a e a ensina aos demais, como deve ser feito. O sheik é aquele que deve ser o modelo, o exemplo a ser seguido, portanto estão nele os sinais da mudança, os já instituídos ou aqueles que devem ser expressos. Seu comportamento, sua atitude islâmica: o tom de voz, o olhar (distanciado), a postura corporal etc., devem ser mimetizados. *Vê-se* que o teatro islâmico não é simples, requer e articula vários elementos, que devem ser observados à risca, sem erro, e com a maior dedicação possível, pois o resultado de tudo isso é o *corpo entregue*, recuperado, uma vida que retorna ao seu lugar, que retorna a Deus, que se reverte. Este é o *sentido* de ser muçulmano: um eterno retorno em busca *da senda reta*, que não é atividade fácil; contudo a persistência será reconhecida no dia do Juízo Final, pois no paraíso todos serão recompensados. Por meio do aprendizado, dos conflitos, dos ruídos chega-se ao paraíso.

Para o muçulmano, sua entrega a Deus só traz benefícios, o principal deles é de que estarão aptos a conhecer e identificar Deus. Deus é maior e, portanto, nada, nenhuma aliança feita na terra é maior que ele. Sua vida transcorrerá em harmonia, aprenderá a seguir regras com o jejum, terá autocontrole dos pensamentos, do corpo. Em Meca saberá o que é ser universal, pois lá não interessa a sua nacionalidade, todos são iguais perante Deus. As festas retornam, porque assim permite o calendário, tudo retorna a Deus: do carneiro sacrificado ao corpo do muçulmano.

Quanto à avaliação das *performances,* digo que se aprende a ser muçulmano, à medida que se transforma o corpo e se alteram os sentidos. Essas modificações vão também alterar as *performance*s já constituídas. Alguém que está aprendendo a ser, não deve elaborar boas *performance*s, mas isto não é o mais importante no Islã, o mais importante é fazer, e buscar o conhecimento para fazer melhor a cada dia, mesmo sabendo que nunca se chegará à perfeição. Como disse ainda há pouco, a busca da *senda reta* é essencial para o muçulmano, é o caminho correto que leva a Deus e ao paraíso.

Para concluir: o *sentido* de ser muçulmano está atrelado ao *sentido*, à *identidade*, ao *poder* e à *experiência,* como bem pontuou Geertz (2003, p. 164):

> ... o "sentido", a "identidade", o "poder" e a "experiência" estão inextricavelmente emaranhados, implicando-se mutuamente, e é tão impossível fundamentar ou reduzir a religião a esta última, a experiência, quanto a qualquer dos demais. Não é na solidão que se constrói a fé.

Compreender um muçulmano é, sobretudo, entender a sua estética corporal, sensorial, suas "identidades", suas relações de poder, seus arabescos, fluxos e a própria experiência de ser/estar no mundo. O sentido de ser muçulmano, com certeza, perpassa por todos esses universos, todas essas *performances.*

A SEGUNDA VIAGEM DE SIMBÁ... (A TERCEIRA MARGEM DO RIO)

Adoro as viagens, os viajantes e as suas histórias. Este livro teve objetivos múltiplos, mas sempre tive em mente que seria uma grande viagem e, como em qualquer viagem, os perigos estão em toda parte, pois passamos horas na embarcação, no porto e em alto mar. Viver é perigoso. É preciso estar próximo e distante, é preciso aprender a olhar, ouvir, tocar e saborear... Quando nos consideramos aptos a navegar sozinhos, temos que encerrar a viagem. Até quando? Será que passarei o resto dos dias a ver o sol entrar e se despedir? Como Simbá que retorna ao mar, é certo que outras viagens estão à vista, como uma terceira margem de um rio, que se pretende navegar. O retorno às viagens faz-se necessário, porque há tantas outras perguntas a fazer, há tantos universos não abordados. Se abri um mapa geral dos muçulmanos com os quais convivi, talvez valesse a pena recortar este universo novamente. Avançar ainda mais nas questões em torno da imagem e da *performance*, para pensar os gêneros performatizados: o feminino, o masculino e o plural dentro dos contornos que a etnografia é capaz de nos dar. Faz parte dessa minha terceira margem do rio ir além das fronteiras impostas pela religião e verificar sobretudo o humano, e como este humano engendra as relações de gênero perpassadas pela religião, mas não só... é preciso navegar, mesmo que, às vezes, navegar não seja tão preciso. Por hora, é bom encerrar esta viagem... com mais uma história de Sherazade, aliás aprendi muito com ela...

> Havia resolvido, após a primeira viagem, passar tranquilamente o resto dos meus dias em Bagdá, como vos disse ontem. Mas dali a pouco, cansei-me daquela vida inativa. O desejo de viajar e negociar de novo se apoderou de mim; comprei mercadorias próprias para o que pretendia, e partir pela segunda vez com outros mercadores cuja honestidade me era conhecida. Embarcamos num bom navio, e, após nos recomendarmos a Deus, começamos a viagem... Sherazade (Cheherazade) foi obrigada a interromper a história, por ver

que o dia acabava de aparecer; mas na noite seguinte, assim continuou a segunda viagem de Simbá... (2001, p. 216).

Navegar é preciso, viver não é preciso.
(Fernando Pessoa)

Entregue...

Na beira dos versos,
O encontro, a despedida
Das imagens enfileiradas,
Dos ruídos descobertos e ocultos
Aflição do coração
Olhos cheios d'água

Islã que se vê, que se sente
Arabescos, fluxos, livro que conta
Uma história sem fim
Quando vi, acabou
Fez-se conto, história, interpretação
Oração para Allah,
Verso dado, encantado
Aflição do coração
Olhos cheios d'água

Performance mágica da repetição,
Da devoção, dos Eids,
Islã de Muhammads, de
Khadijas, verso por verso,
Corpo entregue
Quando vi, se foi de mim
Para estar em ti
Aflição do coração
Olhos cheios d'água

Sura aprendida, revelada,
performatizada entre o jejum e o hajj
nos versos, encantada ouvi,
senti, transmiti
Quando vi, acabou em mim,
Tornei-me outro entregue a ti

REFERÊNCIAS

Abranches, Maria. Muslim women in Portugal: strategies of identity (re)construction. *Lusotopie*, 14(1), 2007, p. 239-254.

Abreu, Carolina, et al. Entrevista com Mariza Côrrea. In: *Revista Cadernos de Campo.* São Paulo: ppgas, Usp, 11, 2003, p. 103-122.

Abu- Lughod, Lila. A interpretação de cultura(s) após a televisão. *Cadernos de Antropologia e Imagem*, Rio de Janeiro, vol.13, n.2, p. 103-129, 2001.

______. *Veiled sentiments* – honor and poetry in a bedouin society. California: University of California Press, 1999.

Ackerman, Diane. *Uma história natural dos sentidos.* 2. ed. Rio de Janeiro: Bertrand Brasil, 1996.

Ahmed, Akbar, S. *O Islão*. Lisboa: Bertrand Editora, 2003.

Al-Ali, N.; Black, R.; Koser, K. The limits to transnationalism: Bosnian and Eritrean refugees in Europa as emerging transnational communities. In: *Ethnic and Racial Studies*, 24 (4), 2001, p. 578-600.

Almeida, Heloisa, Buarque de. Mulher em campo: reflexões sobre a experiência etnográfica. In: *Gênero em Matizes*. Almeida, H.B *et al* (orgs.). Bragança Paulista: Edusf, 49-80.

Andezian, Sossie. Women's roles in organizing symbolic life: Algerian female immigrants in France. In: *Internacional Migration*: the female experience. Simon, Rita James e Brettell, Caroline, B. (orgs.) Totowa, nj, Rowman and Allanheld, 1986, 254-265.

Amaral, Rita de Cássia. O Sagrado Selvagem. *Cadernos de Campo*, São Paulo: ppgas, usp, n. 2, p. 143-157, 1992. Tradução do original: Bastide, R. *Le sacré sauvage*. Paris: Payot, 1975.

Alcorão. Português. *O significado dos versículos do Alcorão Sagrado*. Trad. El Hayek, Samir. São Paulo: Marsam Editora Jornalística, 1994.

Alcorão. Português – árabe. *Tradução do sentido do Nobre Alcorão*. Trad. Nasr, Helmi. Meca: Liga Islâmica Mundial. 2005.

Al-Karadhawi, Y. *O Lícito e o Ilícito no Islam*. São Bernardo do Campo: Ed. Alvorada, s/d.

Annaduy, A.H. *O Islam e o mundo*. Junta de Assistência Social Islâmica Brasileira. s/d.

An-Nawawi, Imam Abu Z.Y, I, C. *Riadus-Sálihim*: o jardim dos virtuosos. Tradução e revisão Samir El Hayek, vol. I. São Bernardo do Campo: Marsam Editora Jornalística, 2001.

Armstrong, Karen. *Maomé uma biografia do profeta*. São Paulo: Companhia das Letras, 2002.

______. *O Islã*. Rio de Janeiro: Objetiva, 2001.

______. *A escada espiral*. São Paulo: Companhia das Letras, 2004.

______. *Em nome de Deus* – o fundamentalismo no judaísmo, no cristianismo e no islamismo. São Paulo: Companhia das Letras, 2000.

Aron, R. Max Weber. In: ______. *As etapas do pensamento sociológico*. São Paulo: Martins Fontes, 1987. p. 461-528.

Ask, K.; Tjomsland, M. *Women and Islamisation*: contemporary dimensions of discourse and gender relations. Oxford: Berg Publishers, 1998.

Assawaf, M. *A oração no Islam*. São Bernardo do Campo: Junta de Assistência Social Islâmica Internacional, 1992.

Attawil, Nabil. *Os males das bebidas alcoólicas*. Trad. Abdalla Mansur. São Bernardo do Campo: movimento da juventude islâmica Abu Bakr Assidik. s/d; s/e.

Audah, Abdul Kader. *O Islam* – sábios e seguidores. Trad. Prof. Samir El Hayek. São Bernardo do Campo: Centro de Divulgação do Islam para América Latina, s/d.

Bakhtin, Mikhail. *A cultura popular na idade média e no renascimento*. 3. ed. São Paulo: Brasília, Hucitec, UnB, 1996.

Barthes, Roland. *O óbvio e o obtuso*. Rio de Janeiro: Nova Fronteira, 1990.

Bastide, Roger. *Sociologia do Folclore brasileiro*. São Paulo: Anhembi, 1959.

Bauman, Richard. *Story, performance, and event* – contextual studies of oral narrative. Cambridge, New York: Cambridge University Press, 1988.

Bauman, Richard. *Verbal art as performance*. Prospect Heights. Illinois: Waveland Press, 1984.

Berger, John. *Modos de ver*. São Paulo: Martins Fontes,

Bernardes, Maria Eliza, M; Jovanovic, Maria Luiza. *A produção de relatórios de pesquisa*. Jundiaí: Fontoura, 2005.

Bíblia. Português. *Bíblia Sagrada*. Trad. Storniolo, I. *et al.* Edição Pastoral. São Paulo: Paulus, 1990.

Blacking, John. *The anthropology of the body*. London, New York and San Francisco: Academic Press, 1977.

Borges, Jorge Luis. *Obra poética*. Buenos Aires: Emecé Editores, 1989.

Bouhdiba, Abdelwahab. *A sexualidade no Islã*. São Paulo: Globo, 2006,

Bourdieu, P. Gênese e estrutura do campo religioso. In: ______. *A economia das trocas simbólicas*. São Paulo: Perspectiva, 1974.

______. *A economia das trocas lingüisticas*: o que falar quer dizer. São Paulo: Edusp, 1996.

Bowen, John. Salat in Indonesian: The social meanings of an Islamic ritual. In. *Man 24*, New Series, Vol. 24, n.4, 1989, p. 600-619.

Bruner, Edward, M. "Experience and Its Expressions". In: Turner, Victor; Bruner, Edward, M. (Orgs.). *The anthropology of experience*. Chicago: University of Illinois Press, 1986. p. 3-30.

Butler, Judith. Como os corpos se tornam matéria. Florianópolis, 2002. *Estudos Feministas,* n. 10, p. 155, jan. 2002, entrevista concedida a Baukje Prins e Irene Costera Meijer.

______. *Problemas de gênero*. Rio de Janeiro: Civilização Brasileira, 2003a.

______. Corpos que pesam: sobre os limites discursivos do "sexo". In: Louro, Guacira Lopes. (Org). *O corpo educado* – pedagogias da sexualidade. Belo Horizonte: Autêntica, 2003b. p.151-172.

Caiuby Novaes, S. *Jogo de espelhos* – Imagens da representação de si através dos outros. São Paulo: Edusp, 1993.

______. O uso da imagem na antropologia. In: Samain, Etiennne (org.). *O Fotográfico*. São Paulo: Hucitec, 1998, p.113-119.

______. Imagem em Foco nas Ciências Sociais. In: Barbosa, Andréa *et alli* (Orgs.). *Escrituras da imagem*. São Paulo: Edusp, 2004. p. 11-18.

______. Um casamento no Paquistão: na captura de imagens. In: *Cadernos de Antropologia e Imagem*, Rio de Janeiro: uerj, nai, n. 3, p. 107-115, 1996.

______. Vi com meus próprios olhos, que esta terra há de comer! Fascículo sobre visualidade que integra o Material Educativo de Apoio da Mostra do Redescobrimento. 2000. p. 1-4.

______; et al. Alteridade, expressões culturais do mundo sensível e construções da realidade. Velhas questões, novas inquietações. Projeto Temático apresentado à Fapesp em 2002.

Caiuby Novaes, S; Eckert. C; Martins, J. S (Orgs.). Apresentação. In: *O imaginário e o poético nas Ciências Sociais*. Bauru: Edusc, 2005. p. 7-13.

Caldeira, Teresa, P. R. A presença do autor e a pós-modernidade em Antropologia. *Novos Estudos cebrap*, São Paulo, n. 21, p.133-157, jul.1988.

Candau, J. *Anthropologie de la Mémorie*. Paris: puf, 1999.

______. *Mémoire et identité*. Paris: puf, 1998.

Castro, Cristina, M. *A construção de identidades muçulmanas no Brasil*: um estudo das comunidades sunitas da cidade de Campinas e do bairro paulistano do Brás. São Carlos: Tese de doutorado em Sociologia, ufsc, 2007.

Chauí, Marilena de Sousa. Janela da alma, espelho do mundo. In: Novaes, Adauto. (Org.). *O Olhar*. São Paulo: Companhia das Letras, 1989. p. 31-63.

Chebel, Malek. *Dictionnaire des symboles musulmans* – Rites, mystique et civilisation. Paris: Albin Michel, 1995.

______. *Diccionario del amante del Islam*. Barcelona: Paidós, 2005.

Chevalier, Jean & Gheerbrant, Alain. *Dictionnaire des Symboles*: mythes, rêves, coutumes, gestes, formes, figures, couleurs, nombres. Paris: Éditions Robert Laffont S.A., 1982. p. 10

Cirlot, Juan-Eduardo. *Dicionário de símbolos*. São Paulo: Editora Moraes, 1984.

Classen, Constance. *Worlds of sense* – Exploring the senses in history and across cultures. New York: Routledge, 1993.

Clifford, James. *A experiencia etnográfica*: antropología e literatura no século xx. Rio de Janeiro: Editora da ufrj, 1998.

Corrêa, Mariza. Mariza Côrrea. São Paulo, 2003. *Cadernos de Campo*, ano 12, n.11, p. 103-122, 2003, entrevista concedida a Francirosy C. B. Ferreira et al.

______. *Antropólogas & Antropologia*. Belo Horizonte: UFMG, 2003.

Crapanzano, Vincent. *Waiting the whites of south áfrica*. New York: Vintage Books, 1985.

______. "Diálogo". Anuário Antropológico/88. Brasília: Ed. UnB, 1991, p. 59-80.

______. "Réflexions sur une anthropologie des émotions". Terrain, 22 mars 1994, p. 109-117.

Csordas, Thomas. Embodiment as a Paradigm for Anthropology. *Ettlos*. Vol 18, n.1, pp. 5-47, 1990.

______. *Embodiment and experience*: the existential ground of culture of culture and self. New York: Cambridge University Press, 1994.

DaMatta, Roberto. *Relativizando*: uma introdução à antropologia social. Rio de Janeiro: Editora Rocco, 1987.

Dawsey, J. C. O teatro dos "Bóias-frias": Repensando a Antropologia da Performance. *Horizontes Antropológicos*, Rio Grande do Sul: ppgas ufrgs, p. 15- 34, 2005.

______. Victor Turner e antropologia da performance. *Cadernos de Campo*, São Paulo: ppgas, Usp, n. 13, p. 163-176, 2005.

______. Turner, Benjamin e antropologia da performance: o lugar olhado e (ouvido) das coisas. In: M. Medeiros; M. Monteiro; R. Matsumoto (eds.). *Tempo e Performance*. Brasília: UnB, 2007.

Demant, Peter. *O mundo muçulmano*. São Paulo: Editora Contexto, 2005.

Douglas, Mary. Forgotten Knowledge. In: Strathern, M. (Org.). *Shifting contexts*: transformations in anthropological knowledge. Routledge: New York, 1995, pp. 13-29.

Drummond de Andrade, Carlos. Poema das sete faces. In: *Sentimento do mundo*. Rio de Janeiro: Record, 1999, p.11.

______. *Pureza e Perigo*. Lisboa: Edições 70, 1991.

Durham, Eunice, R. "Comunidade". In: ______. *A dinâmica da cultura*. São Paulo: Cosac&Naif, 2004, p.221-225

El Hayek, Samir. *Guia ilustrado para o Hajj, a Umra e Ziará*. Departamento Feminino da SBM – Sociedade Beneficente Muçulmana de São Paulo e Associação Liga das Senhoras Muçulmanas para o Centro Cultural Árabe islâmico do Brasil. s/d.

Eliade, Mircea; Couliano, Ioan P. *Dicionário de religiões*. São Paulo: Martins Fontes, 1995.

Espinola, Claúdia, Voigt. O véu debaixo da linha do equador. As mulheres da comunidade islâmica de Florianópolis. In: RIAL, Carmem; Toneli, Maria Juracy F. (Orgs.). *Genealogias do silêncio*: feminismo e gênero. Florianópolis: Ed. Mulheres, 2004. pp. 131-152.

______. O véu que (des)cobre: etnografia da comunidade árabe muçulmana em Florianópolis. 2005. 238f. Tese Doutorado (Antropologia Social), UFSC, Florianópolis, 2005.

Evans-Pritchard, E. E. *Antropologia social*. Lisboa: Edições 70, 1985.

______. *Os nuer*. São Paulo: Perspectiva, 2005.

Fabian, J. *Time and the other.* How anthropology makes its object. New York: Columbia University Press, 1983.

Farage, Nadia. A ética da palavra entre os Wapishana. *RBCS*, São Paulo, vol.13, n.38, outubro/1998.

______. *As flores da fala*: práticas retóricas entre os Wapishana. 1997. 298 f. Tese de Doutorado (Área de Estudos Comparados em Literatura de Língua Portuguesa), Departamento de Letras Clássicas e Vernáculas, FFLCH, Universidade de São Paulo, São Paulo, 1997.

FARES, Mohamad A.A. *Introdução ao Sagrado Alcorão*. 2ª. Edição. Curitiba: s/e, 1988.

FAVRET-SAADA, Jeanne. Ser afetado. Trad. de Paula Siqueira. *Cadernos de Campo*, São Paulo: PPGAS USP, n.13, p. 155-161, 2005.

FEBVRE, Lucien. Discours Inaugural. In: COLOQUES INTERNATIONAUX DU CENTRE NATIONAL DE LA RÉCHERCHE SCIENTIFIQUE – Leonard de Vinci et l'expérience scientigique au XVIe. Siècle. Paris: Presses Universitaires de France, 1953.

FERNANDES, Silvia, R.A. Catolicismo, massa e revival: Padre Marcelo Rossi e o modelo kitsch. *Cadernos de Campo*, São Paulo: PPGAS USP, n.11, pp. 87-98, 2003.

FERREIRA, Aurélio, B.H. *Novo dicionário da Língua Portuguesa*. 2ª. ed. Rio de Janeiro: Nova Fronteira, 1988.

FERREIRA, Francirosy C. B. *Imagem oculta* – reflexões sobre a relação dos muçulmanos com as imagens fotográficas. 2001. 156f. Dissertação de Mestrado (Antropologia Social), FFLCH, Universidade de São Paulo, São Paulo, 2001.

______. A Linguagem fotográfica no Islã. *Revista Travessia* – revista do migrante, publicação do CEM – Ano XV, número 42, p. 22-28, janeiro – abril/2002.

______. Entre Mesquitas e Arabescos. *Cadernos de Campo*, São Paulo: PPGAS USP, n. 11. s/n, 2003.

______. Cavalo de bronze: caligrafia e palavra. In: BARBOSA, Andréa *et alli* (Orgs.). *Escrituras da Imagem*. São Paulo: EDUSP, 2004, p.121-131.

______. A imagem do Profeta – Proibir por quê? *Cadernos de Antropologia e Imagem*, Rio de Janeiro: UERJ, vol.22. 2006, p.95-111

______. Entre Arabescos, luas e tâmaras: performances islâmicas em São Paulo. São Paulo: FFLCH –USP, tese de doutorado. 2007.

_____. O sacrifício do carneiro islâmico como objeto transicional – notas antropológicas. *Revista de Antropologia*, 50 (2), 2007, p. p. 747-783 – artigo enviado e aceito para publicação em 2008.

_____. O estado liminar (cotidiano) do jejum no mês do Ramadã. Literis, vol. 1, p. 1-14, 2008. www.revistaliteris.com.br

_____. Abelhas, aranhas e pássaros: imagens islâmicas em movimento. In: *Imagem-conhecimento*: antropologia, cinema e outros diálogos, Barbosa, A *et al.* São Paulo: Papirus, 2009a.

______. A Teatralização do Sagrado islâmico: a palavra, a voz e o gesto. In: *Religião e Sociedade*. Rio de Janeiro, 2009b, 29 (1), p. 95-125.

______. Mais de Mil e uma Noites de experiência etnográfica- uma construção metodológica para (pesquisadores-performers) da religião. In: *Etnográfica*. Portugal, 2009c, 13 (2), p. 441-464.

______. Quando os *sentidos* são bons para pensar – reflexões sobre os muçulmanos e a sua entrega a *Allah. In: Revista PontoUrbe*, n.4, 2009d.

______. Redes islâmicas em São Paulo: nascidos muçulmanos x revertidos. Revista Literis, vol. 3, 2009e. www.revistaliteris.com.br

______. Experiências com o Islã: as intelectuais nas mesquitas. In: *Interseções*. Rio de Janeiro, UERJ, 2010a, p. 261-289.

______. O Sheik é o livro – aquele que ouve e aquele que fala. In: *Teoria e Sociedade*. Belo Horizonte, UFMG, 17 (1), 2010b, p. 84-113.

FERREIRA, Jerusa, P. A letra e a voz de Paul Zumthor (posfácio). In: Zumthor, P. *A Letra e a Voz*. São Paulo: Companhia das Letras, 2001. p.287-296.

Finnegan, Ruth. *Oral literature in Africa*. Oxford: Clarendon Press, 1970.

______. Observing and Analyzing Performance. In: *Oral Traditions and the Verbal Arts*. London: Routledge, 1992. p. 91-111.

______. *Oral tradition and the verbal arts*. London: Routledge, 1992.

______. *Oral poetry*. Indiana University Press, 1992.

Fonseca, Gisele. *Diferentes formas de transmissão de conhecimento religioso na comunidade sunita do Rio de Janeiro*, Universidade Federal Fluminense (uff), Rio de Janeiro.

Foucault, Michel. *História da sexualidade II* – O uso dos prazeres. Rio de janeiro: Graal, 1984.

______. *Vigiar e punir*. Petrópolis: Vozes, 1977.

Galland, Antoine. *As mil e uma noites*. Trad. Alberto Diniz. 7. ed. Rio de Janeiro: Ediouro, 2001.

Geertz, Clifford. *A interpretação das culturas*. Rio de Janeiro: Jorge Zahar, 1989.

______. *Negara*: O Estado Teatro no Século xix, Lisboa: Difel, 1991.

______. *O saber local*. Petrópolis: Vozes, 1999.

______. *Nova luz sobre a Antropologia*. Rio de Janeiro: Jorge Zahar, 2001.

______. *Observando o Islã*. Rio de janeiro: Jorge Zahar Editor, 2004.

Gell, Alfred. *Art and agency*: na anthropology theory. Oxford; New York: Clarendon Press, 1998.

Giddens, Anthony. *Transformações da Intimidade*. Sexualidade, amor e erotismo nas sociedades modernas. Lisboa: Celta, 1995.

Ginzburg, Carlo. *Mitos, emblemas e sinais*. São Paulo: Companhia das Letras, 2002.

Girard, René. *A violência e o sagrado*. São Paulo: Paz e Terra, 1998.

Gnerre, M. *Linguagem, escrita e poder*. Rio de Janeiro: Martins Fontes, 1994.

Godinho, Susana, C.M. *Novos possíveis*: estratégias identitárias de mulheres oriundas da Guiné-Bissau em Portugal. Lisboa, Iscte, dissertação de mestrado. 2007.

Goffman, E. *A representação do eu na vida cotidiana*. Trad. María Célia Santos Raposo. Petrópolis: Vozes, 1975.

Golde, Peggy (org.). *Women in Field*: Anthropological Experiences. University of California Press, 1986.

Goldman, Marcio. Alteridade e experiência: Antropologia e Teoria Etnográfica. *Etnográfica* – Revista do centro de estudos de antropologia social (ISCTE), Lisboa: Vol X, n. 1. p. 161-173, maio 2006.

______; Viveiros de Castro, Eduardo. Abaeté, Rede de Antropologia Simétrica. *Cadernos de Campo*, São Paulo: PPGAS, n.14/15, p.177-190, 2006.

Goody, J. *Domesticação do pensamento selvagem*. Lisboa: Presença, 1988.

Greiber, Betty; Maluf, Lina; Mattar, Vera. *Memórias da Imigração*: libaneses e sírios em São Paulo. São Paulo: Discurso Editorial, 1998.

Greiner, Christine. *O corpo*. Pistas para estudos indisciplinares. 2. ed. São Paulo: Annablume, 2006.

Grimes, Ronald. *Beginning in Ritual Studies*. Columbia, SC: University of South Carolina Press, 3ª. ed. Revista, 1995.

Guilhon, Giselle Antunes Camargo. *A Arte Secreta dos dervixes giradores* - um estudo etnocenológico do Sama Mevlevi. 2006. 293 f. Tese (Doutorado em Antropologia) – Universidade Federal da Bahia, Salvador, 2006.

Guimarães Rosa, João. *Miguilim e Manuelzão*. São Paulo: Martins Fontes, 2001.

Halbwachs, M. *A memória coletiva*. São Paulo: Ed. Revista dos Tribunais Ltda, 1990.

Hamid, Sônia. *Entre a guerra e o gênero*: memória e identidade de mulheres palestinas no Brasil. Brasília, DF, Universidade de Brasília, tese de mestrado, 2007.

Hanania, Aida Ramezá. *A Caligrafia árabe*. São Paulo: Martins Fontes, 1999.

______. O papel da Imagem na Tradição Árabe – conferência do concurso de Professor Titular FFLCH/USP. São Paulo, DLO, USP. 1998. pp. 1-10

Hannerz, Ulf. Fluxos, fronteiras, híbridos: palavras-chave da antropologia transnacional. *Mana*, Rio de Janeiro, v. 3, n. 1, 1997. Disponível em: <http://www.scielo.br/scielo.php?script=sci_arttext&pid=S0104- 93131997000100001&lng=pt&nrm=iso>. Acesso em: 17 jun. 2005. Pré-publicação.

______. Os limites de nosso auto-retrato. Antropologia urbana e globalização. *Mana*, Rio de Janeiro, v. 5, n. 1, 1999. Disponível em: <http://www.scielo.br/scielo.php?script=sci_arttext&pid=S0104-93131999000100007&lng=pt&nrm=iso>. Acesso em: 17 jun 2005. Pré-publicação.

Harris, Marvin. *Cows, pigs, wars and witches*. Nova York: Random House, 1974.

Hartmann, Luciana. *Aqui nessa fronteira onde tu vê beira de linha tu vai ver cuento*: tradições orais na fronteira entre Argentina, Brasil e Uruguai. 2004. 360 f. Tese Doutorado (Antropologia Social) – PPGAS/UFSC, Florianópolis, 2004.

Harvey, David. *Condição pós-moderna*. São Paulo: Loyola, 1989.

Henkel, Heiko. Between Belief and Unbelief Lies the Performance of salat: meaning and efficacy of a muslim ritual. In: *Journal of the Royal Anthropological Institute*, vol. 11/3, 2005, p. 487-505.

Hertz, Robert. A preeminência da mão direita: um estudo sobre a polaridade religiosa. *Religião e Sociedade*, Rio de Janeiro: Tempo e Presença, (6) p. 99-128, 1980.

Hikiji, Rose S. G. *A música e o risco* – Etnografia da Performance de crianças e jovens participantes de um projeto social de ensino musical. São Paulo: Edusp/Fapesp, 2006.

Hourani, Albert. *O pensamento árabe na era liberal 1798-1939*. São Paulo: Companhia das Letras, 2005.

______. *Uma história dos povos árabes*. São Paulo: Companhia das Letras, 2001.

Howes, David (org.). *The varieties of sensory experience* – A sourcebook in the Anthropology of the senses. Canada: University of Toronto Press, 1991

Hoyek, Danielle. "Crimes de honra" no Líbano. In: Côrrea, Mariza; Souza, E.R. (Orgs.). In: *Vida em família:* uma perspectiva comparativa sobre "crimes de honra". Campinas: Unicamp, Pagu, Coleção Encontros, 2006. p. 323-339.

Husain, S. *O que sabemos sobre o Islamismo?* São Paulo: Callis, 1999.

Iskandar, Jamil Ibrahim. *Normas da ABNT* – comentadas para trabalhos científicos. 2ª.ed. Curitiba: Juruá, 2004.

JARDIM, Denise. *Palestinos no extremo sul do Brasil*: Identidade étnica e os mecanismos sociais de produção da etnicidade – Chuí/RS. 2000, 498 f. Tese de Doutorado (Antropologia Social). Museu Nacional, Rio de Janeiro, 2000.

KABANI, Javeria R. "Mortes por honra na Suécia: a necessidade de coerência intelectual e institucional para trabalhar pela realização dos Direitos Humanos das Mulheres". CÔRREA, M & SOUZA, E.R. (Orgs.). In: *Vida em família*: uma perspectiva comparativa sobre "crimes de honra". Campinas: UNICAMP, PAGU, Coleção Encontros, 2006. p. 341-355.

KALANDAR, Ihsan, M.A. *Os muçulmanos no Brasil*. 2. ed. São Bernardo do Campo: Alvorada, 2001.

KEHL, Maria Rita. Masculino/feminino: o olhar da sedução. In: NOVAES, Adauto (Org.). *O Olhar*. São Paulo: Companhia das Letras, 1989. p. 411-423.

KEITH, Thomas. *Religião e o declínio da magia*. São Paulo: Companhia das Letras, 1991.

KEPEL, Gilles. *Allah in the West* – Islamic Movements in America and Europe. – Translated by Susan Milner. California: Stanford University Press, Stanford, 1997.

LANDES, Ruth. *A Cidade das Mulheres*. Rio de Janeiro: Editora da UFRJ, 2002.

LANGDON, E. Jean. A fixação da narrativa: do mito para a poética da literatura oral. *Horizontes Antropológicos*, Porto Alegre: PPGAS/UFRGS, ano 5, n.12, p. 13-36, dez. 1999.

LATOUR, Bruno. *Jamais fomos modernos*. São Paulo: Editora 34, 1994.

LE BRETON, David. *La sociologie du corps*. 5. ed. Paris: Presses Universitaires de France, 2004.

______. *A sociologia do corpo*. Petrópolis: Vozes, 2006.

______. *Adeus ao corpo*. Campinas: Papirus, 2001.

LEACH, E. "Cabelo Mágico" In: Edmund Leach. São Paulo: Ática, 1983.

______. *Rethinking anthropology*. London School of Economics. Monography in Social Anthropology. The Athlone Press: New York, 1971.

Leloup, Jean-Yves. *O corpo e seus símbolos*. Petrópolis: Vozes, 2004.

Lévi-Strauss, C. O Feiticeiro e sua magia. In: ______. *Antropologia Estrutural*. Rio de Janeiro: Tempo Brasileiro, 1976, pp. 193-213.

_______. "A eficácia Simbólica". In: ______. *Antropologia Estrutural*. Rio de Janeiro: Tempo Brasileiro, 1976, p. 215-236.

______. *Olhar, escutar, ler.* São Paulo: Companhia das Letras, 1997.

______. *Do mel às cinzas*. São Paulo: Editora Cosac & Naify, 2004.

Lewis, Bernard. *O Oriente Médio* – do advento do Cristianismo aos dias de hoje. Rio de Janeiro: Jorge Zahar, 1995.

______. *Os árabes na história*. Lisboa: Imprensa Universitária, Editorial Estampa, n. 26, 1982.

Lins, Wagner. *Judeus marroquinos em Israel e na Amazônia*: similaridades e diferenças na construção das identidades étnicas. Exame de Qualificação, São Paulo, DL, FFLCH-USP. 2008

Lock, Margaret & Schefer-Hughes, Nancy. The Mindful Body: A Prolegomenon to Future Work in Medical Anthropology. *Anthropology Quarterly* 1 (1): 6-19, 1987.

Magnani, J.G. *Festa no pedaço*: cultura popular e lazer na cidade. São Paulo: Hucitec, 1998.

______. *Mystica urbe:* um estudo antropológico sobre o circuito neo-esotérico na metrópole. São Paulo: livros Studio Nobel, 1999.

Magnani, J.G. &Torres, L, L (orgs.). *Na metrópole.* São Paulo: Edusp, 1996.

Mahmood, Saba. Teoria feminista, agência e sujeito liberatório: algumas reflexões sobre o revivalismo islâmico no Egipto. Lisboa, *Etnográfica*, X(1), 121-158.

______. Rehearsed spontaneity and the conventionality of ritual: disciplines of salat. American Ethnologist 28, 2001, p. 827-53.

MARCUS, George, E. O que vem (logo) depois do "pós": o caso da etnografia. *Revista de Antropologia*, São Paulo, vol. 37, p.7-34, 1994.

______; FISHER, Michael. *Anthropology as cultural critique*. Chicago: University of Chicago Press, 1986.

MARQUES, Vera, L, M. *Conversão ao Islam*: O olhar brasileiro, a construção de novas identidades e o retorno à tradição. 2000. 181 f. Dissertação (Mestrado em Ciências Sociais) PUC, São Paulo, 2000.

______. *Sobre práticas religiosas e culturais islâmicas no Brasil e em Portugal*: notas e observações de viagem. 270 p., Belo Horizonte, tese de doutorado, Sociologia, Universidade Federal de Minas Gerais – UFMG, 2009.

MAUSS, M. A prece. In: OLIVEIRA, Roberto Cardoso de (Orgs.). *Marcel Mauss*: Antropologia. São Paulo: Ática, 1979, p. 102-146.

______. *Sociologia e Antropologia*. São Paulo: Cosac & Naif, 2003

______. *Sobre o sacrifício*. São Paulo: Editora Cosac& Naif, 2005.

MCCALLUM, Cecília. O "Paiakan" da Veja: mídia modernismo e a imagem do índio no Brasil. *Revista Cadernos de Antropologia e Imagem*, Rio de Janeiro: UERJ, NAI, n. 12, pp.19-38, 2001.

MCLAREN, Peter. *Rituais na escola* – em direção a uma economia política de símbolos e gestos na educação. Petrópolis: Vozes, 1992.

MEDDED, Abdelwahah. *A doença do Islã*. Belo Horizonte: Editora UFMG, 2003.

MERLEAU-PONTY, Maurice. *Fenomenologia da percepção*. São Paulo: Martins Fontes, 1999.

MERNISSI, Fatima. *El poder olvidado* – las mujeres ante un islam en cambio. Madrid: Icaria, 1987.

______. *Women and Islam* – an historical and theological enquiry. Blackwell, Oxford uk & Cambridge USA, 1993.

______. *Las sultanas olvidadas* – la historia silenciada de las reinas del Islam. 2.ed. Barcelona: El Aleph Editores, S.A., 2003.

______. *Beyond the veil* – male-female dynamics in muslim society. Cambridge: Al Saqi Booksm 1985.

MOHAMAD, Aminuddin. *Mohammad* – o mensageiro de Deus. São Bernardo do Campo: WAMY, 1989.

MONTENEGRO, Silvia, M. Antropologías Post-Coloniales: la antropología islámica y la islamización del conocimiento en ciencias sociales. *Campos Revista de Antropologia Social,* Curitiba: PPGAS-UFPR, 05/ 2º.ano, p. 9- 23, 2004.

______. Discursos e contradiscursos: o olhar da mídia sobre o Islã no Brasil. *Revista Mana*, Rio de Janeiro, Museu Nacional, 8/1, p.63-91, 2002.

______. *Dilemas identitários do Islam no Brasil* – a comunidade muçulmana sunita do Rio de Janeiro. 2000. 334 f. Tese (doutorado em Sociologia), IFCS/UFRJ, Rio de Janeiro, 2000.

MOREIRA LEITE, Míriam L. *Retratos de Família*. São Paulo: EDUSP, 1993.

______. Texto Visual e Texto Verbal. In: ______. & Feldman-Bianco. *Desafios da Imagem*. Campinas: Papirus, 1998. p.37-49

MURTADÃ, M. *Os direitos das mulheres no Islão*. Portugal: Ed Islamica Al Qalam, 1988.

NASR, Helmi. *Dicionário Árabe-Português*. São Paulo: Câmara do Comércio Árabe Brasileira. 2005.

NICHOLS, Sallie. *Jung e o tarô* – uma jornada arquetípica. São Paulo: Cultrix, 1980.

OLIVEIRA, Vitória Peres de. O islã no Brasil ou o islã do Brasil? *Religião e Sociedade*, Rio de Janeiro: ISER, vol. 26, número 1, p. 83-114, 2006.

ONG, Walter L. *Oralidade e cultura escrita*. Campinas: Papirus, 1998.

______. World as View and World as Event. *American Anthropologist*, 71, p. 634-6471969.

ORTIZ, Renato. *Mundialização e cultura*. São Paulo: Brasiliense, 2003.

PACE, Enzo. *Sociologia do Islã*: fenômenos religiosos e lógicas sociais. Petrópolis: Vozes, 2005.

PEIRANO, Mariza. *A teoria vivida* – e outros ensaios de antropologia. Rio de Janeiro: Jorge Zahar, 2006.

PEREIRA, Lenora S. *A discreta presença dos muçulmanos em Porto Alegre*: uma análise antropológica das articulações de significados e da inserção do islamismo no pluralismo religioso local., 2001. 137f. Dissertação (Mestrado em Antropologia Social). Instituto de Filosofia e Ciências Humanas, UFRGS, Porto Alegre, 2001.

PERVIZAT, Leylâ. Uma tentativa holística e interdisciplinar de compreender as mortes de honra na Turquia. In: CÔRREA, M & SOUZA, E.R. (Orgs.). *Vida em família*: uma perspectiva comparativa sobre "crimes de honra". Campinas: UNICAMP, PAGU, Coleção Encontros, 2006, p. 267-294.

PIAULT, Marc Henri. Espaço de uma antropologia audiovisual. In: ECKERT, C & MONTE-MOR (Orgs.). *Imagem em Foco* – Novas Perspectivas em Antropologia. Porto Alegre: PPGAS/Editora da UFRGS, 1999.

PRANDI, Reginaldo. *Segredos guardados*. São Paulo: Companhia das Letras, 2005.

PRICE, Richard. *First-Time* – The historical vision of an afro-american people. Baltimore: Johns Hopkins University Press, 1983.

PRINS, Baukje; MEIJER, Irene, C. Como os corpos se tornam matéria: entrevista com Judith Butler. In: *Revista de Estudos feministas*, 10 (1), 155-167.

QUEIROZ, Renato (org.). *O corpo do brasileiro* – estudos de estética e beleza. São Paulo: Senac, 2000.

RAMADAN, Tariq. *El Islam minoritário* – como ser musulmán em la Europa laica. Barcelona, Biblioteca del Islam Contemporâneo.

RAMOS, Vlademir Lúcio. *Conversão ao Islã*: uma análise sociológica da assimilação do *ethos* religioso na sociedade muçulmana sunita em São Bernardo do Campo na região do Grande ABC. 2003. f. 198. Dissertação (Mestrado em Ciências da Religião), Universidade Metodista, São Paulo 2003.

REIS, João José. *Rebelião Escrava no Brasil*: a história do levante dos Malês em 1835. São Paulo: Companhia das Letras, 2003.

RICOEUR, Paul. *Tempo e narrativa*. Tomo III. Campinas: Papirus, 1997.

Rodrigues, José Carlos. *Tabu do corpo*. 7. ed. Rio de Janeiro: Editora Fiocruz, 2006.

Rouch, Jean. The camera and Man. In: Hockings, Paul (Ed.). *Principles of Visual Anthropology*. New York: Mouton, 1995.

Ruthven, Malise. *Islam in the world*. New Edition, Penguin books, 2000.

Safra, Gilberto. *A face estética do self* – teoria e clínica. São Paulo: Unimarco editora, 2004.

Sahlins, Marshall. La pensée bourgeoise – a sociedade ocidental enquanto cultura. In: ______. *Cultura e Razão Prática*. Rio de Janeiro: Jorge Zahar, 2003. p. 166-230.

______. *Ilhas de História*. Rio de Janeiro: Jorge Zahar Editor, 1999.

Said, Edward. *Orientalismo* – O Oriente como invenção do Ocidente. São Paulo, Companhia das Letras, 1996.

______. *Cultura e Imperialismo*. São Paulo: Companhia das Letras. 2005.

______. *Fora do lugar*. São Paulo: Companhia das Letras, 2004.

Salih, Ruba. *Gender in Transnationalism*: home, longing and belonging among Moraccan migrant women. Londres e Nova Iorque, Routledge, 2003.

Samain, E. Oralidade, Escrita, Visualidade. Meios e modos de Construção dos Indivíduos e das Sociedades Humanas. In: Junqueira Filho, Luis Carlos, U. (Org.) *Perturbador Mundo Novo*. São Paulo: História, Psicanálise e Sociedade Contemporânea, Sociedade Brasileira de Psicanálise, 1994, p. 289-301.

Schechner, Richard. *Between theater and anthropology*. Philadelphia: University of Pennsylvania Press, 1985.

______. *Performance theory*. New York and London: Routledge, 1988.

______. "O que é Performance?" *O Percevejo* – Revista de teatro, crítica e estética. Rio de Janeiro: Unirio, Ano 11, n.12, 2003.

Sherzer, Joel. Namakke, Sunmakke, Kormakke: Three Types of Cuna Speech Event. In: Bauman, Richard e Sherzer, Joel (Orgs.). *Explorations in the ethnography of speaking*. Cambridge University Press: 1974, p. 263-282.

SILVA, Maria Cardeira da. O Islão Plástico. Transformações da intimidade em contexto popular marroquino. *Etnográfica* – Revista do centro de estudos de antropologia social (ISCTE), Lisboa, Vol. 1 (1), p. 57-72, 1997.

______. *Um Islão Prático* – quotidiano feminino em meio popular muçulmano. Oeiras: Celta Editora, 1999.

______. De que Gênero é o Norte de África? Reflexões em torno da produção de antropologia, gênero e território em contexto africano. In: Congrés Internacional d'Estudis Africans. IV Congrés d'Estudis Africans del Món Ibéric. Organitzat per la Generalitat de Catalunya i LISA (Laboratori per a la Investigació de les Societats Africanes). Sota la direcció d'ARDA (Agrupament per a la Recerca i Docència d´Africa). Barcelona, del 12 al 15 gener de 2004. Disponível em: http://www.africa-catalunya.org/congres/pdfs/cardeira.pdf. Acesso em dezembro 2005.

______. Social movements in islamic contexts: anthropology approaches. *Etnográfica* – Revista do centro de estudos de antropologia social (ISCTE), Lisboa: vol. X, n.1, p.73-83, maio 2006.

______. As mulheres, os outros e as mulheres dos outros: feminismo, academia e Islão *Cadernos Pagu* (30), janeiro-junho de 2008, p. 137-159.

SILVA, Rubens A. Entre "artes" e "ciências": a noção de *performance* e drama no campo das Ciências Sociais. *Horizontes Antropológicos,* Rio Grande do Sul, PPGAS, p. 35-65, 2005.

SILVA, Vagner, G; *O antropólogo e sua magia.* São Paulo: EDUSP, 2000.

______; AMARAL, Rita. A cor do axé – brancos e negros no candomblé de São Paulo. In: MOURA, Carlos Eugênio M. de (org.). *Somàwò* – O amanhã nunca termina. São Paulo, Empório de Produção, 2005, pp. 133-161.

SIMMEL, Georg. Simmel. São Paulo: Editora Ática, 1983.

______. As grandes cidades e a vida do espírito (1903). Rio de Janeiro: *Revista Mana,* vol.11, n.2 out.2005.

SONTAG, S. *Sobre fotografia.* São Paulo: Companhia das Letras, 2004.

Sperber, Dan. *La contagion des idées*. Paris: Ed. Odile Jacob, 1996.

______. *O simbolismo em geral*. São Paulo: Cultrix, 1974.

Strathern, Andrew. *The body thoughts*. The university of Michigan Press, 1996.

Strathern, Marilyn. No limite de uma certa linguagem. *Mana*, Rio de Janeiro, v. 5, n. 2, 1999. Disponível em: <http://www.scielo.br/scielo.php?script=sci_arttext&pid=S0104-93131999000200007&lng=pt&nrm=iso>. Acesso em: 17 Jun 2005. Pré-publicação.

______. *The gender of the gift* – problems with women and problems with society in Melanesia. Califórnia: University of Califórnia Press, 1990.

______. No nature, no culture: the Hagen case. In: MacCormack, Carol & Strathern, Marylin (Orgs.). *Nature, culture and gender*. New York: Cambridge University Press, 1990. p.174-222.

Sztutman, Renato. *O agente e seu revés* – um problema para teoria antropológica contemporânea. Agosto de 2002. 50p. mimeo.

Tambiah, Stanley J. A performative approach to ritual. In: *Culture, Thought, and Social Action*. Cambridge: Harvard University Press, 1985, p. 123-166.

Taussig, M. *Xamanismo, colonialismo e o homem selvagem*. Rio de Janeiro: Paz e Terra, 1993.

Todorov, Tzvetan. *A conquista da América* – a questão do outro. São Paulo: Martins Fontes, 1988.

Topel, Marta, F. As leis dietéticas judaicas: um prato cheio para a antropologia. In: *Horizontes Antropológicos*, ano 9, n.19, 2003, p.203-22.

Truzzi, Oswaldo. *Patrícios*: sírios e libaneses em São Paulo. São Paulo: Hucitec, 1997.

Turner, Victor. "Communitas: Model and Process". In: ______. *The Ritual Process*: Structure and Anti-Structure. Ithaca, New York: Cornell University Press, 1969, pp. 131-165.

______. "Betwixt and Between: The Liminal Period in Rites of Passage". In: *The Forest of Symbols*: Aspects of Ndembu Ritual. Ithaca: Cornell University Press, 1970.

______. *O Processo Ritual* – Estrutura e Anti- estrutura. Petrópolis: Vozes, 1974a.

______. *Dramas, fields, and metaphors* – Symbolic Action in Human Society. Ithaca: Cornell University Press, 1974b.

______. *From ritual to theatre*. The Human Seriousness of Play. New York: PAJ Publications, 1982.

______. *The Anthropology of Performance*. New York: PAJ Publications, 1987.

UR-RAHIM, Muhammad Àta. *Jesus, um profeta do Islão*. São Paulo: WAMY, 1995.

VAN GENNEP, Arnold. *Os ritos de passagem*. Petrópolis: Vozes, 1978.

VANSINA, Jan. *Oral tradition as history*. The Univ. of Wisonsin Press, 1985.

______. A tradição oral e sua metodologia. In: ______. *Metodologia e pré-história da África*. UNESCO, São Paulo, 1982.

VISWESWARAN, Kamala. *Fictions of Feminist Ethnography*. Minneapolis: University of Minnesota Press, 1994.

VIVEIROS DE CASTRO, Eduardo. O nativo relativo. *Revista Mana*, Rio de Janeiro: Museu Nacional, vol 8, n.1, p. 113-148, abril de 2002.

WANIER, Jean-Pierre. *Construir la culture matérielle* – L'homme qui pensait aves ses doigts. Paris: Presses Universitaires France, 2005.

WANIEZ, P.; BRUSTEIN, V. Os muçulmanos no Brasil: elementos para uma geografia social. Rio de Janeiro: Alceu, 2001.

WEBER, Max. *A ética protestante e o espírito do capitalismo*. São Paulo: Companhia das Letras, 2004.

WINNICOTT, D. W. *O brincar & a realidade*. Rio de Janeiro: Imago Editora Ltda, 1975 [1971].

WOLFF, Francis. Por trás do espetáculo: o poder das imagens. In: NOVAES, Adauto (Org.). *Muito Além do Espetáculo*. São Paulo: SENAC, 2004. p. 10-45.

YATES, Frances A. *The art of memory*. Chicago: University of Chicago Press, 1966.

Zaia, Márcia Cristina. *O véu não cobre pensamento*: imigrantes muçulmanos em São Paulo. 2006. 130 f. Dissertação (Mestrado em Ciências da Religião), Pontifícia Universidade Católica, São Paulo, 2006.

Zumthor, Paul. *A letra e a voz.* São Paulo: Companhia das Letras, 2001.

______. *Performance, recepção, leitura.* São Paulo: Educ, 2000.

Artigos de Jornais e Revistas

Schelp Diogo. Choque de Culturas. *Revista Veja*, São Paulo, 8 de fevereiro de 2006.

Ramadan, Tariq (entrevista). Questão de responsabilidade cívica. *Jornal o Estado de São Paulo*, São Paulo, domingo 5 de fevereiro, de 2006, J 6.

Martins, José de Souza. O sagrado e os nós da secularização. *Jornal o Estado de São Paulo*, São Paulo, domingo 5 de fevereiro, de 2006, J 6.

Nasr, H. A eloquência milagrosa do Alcorão. *Folha de São de Paulo*, São Paulo, Domingo, 10 de março, 1996. p.5

Tincq, Henri. Mahomet: le choc des ignorances. *Le Monde*, Paris, vendredi 10 février 2006.

Geertz, Clifford. O futuro das religiões. *Folha de São Paulo*, São Paulo, 14 de maio de 2006. Caderno Mais.

Ferreira, Francirosy (entrevista). As mulheres e o Islã. *Correio Braziliense,* Brasília, domingo, 12/3/06, Revista do Correio, ano I, número 43.

Revista Veja, julho de 2005.

Revista Caros Amigos, novembro de 2001.

Revista Makka Al Mukarama, n. 11 – Ramadan I, 1426 – outubro de 2005

SITES

WAMY (www.wamy.com.br), consultado em 18 de março de 2006
http://www.wamy.org.br/1428/oracao.htm acesso em 10 de março
http://an.uol.com.br/2001/out/28/opai.htm ENTREVISTA acesso em 20 de janeiro de 2005.
http://www.sbmrj.org.br/
Centro de estudos e divulgação do Islã (CEDI, SP)
http://www.islam.org.br
Centro Cultural Beneficente Árabe Islâmico de Foz do Iguaçu
http://www.islam.com.br
Fórum islâmico
http://www.geocities.com/Paris/Rue/9899
Sociedade Beneficente Muçulmana do Rio de Janeiro
http://AvSete.fst.com.br/~smbrjbr
União dos estudantes Muçulmanos do Brasil
http://members.muslimsites.com/latinodawa/LADO.html
Organización islamica para América Latina
http://www.islamerica.org.ar
Clube Atlético Monte Líbano
http://www.montelibano-sp.org.br
Chat islâmico
http://www.geocities.com/islamicchat
http://br.clubs.yahoo.com/clubs/clubedoislamicchat

FILMOGRAFIA

AL-MASOON, Wonder. Dirigido por Sylvia Caiuby Novaes. Grã-Bretanha: 2004, 25', NTSC, cor.

A WEDING IN PAKISTAN. Dirigido por Sylvia Caiuby Novaes. Grã--Bretanha: 2004, 46', NTSC, cor.

ALLAHU AKBAR. Dirigido por Francirosy C. B. Ferreira. São Paulo: LISA, 2006, 29', NTSC, cor

Sacrifício. Dirigido por Francirosy C. B. Ferreira. São Paulo: Lisa, 2007, 13', ntsc, cor
Vozes do Islã. Dirigido por Francirosy C. B. Ferreira. São Paulo: Lisa, 2007, 25' ntsc, cor
Pulso, um vídeo com Alessandra. Dirigido por Rose Satiko. São Paulo: Lisa, 2006, 32', ntsc, cor.
Vírus da Música. Alessandra Cristina Raimundo. São Paulo: Lisa, 2004, 24', ntsc, cor.
Maçã. Dirigido por Samira Makhmalbaf. Irã: 86', 1998

VÍDEOS REALIZADOS

Ficha Técnica:

Allahu Akbar – 29' Lisa 2006

Este documentário focaliza o jejum do mês do Ramada, um dos cinco pilares da prática muçulmana. Por meio de depoimentos feitos por muçulmanos de três comunidades islâmicas em São Paulo e da comunidade de São Bernardo do Campo procura-se compreender os significados do jejum, aprender sobre a quebra do jejum, sobre o lícito e o Ilícito, sobre uma noite especial para os muçulmanos: A noite do decreto e, finalmente, o encerramento do Ramadã com uma das festas principais do calendário islâmico – *Eid al-Fitr*
Pesquisa e direção – Francirosy Campos Barbosa Ferreira
Imagens – Aisha Chedid, Edgar Teodoro Cunha, Giuliano Ronco, Francirosy Campos B. Ferreira e Lucas Fretin
Edição - Francirosy Campos Barbosa Ferreira e Giuliano Ronco

Sacrifício – 13' Lisa 2007

No Islã, o *hajj* – peregrinação a Meca – é o quinto pilar da religião, que se encerra nas comemorações da Festa do Sacrifício – *Eid Adha*. Este vídeo apresenta os significados dessa peregrinação, para os muçulmanos, assim como, a Festa do Sacrifício tal como acontece aqui em São Paulo e em São Bernardo do Campo.
Pesquisa e direção - Francirosy Campos Barbosa Ferreira
Imagens - Francirosy Campos Barbosa Ferreira, Francisco Paes
Edição – Fernanda Frasca e Francirosy Campos Barbosa Ferreira
Trilha Sonora – Priscilla Barrak Ermel
Narração – Magda Aref Latif
Pós-audio – André Ferraz

Vozes do Islã – 25' Lisa 2007

Investigar temas diversos do Islã no Brasil, como o véu, o casamento, as divergências da comunidade, a relação dos pesquisados e da pesquisadora é o desafio desse vídeo, resultado de nove anos de pesquisa e de imersão nas comunidades islâmicas em São Paulo e em São Bernardo do Campo. Vozes do Islã é um convite imagético e sonoro a esse Islã no Brasil
Pesquisa e direção - Francirosy Campos Barbosa Ferreira
Imagens – Fernanda Frasca, Francirosy Campos Barbosa Ferreira
Edição – Fernanda Frasca e Francirosy Campos Barbosa Ferreira
Trilha Sonora – Priscilla Barrak Ermel
Pós-audio – André Ferraz